NTOA 22

Kun-Chun Wong

Interkulturelle Theologie und multikulturelle Gemeinde
im Matthäusevangelium

NOVUM TESTAMENTUM ET ORBIS ANTIQUUS (NTOA)

Im Auftrag des Biblischen Instituts
der Universität Freiburg Schweiz
herausgegeben von Max Küchler
in Zusammenarbeit mit Gerd Theissen

Zum Autor:

Kun-Chun Wong, geb. 1959 in Hongkong, studierte Theologie an der Chinese University of Hong Kong und schrieb 1986 eine Magisterarbeit über die Theologie von J.B. Cobb. 1991 promovierte er mit der hier veröffentlichten Arbeit über das Matthäusevangelium an der Heidelberger Universität. Er ist z.Zt. Pfarrer einer chinesischen Gemeinde in Amsterdam. Sonstige Veröffentlichung: The Matthaean Understanding of the Sabbath: A Response to G.N.Stanton, JSNT 44 (1991) 3–18.

NOVUM TESTAMENTUM ET ORBIS ANTIQUUS   22

Kun-Chun Wong

Interkulturelle Theologie und multikulturelle Gemeinde im Matthäusevangelium

Zum Verhältnis von Juden- und Heidenchristen
im ersten Evangelium

UNIVERSITÄTSVERLAG FREIBURG SCHWEIZ
VANDENHOECK & RUPRECHT GÖTTINGEN
1992

Die Deutsche Bibliothek – CIP Einheitsaufnahme

Wong, Kun-Chun:
Interkulturelle Theologie und multikulturelle Gemeinde im Matthäusevangelium:
zum Verhältnis von Juden- und Heidenchristen im ersten Evangelium / Kun-Chun
Wong. –
Freiburg, Schweiz: Univ.-Verl.; Göttingen: Vandenhoeck und Ruprecht, 1992
    (Novum testamentum et orbis antiquus; 22)
    ISBN 3-7278-0821-7 (Univ.-Verl.)
    ISBN 3-525-53923-1 (Vandenhoeck u. Ruprecht)
NE: GT

Veröffentlicht mit Unterstützung des Hochschulrates
der Universität Freiburg Schweiz
und des Deutschen Akademischen Austausch-Dienstes

© 1992 by Universitätsverlag Freiburg Schweiz
Paulusdruckerei Freiburg Schweiz
ISBN 3-7278-0821-7 (Universitätsverlag)
ISBN 3-525-53923-1 (Vandenhoeck und Ruprecht)

VORWORT

Die vorliegende Untersuchung ist eine Überarbeitung meiner Dissertation, die von der Theologischen Fakultät der Ruprecht-Karls-Universität Heidelberg im Sommer 1991 angenommen wurde.

Während der Jahre, in denen ich in Heidelberg an meiner Dissertation arbeitete, haben viele Menschen mein Vorhaben hilfreich begleitet. Nur wenigen kann ich an dieser Stelle ausdrücklich dafür danken.

Besonderen Dank schulde ich meinem Doktorvater Prof. Dr. Gerd Theißen, der meine Arbeit von Anfang an intensiv gefördert und begleitet hat. Seine ständige Ermutigung hat mir ebensosehr geholfen wie seine kritischen Hinweise, denen ich viel verdanke. Er hat unermüdlich Zeit und Mühe aufgewandt, um mich beim Entstehen dieser Arbeit zu unterstützen. Auch dem Korreferenten Prof. Dr. Christoph Burchard danke ich für seine Vorschläge und Hinweise zur Verbesserung ganz herzlich. Mein besonderer Dank gilt dem Deutschen Akademischen Austauschdienst, der meinen gesamten Aufenthalt in Deutschland finanziert hat und darüberhinaus für die Veröffentlichung einen Druckkostenzuschuß gewährt hat. Dem Herausgeber, Prof. Dr. Max Küchler, habe ich für die Aufnahme meiner Arbeit in die Reihe NOVUM TESTAMENTUM ET ORBIS ANTIQUUS zu danken.

Auch mehreren Studierenden bin ich für ihre Unterstützung sehr dankbar. Zu Beginn meines Studiums in Heidelberg hat Christian Goßweiler viele erste Manuskripte gelesen und sprachlich verbessert. Sven Gallas hat mir beim Erlernen des Griechischen und Hebräischen geholfen. Helmut Mödritzer hat französische Literatur für mich gelesen. Helmut Mödritzer, Thomas Wabel und David Trobisch haben sich der Mühe des Korrekturlesens unterzogen. David Trobisch hat außerdem das Bibelstellenregister erstellt und es fertiggebracht, das spröde Manuskript in eine computer- und druckgerechte Form zu bringen. Ihnen allen danke ich ganz herzlich. Annette Merz hat das ganze Manuskript sprachlich gründlich überarbeitet und viele Verbesserungen vorgeschlagen; ihr danke ich ganz herzlich für ihre Geduld, mit der sie mir geholfen hat, meine Gedanken zum Ausdruck zu bringen.

Meiner Frau bin ich für ihr Verständnis und Interesse an meiner Arbeit wie für die Übernahme der Familienverpflichtungen zu großem Dank verpflichtet. Ihr, die eine interkulturelle Erziehung durchführt, und unserem Sohn Thelo, der in einer multikulturellen Umgebung aufwächst, ist diese Arbeit gewidmet.

Heidelberg, im Januar 1992   Kun-Chun Wong

INHALT

I. EINLEITUNG

Es ist in der Forschung allgemein anerkannt, daß im MtEv eine Spannung zwischen juden- und heidenchristlichen Tendenzen besteht.[1] Vielleicht am auffälligsten ist die Tatsache, daß zwei verschiedene *Missionsbefehle* Jesu überliefert werden. Mit dem ersten (10,5f) sendet Jesus seine Jünger ausschließlich zu den Juden, was seiner eigenen Sendung zu den "verlorenen Schafen des Hauses Israel" (15,24) entspricht. Dagegen zielt der zweite Missionsbefehl Jesu (28,18-20) auf alle Völker (πάντα τὰ ἔθνη), wobei umstritten ist, ob Israel dabei mitgemeint ist. Denn die angemessene Übersetzung von "ἔθνη" ist eine offene Frage, der in der vorliegenden Arbeit nachgegangen werden wird.

Auch bei der *Thoraauslegung* des Mt läßt sich eine vergleichbare Spannung feststellen. Einerseits vertritt Jesus bei Mt eine stark an Israel orientierte Auslegung der Thora, wenn er beispielsweise sagt, er sei nicht gekommen, um das Gesetz und die Propheten aufzulösen, sondern um sie zu erfüllen (5,17). Noch radikaler ist die Aussage von Mt 5,18: "Bis Himmel und Erde vergehen, wird nicht vergehen der kleinste Buchstabe noch ein Tüpfelchen vom Gesetz, bis es alles geschieht." Andererseits begegnet ebenfalls im Munde Jesu eine universalistische Auslegung der Thora und der Propheten in der Goldenen Regel (7,12) und im Doppelgebot der Liebe (22,36-40).

Eine dritte Spannung besteht zwischen dem *Gericht*, das allein Israel angedroht wird, und einem universalen, alle Menschen betreffenden Endgericht. Das Gericht an Israel thematisieren vor allem drei Stellen aus dem mt Sondergut, erstens der Einschub ins Gleichnis von den bösen Weingärtnern, wo Jesus an die Führer Israels gerichtet sagt: "Das Reich Gottes wird von euch genommen und einem Volk gegeben werden, das seine Früchte bringt" (21,43). Zweitens ist an den Einschub ins Gleichnis vom großen Hochzeitsmahl zu denken (22,7), der auf die Zerstörung Jerusalems Bezug nimmt und zumindest die jüdischen Führer als "Mörder" bezeichnet. Schließlich ruft das jüdische Volk in der mt Passionsgeschichte in einer Selbstverfluchung das Gericht über sich selbst und seine Kinder herbei (27,15, MtS, vgl. aber Apg

---

[1] K. W. Clark, "Die heidenchristliche Tendenz im Matthäusevangelium", H. J. Dirksen übers., in J. Lange (Hg.), Das Matthäus-Evangelium (WdF 525), Darmstadt 1980, S.103-111 (="The Gentile Bias in Matthew", JBL 66 (1947) 165-172), formuliert folgenden Konsens der Forschung: "Alle Kommentare stimmen darin überein, daß das Matthäusevangelium sowohl jüdische als auch hellenistische Elemente in sich vereinigt."; hier S.110.

5,28). Diesen Aussagen stehen andere gegenüber, die ein universales Endgericht über alle Menschen voraussetzen, so vor allem das Gleichnis vom großen Weltgericht (25,31-46). Hier werden alle Völker vor dem Menschensohn versammelt und einzig aufgrund ihrer Werke voneinander geschieden (25,31f). Daß "πάντα τὰ ἔϑνη" tatsächlich alle Menschen (d.h. Juden, Heiden und Christen) umfaßt, wird allerdings erst zu zeigen sein.

Diese hier nur kurz skizzierten Spannungen waren und sind Gegenstand intensiver Diskussionen in der Forschung am MtEv. Ziel ist immer, die Widersprüche so zu erklären, daß sie in eine stimmige Gesamtinterpretation integrierbar sind.

A. Forschungsgeschichte

1. F. Chr. Baur und verwandte Positionen

Ein Forschungsüberblick[2] über die Deutung der oben skizzierten Spannungen zwischen juden- und heidenchristlichen Tendenzen im MtEv hat aus sachlichen Gründen mit **F. Chr. Baur** (1792-1860) einzusetzen. Denn er entdeckte als erster die Bedeutung des Gegensatzes von Juden- und Heidenchristentum für die Geschichte des Urchristentums und interpretierte die neutestamentlichen Schriften durch Einordnung in die Geschichte dieses Gegensatzes und dessen Überwindung im "Katholizismus"[3]. Das MtEv wird dabei sehr differenziert beurteilt.

---

[2] Dieser knappe Überblick über die Forschungsgeschichte bietet eine unvollständige Auswahl, die vor allem dazu dient, unsere eigenen Thesen forschungsgeschichtlich einzuordnen. Für eine ausführlichere Darstellung siehe G. N. Stanton, "The Origin and Purpose of Matthew's Gospel. Matthean Scholarship from 1945 to 1980", in H. Temporini und W. Haase (Hg.), Aufstieg und Niedergang der Römischen Welt. Geschichte und Kultur Roms im Spiegel der Neueren Forschung II 25,3, Berlin/New York 1985, S.1889-1951. A. Sand, Das Gesetz und die Propheten. Untersuchungen zur Theologie des Evangeliums nach Matthäus (BU 11), Regensburg 1974, S.1-31. P. Nepper-Christensen, Das Matthäusevangelium. Ein judenchristliches Evangelium?, Aarhus 1958, S.13-36. G. Künzel, Studien zum Gemeindeverständnis des Matthäusevangeliums (CTM, A10), Stuttgart 1978, mit einem Bericht von der Forschungsgeschichte im 19. Jahrhundert, S.11-44.

[3] Vgl. auch H. v. Soden, Urchristliche Literaturgeschichte. Die Schriften des Neuen Testaments, Berlin 1905, S.100: "Aber auch sonst gleitet unser Evangelium in die Linie,

F. Chr. Baur[4] sieht das MtEv als eine *"Sammlung heterogener, geschichtlicher Bruchstücke, successiver Entwicklungsformationen der evangelischen Geschichte"*[5], obwohl es trotzdem für das Evangelium zu halten ist, das den *"ersten Anspruch auf den Charakter einer historisch-treuen und authentischen Darstellung der evangelischen Geschichte macht"*[6]. Aufgrund der Aussagen von Papias, Irenäus, Origenes und Eusebius nimmt Baur an, daß es eine hebräische Vorform des MtEv gegeben hat, die mit dem Hebräer-Ev (erwähnt bei Eusebius KG 3,25) identisch ist[7], dessen sich *"die palästinensischen Judenchristen, die Hebräer, vorzugsweise oder ausschließlich bedienten"*.[8] Das kanonische griechischsprachige MtEv ist nach Baur keine direkte Übersetzung des Hebräer-Ev, vielmehr nimmt er an, daß eine frühe Übersetzung ins Griechische sich *"auf verschiedene Weise modificirt"* habe, bis sie *"endlich in unserem kanonischen Matthäus-Evangelium zu ihrer jetzigen Form sich fixirte."*[9] Zur Begründung führt er u.a. die Beobachtung an, daß die alttestamentlichen Zitate teilweise auf die LXX, teilweise auf den hebräischen Text des AT zurückgehen. Außerdem weist er auf die Spannung zwischen judenchristlichen und universalen Tendenzen im MtEv hin, es scheine *"in Hinsicht seiner Lehren und Grundsätze in Widerspruch mit sich selbst zu kommen"*, denn neben dem *"Charakter des jüdischen Partikularismus... spricht sich in ihm auch wieder ein anderer freier Geist aus, der über die engen Schranken des Judaismus hinausstrebt."*[10] Grundsätzlich gilt: *"Der Grundschrift gehören die judaisierenden Bestandtheile des Evangeliums an, der Überarbeitung die freieren und universelleren."*[11] Allerdings ist nicht davon auszugehen, daß die judaisierenden Elemente etwa auf Jesus selbst zurückgingen, die nicht-judaistischen dagegen dem späteren Evangelium zuzuschreiben seien. Vielmehr stammen erstere

---

die im Katholizismus endigte. ... Es weist schon hinüber auf die Entwicklung zum Katholizismus."

[4] F. Chr. Baur, Kritische Untersuchungen über die kanonischen Evangelien, ihr Verhältnis zu einander, ihren Charakter und Ursprung, Tübingen 1847.

[5] Ibid., S.579.

[6] F. Chr. Baur, Vorlesung über neutestamentliche Theologie, Leipzig 1864 (Unveränderter Nachdruck von W. G. Kümmel, Darmstadt 1973), S.22.

[7] F. Chr. Baur, Kritische Untersuchungen, S.574.

[8] Ibid., S.572.

[9] Ibid., S.577.

[10] Ibid., S.578.

[11] F. Chr. Baur, Vorlesung, S.23. Ähnlich in den Kritischen Untersuchungen, S.577: Das MtEv ging aus einem "Bildungsprozeß" hervor, "in welchem ihm zwar sein aus dem Hebräer-Evangelium stammender Inhalt als Grundlage blieb, derselbe aber auch in eine

aus dem *"erst nach dem Tode Jesu sich bestimmter gestaltenden Judaismus"*[12], die universalen Aussagen dagegen wurden durch *"Hervorhebung, Erweiterung und bestimmtere Gestaltung der universellen Elemente des Urchristentums"* gewonnen.[13] Diese sind nun mit am klarsten in der Bergpredigt erhalten, die *"zu dem Aechtesten, das aus dem Munde Jesu gekommen, in unseren Evangelien aufbewahrt worden ist."*[14] In der Bergrede weht ein *"von allem religiösen Dogmatismus freier sittlicher Geist"*. Das Christentum ist hier *"das vergeistigte Judenthum"*, in dem das Gesetz sich *"als reine Sittlichkeit"* darstellt. Im Zentrum der Lehre Jesu steht die *"absolute Bedeutung der sittlichen Idee"*.[15] Ausdrücklich spricht Baur von der *"Universalität"* der in der Bergpredigt enthaltenen Verkündigung Jesu.[16]

Baur unterscheidet somit drei Stadien der Entstehungsgeschichte des Urchristentums, die alle im MtEv ihren Niederschlag gefunden haben: am Anfang steht die universalistische Predigt Jesu, die besonders in der Bergpredigt Spuren hinterlassen hat, darauf folgt eine partikularistische Verengung dieser Predigt zu der Grundschrift des MtEv, schließlich finden wir in der Endfassung eine erneute Tendenz zum Universalismus.

Baurs Aufteilung der widersprüchlichen Tendenzen im MtEv auf ein für Judenchristen geschriebenes Hebräerevangelium mit judaisierenden Elementen und eine spätere Überarbeitung, die universale (nach Baur in der Lehre Jesu gründende) Züge eintrug, kehrt in der Forschung des 20.Jh in der Zuweisung bestimmter Passagen zur Tradition bzw. Redaktion wieder, was der Abriß der Forschungsgeschichte immer wieder zeigen wird.

Heinrich Julius Holtzmann (1832-1910) betrachtet das MtEv ganz unter der von F. Chr. Baur entwickelten Idee des Katholizismus als krönendem Abschluß der Geschichte des Urchristentums.[17] Das *"logisch widerspruchsvolle,*

---

vom Hebräer-Evangelium mehr oder minder abweichende freiere Form verarbeitet wurde".

[12] Ibid.

[13] F. Chr. Baur, Kritische Untersuchungen, S.579.

[14] Ibid., S.585f. Das bedeutet für Baur allerdings nicht, daß Form und Stellung ursprünglich wären, vgl. ibid., S.589.

[15] Ibid., S.585;

[16] Ibid, S.584: Im Eingang der Bergpredigt *"wird zuerst das allgemein christliche Grundgefühl, das den Christen als Bürger des messianischen Reichs beseelende Bewußtsein in seiner ganzen Innerlichkeit und Universalität ausgesprochen."*

[17] Diese Sicht Holtzmanns ist das Ergebnis einer längeren Entwicklung; anfangs hatte er die judenchristliche Ausrichtung des Evangeliums stärker betont. 1863 glaubte er noch, daß angesichts der apologetisch-polemischen Tendenz im MtEv *"der Verfasser*

tatsächlich aber vom Evglsten ganz harmonisch empfundene Zusammenleben verschiedener Geister" im Evangelium will *"als eine Vorauswirkung der im Entstehen begriffenen Kircheneinheit verstanden sein. Es ist der kathol. Zielpunkt, welcher hier von einem noch erkennbaren judenchristl. Ausgangspunkte aus angestrebt und im wesentlichen auch erreicht wird. Katholisch: das ist die entscheidende Stempelmarke, welche unser Werk immer wieder deutlichst hervorkehrt ..."*[18] Der Autor hat nach Holtzmann *"die früheren Formen des Judenchristentums, ... längst hinter sich."* Mt fordert keine Beschneidung mehr, sondern macht die Taufe geltend. Er verleugnet seine judenchristlichen Wurzeln allerdings nicht: *"Vielmehr will er eine fortgeschrittene und universalistische Gestalt des Judenchristentums vertreten, schützen, im Bewußtsein ihres Rechtes stärken, das Judentum selbst aber angreifen".* So wahrt das MtEv *"schließlich einen über den extremen Parteien stehenden Charakter"* und wurde darum *"das Lieblingsbuch der im Anzuge begriffenen Katholizität".*[19]

Ganz ähnlich ordnet **Adolf Jülicher** (1857-1938)[20] das MtEv ein. Er ist aufgrund der hebräischen Sprachkenntnisse des Evangelisten davon überzeugt, *"daß er selber geborener Jude war".*[21] Nach einer Analyse des MtEv faßt Jülicher zusammen: *"Mt hat einigemal aus seinen Quellen stark vorpaulinisch klingende Sätze aufgenommen, darum unbedenklich, weil ihm selbstverständlich war, daß jedes dieser Worte mit seinem Christentum aufs beste übereinstimmt; da, wo er selber zugreift, zeigt er ebenso gesetzesfreies wie heidenfreundliches Denken".*[22] Das MtEv stammt von einem Mann, *"der, ein Schriftgelehrter nach dem Mt 13,52 gezeichneten Muster, den Geist der werdenden Großkirche in sich*

---

sich die Möglichkeit, dass ausser Judenchristen auch noch wirkliche Juden sein Werk lesen werden, keineswegs als ausgeschlossen gedacht habe." Eine nahe und positive Beziehung zum Judentum sei daher vorauszusetzen; H. J. Holtzmann, Die synoptischen Evangelien. Ihr Ursprung und geschichtlicher Charakter, Leipzig 1863, S.382f.

[18] H. J. Holtzmann, Lehrbuch der neutestamentlichen Theologie, Bd.1, Tübingen [2]1911, S.512.

[19] Ibid., S.515. Ähnlich äußerte sich Holtzmann schon 1892 bei der Bewertung des Evangelisten: *"Der Verfasser ist mit Einem [sic!] Wort kein pharisäischer Judenchrist; er will die fortgeschrittene und universalistische Gestalt des Judenchristenthums vertreten und im Bewusstsein ihres Rechtes stärken, das Judenthum selbst aber angreifen, und so betrachtet wahrt sein Werk allerdings schliesslich einen über allen extremen Parteien stehenden Charakter.";* H. J. Holtzmann, Lehrbuch der historisch-kritischen Einleitung in das Neue Testament, Freiburg [3]1892, S.380.

[20] A. Jülicher, Einleitung in das Neue Testament, Tübingen [7]1931 ([1-2]1894).

[21] Ibid., S.287.

[22] Ibid., S.292.

trug, und der ohne Parteiinteresse ein 'katholisches' Evangelium, d.h. ein für alle Gläubigen bestimmtes und passendes, zu schreiben wußte."[23]

2. Die Betonung der judenchristlichen Tendenz im MtEv

Der judenchristliche Charakter des MtEv wird schon in der ersten Hälfte des zweiten Jahrhunderts von Papias von Hierapolis hervorgehoben: Ματθαῖος μὲν οὖν Ἑβραΐδι διαλέκτῳ τὰ λόγια συνετάξατο, ἡρμήνευσεν δ'αὐτὰ ὡς ἦν δυνατὸς ἕκαστος (bei Euseb KG III 39,16).[24] Man kann das Wort "διαλέκτῳ" auch als "Gespräch, Ausdruck oder Stil" verstehen,[25] d.h., man muß nicht unbedingt annehmen, daß Matthäus in hebräischer Sprache geschrieben hat, es könnte eventuell auch an Griechisch mit semitischem Einschlag gedacht sein.

In unserem Jahrhundert wurde dieser judenchristliche Charakter von vielen Exegeten herausgearbeitet. **Johannes Weiß** (1863-1914)[26] sieht im MtEv ein auf judenchristliche Leser - er denkt an Judenchristen der Diaspora - berechnetes Werk. *"Der Eifer, mit dem der Verfasser den Nachweis der Messianität Jesu führt (sein Stammbaum: Abstammung von David-Abraham, und sein Schriftbeweis), die beflissene Widerlegung jüdischer Verleumdungen bezüglich der Geburt und Auferstehung Jesu, die Art, wie er den Anstoß aus dem Wege räumt, daß Jesus aus Galiläa = Nazareth kommt (2,23; 4,12-16), wie er die Sendung Jesu für Israel (10,5f.; 15,24) hervorhebt, obwohl er schließlich die Aussendung der Zwölf an die Heiden berichten muß (28,19), ja gerade das große Interesse, das er an der Verwerfung Israels und ihren Gründen hat (21,43), das alles zeigt ihn auf Gesichtspunkte und Interessen des Judentums eingestellt. Vor allem aber zeigt dies die Tatsache, daß er für die unverbrüchliche Haltung des Gesetzes kämpft (5,18) und gegen die, welche sagen, Jesus habe es aufgehoben (5,17.19), gegen die Vertreter der Gesetzlosigkeit (7,23; 13,41); ja sogar das Zeremonialgebot will er nicht völlig fahrenlassen: 'dieses sollte man tun und jenes*

---

[23] Ibid., S.293

[24] Zitiert nach Eusebius, Die Kirchengeschichte Bd. 1, in E. Schwartz (Hg.), Eusebius Werke (Die griechischen christlichen Schrifsteller der ersten drei Jahrhunderte 9,1), Leipzig 1903, S. 292. Vgl. auch P. Vielhauer, Geschichte der urchristlichen Literatur. Einleitung in das Neue Testament, die Apokryphen und die Apostolischen Väter, Berlin/New York 1985 (1975), S.261. Die Stellungnahmen der Kirchenväter bietet B. W. Bacon, Studies in Matthew, New York 1930, S.478-495; vgl. auch G. D. Kilpatrick, The Origins of the Gospel according to Saint Matthew, Oxford 1950, S.3-7.

[25] J. Kürzinger, "Das Papiaszeugnis und die Erstgestalt des Matthäusevangeliums", in ders., Papias von Hierapolis und die Evangelien des Neuen Testaments (Eichstätter Materialien Band 4), Regensburg 1983, S.9-26 (= BZ NF 4 (1960) 19-38).

*nicht unterlassen'(23,23); er hat das Wort stehenlassen, aus dem man eine fort-
dauernde Beobachtung des Sabbat bei den alten Judenchristen erschließen muß
(24,20).* Selbst für die Lehren der Schriftgelehrten tritt er ein, wenn er auch zugeben muß, daß sie nicht danach leben (23,3). Mit diesen durchaus judenchristlichen und gesetzestreuen Anschauungen stellt er sich abseits von dem Kreise der
großen heidenchristlichen Kirche...".[27] Das Vorgehen J. Weiß', eine, in diesem
Fall die judenchristliche Tendenz zu akzentuieren, während die andere
(heidenchristliche) um- und fast weginterpretiert wird, wiederholt sich häufig,
wie die weitere Darstellung zeigen wird.

Ernst von Dobschütz (1870-1934)[28] ging von stilistischen Beobachtungen aus.
Er stellte im MtEv zahlreiche Doppelungen sowohl bei einzelnen Sprüchen
wie bei ganzen Perikopen fest. Obwohl die Täuferpredigt (3,2) und die erste
Predigt Jesu (4,14) gleich formuliert werden, sind sie inhaltlich keineswegs
identisch. Mt verwendet zweimal dieselbe Aussendungsformel (10,5 und
15,24) und zitiert das Wort aus Hos 6,6 in 9,13 und 12,7. Er verdoppelt Erzählungen: die Heilung zweier Blinden (9,27-31 und 20,29-34) und die Heilung eines dämonischen Stummen (9,32-34 und 12,22f).[29] Am Ende der fünf
großen Reden bietet Mt eine abschließende Formel (7,18; 11,1; 13,53; 19,1;
26,1); die Reflexionszitate werden ebenfalls mit einer Formel eingeleitet.[30]
Im Stammbaum Jesu (1,1ff) werden 3mal 14 Generationen gezählt und die
Formel "A erzeugte B" wird insgesamt 40mal wiederholt.[31] Daß Wieder-
holungen und Parallelen typisch für das MtEv sind, ist also kaum zu be-
streiten. Dobschütz zieht zwei Folgerungen aus diesem Befund:

a) Die Parallelität ist Rabbinenart.[32] Darüberhinaus vermutet Dobschütz,
*"daß der Verfasser des ersten Evangeliums vielleicht ein Schüler des Rabbi
Jochanan ben Zakki war."*[33]

---

[26] J. Weiß, Das Urchristentum, Göttingen 1917.

[27] Ibid., S.522.

[28] E. v. Dobschütz, "Matthäus als Rabbi und Katechet", in J. Lange (Hg.), Das
Matthäus-Evangelium (WdF 525), Darmstadt 1980, S. 52-64 (= ZNW 27 (1928) 338-
348).

[29] Ibid., S.54.

[30] Ibid., S.55f. Die Formel begegnet 1,22; 2,15.17.23; 4,14; 8,17; 12,17; 13,35; 21,4; 27,9;
26,54.56 (aus Mk 14,49).

[31] Ibid., S.56f. Dobschütz gibt in seinem Aufsatz noch mehr Beispiele. Hier wurde nur
eine Auswahl dargestellt.

[32] Ibid., S.57.

[33] Ibid., S.59.

b) Veranlaßt ist die Parallelität nach Dobschütz durch das *"katechetische Interesse"* des Verfassers, sie dient der Belehrung der Gemeinde.[34]

Dobschütz ist davon überzeugt, daß der Evangelist *"offenbar ein durch die
Schule der Rabbinen gegangener Judenchrist, ein konvertierter jüdischer Rabbi"*
gewesen ist.[35] Er sieht jedoch, daß der Schluß des MtEv (28,18ff) *"nicht judenchristlich im strengen Sinne des Wortes"*, sondern universalistisch ist, und
meint, daß Mt an anderen Stellen *"eine judenchristliche Quelle"* benutzt
habe.[36]

Benjamin W. Bacon[37] ist davon überzeugt, daß die "fünf Bücher" des Papias
über die Herrenworte sich auf die fünf Reden des MtEv beziehen.[38] Die Reden entsprechen jeweils *"mit einer historischen Einbettung"* den
"aufeinanderfolgenden Gesetzesteilen im Pentateuch".[39] Das Anliegen des
Evangelisten ist nach Bacon also, seinem Evangelium die *"typisch jüdische
Form einer fünfteiligen Tora Jesu"* zu geben.[40] An anderer Stelle bezeichnet
Bacon den Autor des MtEv als Judenchristen.[41]

---

[34] Ibid., S.59f.

[35] Ibid., S.58.

[36] Ibid., S.59: *"Gewiß ist dieses Ev mit dem universalistischen Schluß 28,18ff. nicht judenchristlich im strengen Sinne des Wortes, aber der Verfasser benutzt eine judenchristliche
Quelle, der er die (Jesu eigene Stellung offenbar verengenden) Worte 10,5f entnimmt"*.

[37] B. W. Bacon, "Die 'fünf Bücher' des Matthäus gegen die Juden", H. Wißmann übers.,
in J. Lange (Hg.), Das Matthäus-Evangelium (WdF 525), Darmstadt 1980, S.41-51 (=
"The 'five Books' of Matthew against the Jews", Exp 8. Ser. 15 (1918) 56-66.) Bacon
setzt sich mit der These von R. Harris auseinander, die Papias vorliegende Quelle sei
ein vom Evangelisten Matthäus verfaßtes, verlorengegangenes Testimonienbuch in 5
Teilen.

[38] Ibid., S.47f. Ähnlich beobachtet auch E. K. Winter, "Das Evangelium der jerusalemischen Mutterkirche", Jud. 9 (1953) 1-33, den jüdischen, rabbinischen Charakter des
MtEv und stellt zusammenfassend fest, daß das MtEv aus der 'jerusalemischen Mutterkirche' stammt und für Judenchristen geschrieben wurde.

[39] Ibid., S.49.

[40] Ibid., S.50.

[41] B. W. Bacon, Studies in Matthew, New York 1930, S.xvi: "But whatever the authorship or date of the *argumentum* its immediate interest for us lies in its description of
the 'bridle' placed by 'Matthew' on Jewish-born heresy as a work in 'five discourses'
(πέντε λόγαις)."

G. D. Kilpatrick[42] untersucht die im MtEv verarbeiteten, vermutlich schriftlichen Quellen (Mk, Q, Mt-Sondergut),[43] dann einige Erzählungen, die der Evangelist aus der mündlichen Überlieferung entnommen haben dürfte[44] (Vorgeschichte, Geschichte des Petrus,[45] Passionsgeschichte, einige weitere Erzählungen und Zitate).[46] Der weitere Schwerpunkt seiner Arbeit liegt auf der Erhellung des liturgischen Hintergrundes[47] und des liturgischen Charakters des Evangeliums,[48] das sich ihm als ein *"liturgisches Buch"* für den Gottesdienst der Gemeinde darstellt.[49] Diese Auffassung unterscheidet ihn von Dobschütz und Bacon, mit ihnen ist er aber der Meinung, daß der jüdisch-lehrhafte Charakter des MtEv als Parallele zu der Lehre Rabbi Johanan ben Zacchais anzusehen ist.[50] Im Rahmen der Entwicklung des Verhältnisses von Christen und Juden zwischen 75 und 135 n.Chr. erklärt er den gegenüber Mk ausgeprägteren jüdischen Charakter des MtEv als *"Prozess der Rejudaisierung"*.[51] Dies illustriert er am Beispiel der Auslassung von Mk 10,12 in Mt 19,9; der von Mt weggelassene Text, in dem eine Frau von sich aus die Scheidung betreiben kann, entspricht eher hellenistischem als jüdischem Denken.

Das MtEv ist also im Laufe dieses Rejudaisierungsprozesses als Überarbeitung des MkEv entstanden.[52] Aufgrund der genauen Zitate aus der LXX, der zugrundeliegenden schriftlichen griechischen Quellen und des in Griechisch verfaßten Evangeliums selbst nimmt Kilpatrick an, daß das MtEv für eine

---

[42] G. D. Kilpatrick, The Origins of the Gospel according to Saint Matthew, Oxford 1946 (1950).

[43] Ibid., S.8-36.

[44] Ibid., S.37.

[45] Er untersucht dazu Mt 14,28-31; 16,17-19; 17,24-27; 18,15-22; cf. 15,15.

[46] Ibid., S.37-58.

[47] Ibid., S.59-71.

[48] Ibid., S.72-100.

[49] Ibid., S.100.

[50] Ibid., S.107 und S.135-139. G. D. Kilpatrick übernimmt auch Bacons Auffassung von den "fünf Büchern" im MtEv: *"Bacon has convincingly developed the view that the Gospel is the new Law and that the fivefold division of chapters 3-25 is a deliberate imitation of the Pentateuch. The mountain of the sermon of the mount is meant to recall Sinai and Jesus is himself a greater Lawgiver than Moses.",* S.107f.

[51] G. D. Kilpatrick, Origins, S.103.

[52] Ibid., S.140. M. D. Goulder entwickelt diesen Punkt als die Hauptthese seines Buches: Midrash and Lection in Matthew, London 1974.

griechisch-sprachige Gemeinde verfaßt wurde.[53] Der Evangelist sei aber des Hebräischen mächtig; dies zeigen vor allem Stellen wie 5,18; 27,3-10.46.[54] Die Gemeinde ist nach Kilpatrick judenchristlich, führt aber ein eigenes, vom Judentum unabhängiges Leben.[55] Differenzen zum Judentum zeigen sich in der Christologie, im Kontrast zwischen Jesus und dem Gesetz, in der Erwähnung jüdischer Verfolgungen, in der Stellungnahme zu den Heiden, besonders im Rahmen der Heidenmission und in der Tatsache, daß die Beschneidung nicht erwähnt wird.[56]

Günther Bornkamm hat seine Stellungnahme zur Frage nach der Beziehung zwischen Judentum und mt Gemeinde zweimal geändert.[57] 1956 schreibt er in dem Aufsatz "Enderwartung und Kirche im MtEv"[58], die Tempelsteuerperikope (17,24-27), die unverkennbar im Dienst des Kirchenverständnisses des Evangelisten stehe, zeige, *"daß die Gemeinde, die Matth. repräsentiert, noch im Verbande des Judentums steht."*[59] Die Pharisäerrede lasse ebenfalls deutlich erkennen, *"daß die Gemeinde sich selbst vom Verband des Judentums noch nicht gelöst sieht (23,1-3)."*[60] Diese Stellungnahme hat Bornkamm im Jahr 1964 etwas modifiziert, er meint jetzt, die mt Gemeinde und der Verband des

---

[53] G. D. Kilpatrick, Origins, S.103f.

[54] Ibid., S.104f.

[55] Ibid., S.123.

[56] Ibid., S.107-123.

[57] Dies bemerken z.B. schon G. N. Stanton, "The Origin and Purpose of Matthew's Gospel. Matthean Scholarship from 1945 to 1980" in H. Temporini und W. Haase (Hg.), Aufstieg und Niedergang der Römischen Welt. Geschichte und Kultur Roms im Spiegel der Neueren Forschung II 25,3, Berlin/New York 1985, S.1889-1951, hier S.1912-1914; J. P. Meier, Law and History in Matthew's Gospel. A Redactional Study of Mt.5:17-48 (AnBib 71), Rom 1976, S.9-11 und S. H. Brooks, Matthew's Community. The Evidence of his Special Sayings Material (JSNT Suppl. Ser. 16), Sheffield 1987, S.21.

[58] G. Bornkamm, "Enderwartung und Kirche im Matthäusevangelium", in G. Bornkamm/G. Barth/H. J. Held, Überlieferung und Auslegung im Matthäusevangelium (WMANT 1), 1960, S.13-47 (=J. Lange (Hg.), Das Matthäus-Evangelium (WdF 525) Darmstadt 1980, S.223-264). Die Vorarbeit zum Thema erschien unter dem Titel "Matthäus als Interpret der Herrenworte". Referat auf dem Deutschen Theologentag 1954, ThLZ 79 (1954) 341-346.

[59] Ibid., S.17.

[60] Ibid., S.18. Ähnlich W. D. Davies, The Setting of the Sermon on the Mount, Cambridge 1964, S.332: Der Kampf zwischen Judentum und Christentum war für Mt noch "intra muros". H. v. Campenhausen, Die Entstehung der christlichen Bibel (BHTh 39), Tübingen 1968, S.22: Die Gemeinde des Mt ist noch nicht endgültig vom Judentum getrennt.

Judentums seien *"in enger Beziehung"*.[61] Der Evangelist ist ein *"hellenistischer Judenchrist"*, nicht aber ein heidenchristlicher Redaktor.[62] 1971 dann sieht Bornkamm das Verhältnis von Gemeinde und Judentum völlig anders.[63] Angesichts der Zusage der Gebetserhörung in 18,19f stellt er fest, daß sie voneinander *"geschieden"* sind:[64] *"Hier freilich steht die wenn auch noch so kleine christliche Gemeinde im Blick, die sich von der jüdischen geschieden weiß und sich nicht mehr um die Tora, sondern um den Namen Jesu, im Glauben an ihn und im Bekenntnis zu ihm sammelt*[65] *und als solche seiner Gegenwart gewiß sein*

---

[61] G. Bornkamm, "Der Auferstandene und der Irdische" in Überlieferung und Auslegung, S.289-310, hier S.306.

[62] Ibid., S.298f.

[63] G. Bornkamm, "Die Binde- und Lösegewalt in der Kirche des Matthäus", Geschichte und Glaube II, München 1971, 37-50.

[64] Diese Ansicht ist weitverbreitet, sie findet sich beispielsweise bei H. Frankemölle, Jahwebund und Kirche Christi. Studien zur Form- und Traditionsgeschichte des "Evangeliums" nach Matthäus (NTA NF 10), Münster 1974, S.225: "Der Bruch zwischen beiden ist endgültig"; E. Haenchen "Matthäus 23", in ders., Gott und Mensch. Gesammelte Aufsätze, Tübingen 1965, S.29-54 (=ZThK 48 (1951) 38-63), hier S.30f.34.43; G. D. Kilpatrick, Origins, S.111; E. A. Kretzer, Die Herrschaft der Himmel und die Söhne des Reiches. Eine redaktionsgeschichtliche Untersuchung zum Basileiabegriff und Basileiaverständnis im Matthäusevangelium (SBM 10), Stuttgart 1971, S.107, A.60; G. Künzel, Studien zum Gemeindeverständnis, S.216: die "Trennung zwischen Israel und der Gemeinde (ist) vollzogen", die Gemeinde muß "mit Verfolgung durch Israel rechnen... eine am weiteren Geschick Israels in positiver Weise interessierte Perspektive... ist im MtEv nicht mehr zu finden."; S.260: "So kann das Matthäusevangelium als Beleg der Ablösung von Israel als dem bisherigen Gottesvolk verstanden werden."; J. Lange, Das Erscheinen des Auferstandenen im Evangelium nach Matthäus. Eine traditions- und redaktionsgeschichtliche Untersuchung zu Mt 28,16-20 (FzB 11), Würzburg 1973, S.270, A.65; R. Martin, "St. Matthew's Gospel in Recent Study", ET 80 (1969) 132-136, hier S.136; A. Sand, Das Gesetz und die Propheten. Untersuchungen zur Theologie des Evangeliums nach Matthäus (BU 11), Regensburg 1974, S.27; E. Schweizer, Das Evangelium des Matthäus (NTD 2), Göttingen 1973, S.5; auch ders., Gemeinde und Gemeindeordnung in Neuen Testament, Zürich 1959, S.50: der "Bruch zwischen dem Judentum und der Kirche (ist) schon unheilbar geworden"; K. Stendahl, The School of Saint Matthew and Its Use of the Old Testament (ASNU 20), Uppsala 1954. (Rev. ed., Philadilphia 1968), S.xiii (2.Aufl); G. Strecker, Der Weg der Gerechtigkeit. Untersuchung zur Theologie des Matthäus (FRLANT 82), Göttingen ²1966, S.138-142; W. Trilling, "Matthäus, das kirchliche Evangelium - Überlieferungsgeschichte und Theologie", in J. Schreiner (Hg.), Gestalt und Anspruch des Neuen Testaments, Würzburg 1969, S.186-199, hier S.196.

[65] G. Bornkamm vermerkt an dieser Stelle W. Trilling, Das wahre Israel. Studien zur Theologie des Matthäusevangeliums (EThSt 7), Leipzig ³1964, S.41f.

darf."[66] Das Logion in 18,20 enthält das neue Selbstverständnis der Gemeinde, obwohl es *"sichtlich in enger Anlehnung an die Tora-Praxis und die Schechina-Vorstellung des Judentums geprägt ist".*[67] Über die Lehrautorität (16,1ff) schreibt Bornkamm weiter, *"daß 'Binden' und 'Lösen' hier nicht mehr einfach im genuin jüdischen Sinn gebraucht sind. Wohl erscheint Petrus hier formal in der Rolle eines 'supreme Rabbi', aber seine Funktion ist nicht mehr auf die Tora, sondern auf die das Gesetz erfüllenden Gebote des Kyrios bezogen, der - nach alttestamentlich-jüdischen Begriffen unvorstellbar - die ekklesia ... als seine Kirche zu bezeichnen vermag."*[68] Die Spannungen zwischen den juden- und heidenchristlichen Tendenzen im MtEv lassen sich nach Bornkamm *"als ein Vorgang wechselseitiger Durchdringung begreifen: die judenchristliche Jesus-Überlieferung ist aus ihrer ursprünglichen Heimat ausgewandert und hat im hellenistischen Christentum einen neuen 'Sitz im Leben' gefunden und zugleich in dieses ihr eigenes Erbe als ein entscheidendes Element und Korrektiv des Enthusiasmus eingebracht. Es wäre darum falsch, hier nur von einem rückläufigen Prozeß der Rejudaisierung sprechen zu wollen."*[69] Die Änderung der Stellungnahme Bornkamms läßt sich als ein Hinweis darauf verstehen, daß verschiedene Texte im MtEv tatsächlich ein unterschiedliches Urteil über die Beziehungen zwischen der mt Gemeinde und dem Synagogenverband nahelegen.[70]

Gerhard Barth[71] folgt bei der Darstellung des Gesetzesverständnisses im MtEv der frühen Meinung Bornkamms, daß das MtEv judenchristlichen Charakter hat und noch innerhalb des Judentums anzusiedeln ist. Er vertritt zu 5,17 die These, hier finde eine *"Auseinandersetzung der konservativen (palästi-*

---

[66] G. Bornkamm, "Binde- und Lösegewalt", S.40.

[67] Ibid., S.44.

[68] Ibid., S.48.

[69] Ibid., S.50; diese Aussage richtet sich wahrscheinlich gegen den von G. D. Kilpatrick postulierten Rejudaisierungsprozeß (s.o.).

[70] Schon 1957 bemerkte G. Bornkamm in einer Untersuchung über das "Doppelgebot der Liebe", in W. Eltester (Hg.), Neutestamentliche Studien für Rudolf Bultmann zu seinem 70. Geburtstag (1954), Berlin 1957, 85-93: *"Das Doppelgebot Jesu eint ihn (Mt) also nicht mehr mit dem Judentum, sondern stellt ihn in radikalen Gegensatz zu ihm.",* hier S.93. Bornkamms unterschiedliche Stellungnahmen zum Verhältnis der mt Gemeinde zum Judentum lassen sich also nicht in eine rein chronologische Entwicklung einordnen.

[71] G. Barth, "Das Gesetzesverständnis des Evangelisten Matthäus" in Überlieferung und Auslegung, S.54-154.

nensischen) Gemeinde mit der gesetzesfreien (hellenistischen)" statt.[72] Dabei scheint es ihm *"nicht erlaubt, diesen Vers anders als im jüdischen Sinn zu verstehen."*[73] Die Sabbatperikope 12,9-14 hält er für eine *"positive Regel für das Verhalten der Gemeinde am Sabbat".* Der Sabbat werde grundsätzlich gehalten (vgl. 24,20), *"aber nicht mehr so streng wie im Rabbinat".*[74] Die Kirche *"unterscheidet sich nun deutlicher von dem übrigen jüdischen Volk",* es gebe in ihr *"Gute"* und *"Böse".*[75] Nach Barth *"sucht die Kirche des Mt. die Gemeinschaft mit dem jüdischen Volk festzuhalten, aber die Lage ist gespannt; die Kirche wird direkt verfolgt (5,10-12; 10,23; 23,34)".*[76]

Reinhart Hummel[77] versucht, den historischen Ort des MtEv in der Geschichte des Urchristentums zu bestimmen. Schon die Themen- und Textauswahl seiner Untersuchung legt eher eine judenchristliche Betrachtungsweise nahe. Er verfolgt die Fragen nach dem Verhältnis der Kirche des Mt zum zeitgenössischen Judentum, nach dem Gesetz, nach Tempel und Opferkult, nach dem Messias und nach Israel und der Kirche. Hummel kommt zu dem Ergebnis, daß der Evangelist *"ein konvertierter jüdischer Schriftgelehrter der pharisäischen Richtung"*[78] und die Kirche des Matthäus *"judenchristlich ge-*

---

[72] Ibid., S.60. Ähnlich S.61: *"Ist 5,18f. eine Bildung aus dem Streit zwischen der konservativen und der gesetzesfreien Gruppe in der Gemeinde, so läßt sich von daher auch 5,17 bestimmen."* Auch S.66: *"Matthäus hat durch die Übernahme von 5,18f. sowie durch seine eigene Bildung 5,17 das Anliegen der konservativen Gemeinde im Kampf um das Gesetz zu dem seinen gemacht."* Die zwei-Fronten-Theorie von G. Barth wird bei K. Pantle-Schieber, "Anmerkungen zur Auseinandersetzung von ἐκκλησία und Judentum im Matthäusevangelium", ZNW 80 (1989) 145-162, in ganz anderer Weise erneuert: Er differenziert den Konflikt der Gemeinde des Mt "mit der 'Synagoge', d.h. dem ihr zeitgenössischen (wohl syrischen) Synagogalwesen vom Ende des 1.Jh.s n.Chr., und den 'Schriftgelehrten und Pharisäern', d.h. dem sich während der Periode von Yavneh (ca. 70-132 n.Chr.) ausbildenden und konstituierenden Rabbinat." Hier S.145. Am Schluß stellt er auf S.162 gegen G. Barth die Frage, "ob die These von der doppelten apologetischen Situation des Matthäusevangelium gegen das seine ἐκκλησία umgebende 'Judentum' und gegen ein enthusiastisches, weitgehend gesetzesfreies Christentum nicht einer grundlegenden Revision unterzogen werden müßte."

[73] G. Barth, Gesetzesverständnis, S.60. Ähnlich formuliert er auf S.74, *"daß das Gesetzesverständnis der Bergpredigt ganz im Rahmen der jüdischen Gesetzesreligion bleibe."*

[74] Ibid., S.86.

[75] Ibid., S.109.

[76] Ibid., S.104.

[77] R. Hummel, Die Auseinandersetzung zwischen Kirche und Judentum im Matthäusevangelium (BEvTh 33), München 1963.

[78] Ibid., S.159.

prägt"[79] ist, zwar *"ein stark ausgeprägtes Eigenleben besitzt"*, aber *"noch dem jüdischen Synagogenverband angehört. "*[80] Hummel sieht das Verhältnis zwischen
Kirche und Israel nicht von dem Gedanken der Heilsgeschichte bestimmt,
sondern von *"dem des Gesetzes und des Gerichtes"*.[81] Während die
Tempelzerstörung nach Hummel als Strafgericht über Israel anzusehen ist,
besteht die Kontinuität zwischen Kirche und vorchristlichem Israel im Verständnis der Thora (S.34-75). In der Frage nach der weiteren Gültigkeit der
Thora geht Hummel nicht direkt von den Begriffen "νόμος" oder "ἐντολή" aus,
sondern von den Streitgesprächen.[82] Die Merkmale der Kirche des Matthäus
sind: *"der christliche Schriftgelehrte, die Lehr- und Disziplinargewalt, die Ge-
setzestradition, der schroffe Gegensatz zum Heidentum"*.[83] Der Evangelist
möchte, so Hummel, den endgültigen Bruch mit der jüdischen Gemeinde vermeiden.[84] Den von Trilling[85] als Wendepunkt von der juden- zur heidenchristlichen Intention beurteilten Text Mt 21,43 erörtert Hummel nur kurz
am Ende seines Buches.[86]

Stephenson H. Brooks[87] untersucht zunächst einige Texte des mt Sonder-
gutes (5,17-6,18; 10,1-41; 23,39) und versucht, die Tradition von der mt Redaktion zu scheiden. Von dieser Tradition ausgehend macht er sich daran, die
Geschichte der Beziehung zwischen der mt Gemeinde und dem Judentum vor
der Abfassung des MtEv zu rekonstruieren.[88] In ihr gibt es seiner Meinung
nach (mindestens) zwei judenchristliche Gruppen: die christliche jüdische
(*"the Christian Jewish"*) und die jüdische christliche (*"the Jewish Christian"*).[89]
Die erste Gruppe behält die jüdische Tradition aus der Zeit vor 70 n.Chr. bei.
Ihre Mitglieder akzeptieren die synagogale Lehrautorität (23,2f), praktizieren

---

[79] Ibid., S.26 und S.32.

[80] Ibid., S.159.

[81] R. Hummel, Auseinandersetzung, S.159.

[82] A. Sand, Gesetz und Propheten, S.26.

[83] R. Hummel, Auseinandersetzung, S.157.

[84] Ibid., S.31.

[85] S. dazu die Darstellung unter 3.

[86] R. Hummel, Auseinandersetzung, S.148-151. Es erstaunt, daß er sich mit den Argumenten Trillings (1960) und Streckers (1962) nicht auseinandersetzt - sein Buch erschien 1963. Auch in der zweiten Auflage (1967) behielt er seine Auffassung bei.

[87] S. H. Brooks, Matthew's Community. The Evidence of his Special Sayings Material
(JSNT Suppl. Series 16), Sheffield 1987.

[88] Ibid., S.15; er entfaltet diese Intention seiner Untersuchung ausführlich in der Einleitung, S.15-23.

[89] Ibid., S.120.

Almosen, Beten und Fasten (6,1-18) und senden noch Missionare zu den Juden. Die zweite Gruppe dagegen lebt von den jüdischen Synagogen getrennt. Diese *"jüdischen Christen"* erfahren Verfolgung durch Juden, halten das Gesetz grundsätzlich nicht und beginnen die Heidenmission.[90] Brooks ist sich dessen bewußt, daß seine Untersuchung kein umfassendes Bild der Geschichte der mt Gemeinde zeichnen kann,[91] dazu ist die Textbasis seiner Untersuchung (nur ein Teil der Streitgespräche) zu schmal. Besonders wichtig wäre es u.E. vor allem, die Intention des Evangelisten angesichts der aktuellen Situation seiner Gemeinde zum Zeitpunkt der Abfassung des Evangeliums ernst zu nehmen.

3. Die Betonung der heidenchristlichen Tendenz im MtEv

Ein früher Vertreter für eine ausgeprägt heidenchristliche Tendenz ist **Claude Goldsmid Montefiore** (1858-1938),[92] obwohl er noch glaubt, daß Mt ein Griechisch sprechendener Jude war.[93] Er beobachtet zunächst die zahlreichen Spannungen im MtEv (*"Jewish and anti-Jewish, 'legal' and anti-legal, narrow and anti-Gentile and also catholic and universalist ..., a curious mixture of 'particularist' and 'universalist' sayings"*).[94] Seiner Meinung nach ordnete Mt die judenchristlichen Materialien, die ihre ursprüngliche Bedeutung im MtEv verloren haben, als Tradition ein.[95] Die neue universale Kirche habe bereits die Stellung der alten, nationalen Synagoge übernommen. Die Juden lehnten Jesus ab, während die Heiden ihn akzeptierten. Und die Heidenchristen *"had stepped, and were more and more stepping, into the shoes of Israel."*[96] Daß die mt Gemeinde aus *"converted Jews"* und *"Gentiles"* zusammengesetzt ist, stellt Montefiore ohne weitere Erörterungen fest.[97]

---

[90] Ibid., S.120-122.

[91] Ibid., S.122: *"... it does not purpose to represent a complete history of the Matthean Community"*.

[92] C. G. Montefiore, The Synoptic Gospels, Vol.1, London ²1927 (¹1909).

[93] Ibid., S.lxxvii.

[94] Ibid., S.lxxviii.

[95] Ibid., S.lxxiv: *"It seems safest to assume that, for the most part, the particularist or 'legal' passages are quotations, and that to Matthew they no longer mean what they originally meant"*.

[96] Ibid., S.lxxiv.

[97] Ibid., S.lxxviii.

K.W.Clark[98] bestritt 1947 die weitverbreitete These, der Evangelist Matthäus sei ein bekehrter Jude gewesen und die heidenchristliche Tendenz des Ev sei darum als sekundärer Zug zu betrachten.[99] Die Argumente für judenchristliche Autorschaft scheinen ihm *"mehr traditionell als rational zu sein"*.[100] Clark gesteht zwar zu, daß es keine Notwendigkeit für Juden gab, *"dem Judentum abzuschwören, um den Glauben an Jesus Christus bekennen zu können."*[101] Darüberhinaus ist auch anzunehmen, daß es in Syrien hellenisierte Juden gegeben hat, *"aber schwerlich dürfte man einen jüdischen Christen um 90 n.Chr. gefunden haben, der ein Evangelium schreibt, dessen Thema die endgültig vollzogene Verwerfung Israels durch seinen Gott ist."*[102] Clark hält die Verwerfung Israels und die Ausrichtung auf Heidenchristen (8,12; 12,21; 21,43) für das Hauptthema des MtEv.[103] Er setzt sich mit den Hauptargumenten für den jüdischen Charakter des Ev auseinander, deren wesentliche *"die Genealogie, die blockhafte Zusammenfassung lehrhaften Materials, die vielen Zitate aus der jüdischen Schrift, die eschatologischen Passagen, der jüdische Partikularismus, semitische Wörter und Idiome und besonders der Gebrauch von 'Himmelreich' anstelle von 'Reich Gottes'"* sind.[104] Dabei kommt er zu dem Ergebnis, *"daß die herkömmlichen Argumente die These der jüdischen Verfasserschaft nicht beweisen können."*[105] Im Gegenteil: *"'Matthäus' war streng parteiisch, er zog die Heiden vor und verwarf die Juden. Er war ein Heidenchrist."*[106] Bezeichnenderweise erwähnt Clark nie die Bergpredigt (Mt 5-7) und die Aussendungsrede (Mt 10), die beide stark jüdisch geprägt sind.

Poul Nepper-Christensen[107] möchte die Stichhaltigkeit der Annahme überprüfen, daß das MtEv für Juden oder Judenchristen geschrieben worden

---

[98] K. W. Clark, "Die heidenchristliche Tendenz im Matthäusevangelium", H. J. Dirksen übers., in J. Lange (Hg.), Das Matthäus-Evangelium (WdF 525), Darmstadt 1980, S.103-111 (= "The Gentile Bias in Matthew", JBL 66 (1947) 165-172.)

[99] Ibid., S.103.

[100] Ibid., S.103f.

[101] Ibid., S.104.

[102] Ibid., S.104 (Hervorhebung vom Vf.); Das Thema "Verwerfung Israels" wird später von W. Trilling ausführlich bearbeitet (s.u.).

[103] Ibid., S.104-106.

[104] Ibid., S.106-110.

[105] Ibid., S.110.

[106] Ibid., S.110. Ähnlich meint H. Frankemölle, "Evangelist und Gemeinde", Bib. 60 (1979) 153-190, daß Mt einen eindeutig heidenchristlichen, universalen Standort einnimmt, hier S.157.

[107] P. Nepper-Christensen, Das Matthäusevangelium. Ein judenchristliches Evangelium? (AThD 1), Aarhus 1958.

sei.[108] Er geht zunächst den altkirchlichen Traditionen über den Evangelisten und sein Evangelium nach. Er erkennt ihnen keine Beweiskraft zu: da *"keiner der altkirchlichen Verfasser, der eine semitische Matthäus-Ausgabe erwähnt, eine solche gesehen hat"*, sind ihre Zeugnisse zu bezweifeln.[109] Einen unmittelbaren Beleg für eine Übersetzung des Evangeliums ins Griechische gibt es nicht.[110] Die Ergebnisse der sprachlichen Untersuchungen zeigen nach Nepper-Christensen, daß die Annahmen der altkirchlichen Traditionen kaum verifizierbar sind.[111] Als nächstes betrachtet Nepper-Christensen die alttestamentlichen Zitate im MtEv. Obwohl das Alte Testament für die hinter Mt stehenden Traditionen unbestreitbar eine große Rolle spielt, lege *"das Matth. mit seiner Anwendung von Reflexionszitaten keinerlei Zeugnis über die usprünglichen Leser des Evangeliums ab"*.[112] Darum sei es nicht richtig, *"dass der Erfüllungsbegriff im Matth. etwas über die ersten Leser aussagt"*.[113] Die typologische Betrachtungsweise des Evangeliums sei nach Nepper-Christensen keineswegs *"jüdischen oder judenchristlichen Lesern zuliebe vorgenommen worden."*[114] Schließlich untersucht er *"den jüdischen Horizont des Matthäusevangeliums"*, besonders Mt 10,5f; 10,23 und 15,24.[115] Auch hier ist seiner Ansicht nach keine eindeutig partikularistische Tendenz zu erkennen.[116] Dieser Horizont sei *"aus einer Rücksichtnahme auf Juden oder Judenchristen zu erklären"*.[117] Aus dem jüdischen Hintergrund des MtEv dürfe nicht die Schlußfolgerung gezogen werden, *"dass die Schrift für Juden oder Judenchristen verfasst war"*.[118] Denn sonst könne man *"jedenfalls mit gleichem Recht behaupten, wenn man an die Bedeutung der neuen Missionsauffassung im Rahmen des Matth. und auch an den Schluss der Matth. mit den Abschiedsworten des Auferstandenen an seine Apostel denkt, dass das Evangelium im Blick auf*

---

[108] Ibid., S.10 und S.202.

[109] Ibid., S.74f.

[110] Ibid., S.99f.

[111] Ibid., S.101-135, hier S.134.

[112] Ibid., S.161f.

[113] Ibid., S.162.

[114] Ibid., S.179.

[115] Ibid., S.180-201.

[116] Ibid., S.196.

[117] Ibid., S.200. Er äußert sich nicht eindeutig dazu, ob diese Judenchristen zur mt Gemeinde gehören oder das gesellschaftliche Umfeld der Gemeinde bilden.

[118] Ibid., S.201.

Heiden geschrieben worden ist."[119] Nepper-Christensen ist mithin überzeugt, *"dass nichts die Behauptung bestätigt, das Matth. sei im Blick auf Juden oder Judenchristen geschrieben worden. Und nichts gibt uns bisher das Recht dazu, von dem Matth. als von einem judenchristlichen Evangelium zu sprechen.*"[120]

Wolfgang Trilling[121] ist überzeugt, daß Mt als Endredaktor entschieden heidenchristlich universal denke.[122] Dies kommt in der Einleitung seines Buches, die vor allem den Missionsbefehl 28,18-20 behandelt, klar zum Ausdruck: *"Die Kirche des Mt lehrt offenbar einen unbeschränkten Universalismus des christlichen Glaubens. ... Von der Problematik Juden - Heiden ist im Schlußwort des Buches nichts zu spüren.*"[123] Trilling behandelt im ersten Teil seines Buches das Winzergleichnis (21,33-45, bes. Vers 43), den Prozeß vor Pilatus (27,15-26) und das Gericht über Israel unter der Überschrift *"Die Krisis Israels"*. Diese ist für ihn *"der negative Hintergrund und Gegenpol für die heilsgeschichtliche Ortsbestimmung der Kirche."*[124] Dann stellt er im zweiten Teil *"das wahre Israel"* (die Sendung zu Israel, die Gemeindeordnung und das Kirchenbild) dar. Für das Selbstverständnis des Evangelisten sind die Offenbarungen des AT der Wurzelboden.[125] Schließlich bespricht Trilling im dritten Teil die *"Tora des wahren Israel"* (die Frage nach dem Gesetz 5,17-20 und die Erfüllung des Willens Gottes). Beruf und Aufgabe eines jeden Christen *"ist die vollkommene Erfüllung des Willens Gottes".*[126] Die Kirche ist das *"wahre*

---

[119] Ibid., S.205. Als mögliche Belege für diese Auffassung führt er drei Textstellen an: 8,11f; 21,43; 23,38, S.197f.

[120] Ibid., S.206. Er zieht aus diesem Schluß aber nicht die Folgerung, das MtEv sei für Heiden oder Heidenchristen geschrieben worden oder habe eine universalistische Tendenz. Vielmehr sei der *"Kampf um die neue Missionsauffassung noch im Gange"* (S.200). Die Juden waren das Volk, *"das die Weissagungen empfangen hatte und zu dem der Messias gesandt worden war"* (S.204). Die neue Missionsauffassung für Heiden schliesse vermutlich die Juden nicht vom Heilsplan aus (S.204).

[121] W. Trilling, Das wahre Israel. Studien zur Theologie des Matthäusevangeliums (EThSt 7), Leipzig ³1964. Ders., "Matthäus, das kirchliche Evangelium - Überlieferungsgeschichte und Theologie", in J. Schreiner (Hg.), Gestalt und Anspruch des Neuen Testaments, Würzburg 1969, S.186-199. Eine ähnliche Ausrichtung hat: S. Schulz, Die Stunde der Botschaft. Einführung in die Theologie der vier Evangelisten, Hamburg, 1967.

[122] W. Trilling, Israel, S.215, "Mt, das kirchliche Evangelium", S.196.

[123] Ibid., S.49.

[124] Ibid., S.50f.

[125] Ibid., S.51.

[126] Ibid.

Israel".[127] Deswegen muß sie *"durch die Abgrenzung gegen das ungläubige Judentum und durch die eigene Bemühung um die Weissagungen des AT vertieft und bestätigt werden."*[128]

Die Spannung zwischen der juden- und heidenchristlichen Tendenz im MtEv versucht Trilling mit der Unterscheidung von Tradition und Redaktion zu erklären.[129] So bewertet er beispielsweise den israelorientierten Missionsbefehl Jesu in 10,5b-6 als *"alte Tradition"*,[130] während in 28,18-20 der Redaktor spreche. Mt 15,24 (ähnlich wie 10,5b-6), sei *"nicht 'judenchristliche Tendenz', sondern eine theologischen Notwendigkeit".*[131] Denn nach Trilling ist das Logion *"ebenso programmatisch für das Verhältnis Jesu zu Israel und seinen heilsgeschichtliche Auftrag wie 28,19 für das Verhältnis der Jüngerschaft zur Völkerwelt."*[132] Zusammenfassend kann Trilling schreiben: *"Typisch 'judenchristliche' Züge konnten einer noch enger judenchristlich bestimmten Phase, typisch 'heidenchristlichen' Züge aber der Endredaktion zugewiesen werden."*[133]

Georg Strecker[134] argumentiert gegen *"die Behauptung der judenchristlichen Verfasserschaft des Ev"*, daß der Redaktor des MtEv und seine Gemeinde *"grundsätzlich einen heidenchristlichen Standpunkt einnehmen".*[135] Er ordnet die judenchristlichen Elemente im MtEv der *"vormatthäischen mündlichen Überlieferung"*[136] zu, die zum *"Anfangsstadium der Gemeinde"* gehöre.[137] *"Die*

---

127 Ibid., S.213. Gegen Hummel meint er, daß die Kirche des Mt *"aus dem Synagogenverband bereits gelöst"* sei: "Mt, das kirchliche Evangelium", S.196.

128 W. Trilling, Israel, S.213.

129 Ibid., S.215; auch "Mt, das kirchliche Evangelium", S.193, 199. Eine andere Lösung dieses Problems bietet Strecker mit seiner heilsgeschichtlichen Konzeption (s.u.).

130 W. Trilling, Israel, S.102.

131 Ibid., S.105.

132 Ibid., auch "Mt, das kirchliche Evangelium", S.192, *"Die Verkündigung des Matthäusevangeliums hat ihr Spezifikum in der Spannung zwischen der judenchristlichen Prägung seiner Tradition und seines Milieus und dem entschiedenen heidenchristlich- universalen Horizont seine Aussage".*

133 W. Trilling, Israel, S.215.

134 G. Strecker, Der Weg der Gerechtigkeit. Untersuchung zur Theologie des Mt (FRLANT 82), Göttingen ²1966.

135 Ibid., S.34. Dafür plädiert auch J. P. Meier, Law and History in Matthew's Gospel. A Redactional Study of Mt.5:17-48 (AnBib 71), Rom 1976, S.21.

136 G. Strecker, Weg, S.17. Ähnlich: C. G. Montefiore, The Synoptic Gospels. Edited with an Introduction and a commentary I, London ²1927, S.lxxiv: "it is Matthew, the compiler, who used them (Anm. des Verf.: the Jewish, legal, anti-Gentile passages), adopted them, and fitted them into his book."

unjüdischen, hellenistischen Elemente der Redaktion legen nahe, den Verfasser dem Heidenchristentum zuzuordnen."[138] Der Evangelist Mt ist sich *"des Abstandes von der Synagoge bewußt".*[139] Für Strecker ist im Evangelium *"eine Entwicklung angedeutet. Eine neue, heidenchristliche Generation löst das Judenchristentum ab.*"[140] Für die Interpretation bedeutet diese Einsicht: *"Das Werk des Evangelisten ist nicht mehr als selbstverständliche Basis für die Rekonstruktion der ekklesiologischen Vorstellungen heranzuziehen, vielmehr ist zwischen der heilsgeschichtlichen Vergangenheit und dem Verständnis der Gegenwart grundsätzlich zu differenzieren.*"[141] Ein gutes Beispiel dafür ist das Bewußtsein Jesu von seiner Sendung an Israel (15,24). Strecker meint, daß es *"nicht zufällig allein durch Matthäus überliefert ist, sondern es kennzeichnet die historische Reflexion des Evangelisten. Die Zeit Jesu ist durch ihren besonderen Auftrag als einmaliger, unwiederholbarer Ausschnitt aus der Vergangenheit charakterisiert. Nur damals war dem jüdischen Volk die Möglichkeit gegeben, sich endgültig für oder gegen seine heilsgeschichtliche Bestimmung zu entscheiden. Indem es den Bußruf Jesu zurückwies, begab es sich selbst der heilsgeschichtlichen Prärogative.*"[142] Da *"von Polemik der einen Seite gegen die andere"* im Evangelium *"nichts zu bemerken"* sei, ist Strecker davon überzeugt, daß es sich bei den Vertretern des juden- und heidenchristlichen Elements nicht *"um zwei innerhalb der Gemeinde voneinander abgegrenzte Gruppen"* handelt.[143] Die Judenchristen repräsentieren folglich *"eine ältere Entwicklungsstufe des Gemeindelebens"*, die Beibehaltung des judenchristlichen Elements wird möglich im Rahmen der *"Historisierung des Traditionsgutes durch den Redaktor Matthäus"*.[144]

Rolf Walker[145] sieht seine These der Heilsgeschichte im MtEv in 22,4-10 mustergültig repräsentiert: Israel als ganzes lehnt *"das wiederholte Angebot der Gnade Gottes"* ab. Dies *"besiegelt Israels heilsgeschichtliches Geschick (22,7)"*.

---

[137] G. Strecker, Weg, S.35.

[138] Ibid., S.34.

[139] Ibid., S.30.

[140] Ibid., S.35.

[141] Ibid., S.189. In diesem Sinne sind die Jünger *"wie die Person Jesu der unwiederholbaren, heiligen Vergangenheit zugeordnet"*, S.194.

[142] Ibid., S.117.

[143] Ibid., S.34f.

[144] G. Strecker, "Das Geschichtsverständnis des Matthäus", in J. Lange (Hg.), Das Matthäus-Evangelium (WdF 525), Darmstadt 1980, S.326-349 (=EvTh 26 (1966) 57-74), hier S.330.

[145] R. Walker, Die Heilsgeschichte im ersten Evangelium (FRLANT 91), Göttingen, 1967, S.9. R. Walker vermerkt, daß sich seine Deutung von Mt 22,4-10 mit der von A. Schlatter, Das Evangelium nach Matthäus, [2]1961, S.325 deckt.

Es folgt die Berufung der Heiden, entscheidend ist das heilsgeschichtliche Nacheinander: *"erst Israel, dann die Heiden"*. Die Heilsbotschaft meint in der Gegenwart aber *"nur noch die Heiden"*. Die jüdisch geprägte Überlieferung stehe *"unter heilsgeschichtlichem Aspekt; sie ist (kerygmatische) Geschichtsschreibung, nicht Spiegel aktueller Kontroversen der Kirche mit Israel."*[146] Walkers Untersuchung hat drei Teile: Israel (seine Repräsentanten und als *"Einheit des Bösen"*), die Heiden und die Heilsgeschichte im MtEv. Die Repräsentanten Israels sind nach Walker *"die Vertreter der... heilsgeschichtlichen Größe 'Israel'".*[147] Er geht den Aussagen über Israel in Mk, Q und Mt-S nach und kommt zu dem Ergebnis, *"daß der Evangelist die eine, heilsgeschichtliche Größe 'Israel' seines Evangeliums konsequent 'negativ' qualifiziert."*[148] Die Untersuchung über die Heiden (wieder in Mk, Q und Mt-S) und ihr Verhältnis zu Israel ergibt, daß das *"heilsgeschichtliche Thema unter den Heiden fortgeführt"* wird.[149] Bei der Erörterung der Perikope 24,9-14 fragt Walker sich sogar, ob das MtEv möglicherweise als *"ein extrem heidenchristliches Evangelium unter völliger Absehung von den 'Juden' geschrieben wurde."*[150] Darum ist die Geschichte Israels *"unwiederholbar und auf die heilsgeschichtliche Lage der Heiden nicht anzuwenden".*[151] Gegen Johannes Weiß' *"judenchristliche"* Stellungnahme führt er an, daß dieser die Überlegung unterlasse, *"ob das 'judenchristliche' Überlieferungsgut auch im matthäischen Zusammenhang judenchristlichen Interessen zu dienen hat",*[152] daß er nicht versuche, die *"Funktion im Kontext zu bestimmen"* und *"zwischen 'Tradition' und 'Redaktion'"* nicht unterscheide.[153]

---

[146] Ibid., S.9. R. Walker vermerkt trotz der großen Ähnlichkeit dieser Aussage zu G. Streckers Entwurf dessen Thesen nicht!

[147] Ibid., S.38.

[148] Ibid.

[149] Ibid., S.75 auch S.111-113.

[150] Ibid., S.86.

[151] Ibid., S.120; ausführlicher: *"zuerst kommt die Zeit Israels, während der Jesus und die Jünger nur zu den verlorenen Schafen des Hauses Israel gesandt sind...; nach Israels hartem Nein und seiner gerechten Aburteilung hebt auf der heilsgeschichtlichen Zeitlinie für die von Jesus gesandten Jünger die (letzte) Stunde der Heiden an."*

[152] R. Walker, Heilsgeschichte, S.127f.

[153] Ibid., S.128.

4. Die vermittelnde Position

Anhand unserer kurzen Darstellung der Forschungsgeschichte erkennt man deutlich, daß beide Auslegungsrichtungen möglich sind, daß jede die Argumente der jeweils anderen in ihr Konzept integrieren kann. Bornkamms unterschiedliche Stellungnahmen lassen vermuten, daß sie aufgrund unterschiedlicher Tendenzen in verschiedenen Perikopen des MtEv zustande kamen. 1968 resümierte Bornkamm,[154] "daß sich judenchristliche und heidenchristliche Elemente im Matthäus nicht einfach auf Tradition[155] und Redaktion verteilen lassen und die eigene Theologie des Evangelisten sich nicht nur dem Heidenchristentum zuweisen läßt,[156] sondern daß Matthäus im Spannungsfeld beider steht." Seine Lösung wird zwar dem augenblicklichen Forschungsstand gerecht, ist aber letztlich unbefriedigend, weil nicht erkennbar ist, wo der Evangelist in diesem Spannungsfeld zu lokalisieren ist und welche Ziele er mit seinem Evangelium verfolgt. Eine vermittelnde Position, die wirklich über die beiden vorherrschenden Richtungen der judenchristlichen bzw. heidenchristlichen Priorität hinausführt, müßte in der Lage sein, die einander scheinbar widersprechenden Aussagen des Evangeliums darin zu vereinen, daß sie beide aus der Intention des Evangelisten und der Situation seiner Gemeinde erklärbar werden.

a) Die Herkunft des Evangelisten

In der Frage nach dem Autor des MtEv[157] stehen sich die Aussage, er sei auf jeden Fall ein Judenchrist (so beispielsweise E.v.Dobschütz) und die These, er entstamme dem Heidenchristentum (so etwa G.Strecker) diametral gegenüber. An Vermittlungsversuchen fehlt es nicht. **Krister Stendahl** versucht durch eine Untersuchung der Zitate im MtEv zu beweisen, daß es nicht von

---

[154] Dies Zitat stammt aus dem Vorwort zur fünften Auflage des Buches "Überlieferung und Auslegung im MtEv".

[155] Ähnlich E. Schweizer, Matthäus und seine Gemeinde (SBS 71), Stuttgart 1974, S.10f: *"Mir scheint es unmöglich zu sein, die judenchristlichen Charakteristika dieses Evangeliums zu übersehen oder sie nur auf die Tradition einzuschränken."*

[156] Dies sieht ähnlich K. Tagawa, "People and Community in the Gospel of Matthew", NTS 16 (1969/70) 149-162: "Accordingly one cannot be satisfied with the conclusion that one attitude is found in the earlier traditional materials while the other represents the evangelist's own attitude." (S.154).

[157] Dazu bieten eine umfangreiche Diskussion: W. D. Davies/D. C. Allison, "The Authorship of Matthew" in The Gospel according to Saint Matthew (ICC), Edinburgh 1988, S.7-58.

einem Autor, sondern von einer "Schule" produziert wurde.[158] Anders möchte **Ernest L.** Abel[159] die Spannungen zwischen der juden- und heidenchristlichen Tendenz im MtEv erklären, er schlägt vor, von zwei Evangelisten auszugehen. Der erste sei ein Judenchrist, der zwischen 62 und 80 n.Chr. das erste MtEv verfaßte. Danach habe ein Heidenchrist zwischen 80 und 105 n.Chr. das Evangelium bearbeitet.[160] Methodisch betrachtet ist dieser Rekonstruktions- versuch Abels nichts anderes als die von vielen Exegeten vorgenommene Ver- teilung des Stoffes auf eine judenchristlich geprägte Tradition und eine hei- denchristlich orientierte Redaktion, nur daß hier gewissermaßen zwei Redak- toren angenommen werden. Diese Hypothese ist wie alle vorigen nicht zu beweisen. Die Frage nach der Herkunft des Verfassers des MtEv ist, um mit Ph.Vielhauer zu sprechen, "kaum zu entscheiden und im Grunde be- langlos".[161]

b) Die Gemeinde des MtEv als zusammengesetzte Gemeinde

Andere Vermittlungsversuche setzen nicht beim Verfasser des MtEv, son- dern bei seiner Gemeinde ein. Die Ekklesiologie ist ja unbestreitbar ein wich- tiges Thema des MtEv.[162] Schon 1963 spricht **C. W. F. Smith**[163] davon, daß sich die Integration der Heiden(-christen) in die judenchristliche Gemeinde im Evangelium widerspiegele. Er betrachtet fünf Perikopen - die Gleichnisse vom Unkraut unter dem Weizen (13,24-30.36-43), vom Fischnetz (13,47-50),

---

[158] K. Stendahl, The School of Saint Matthew and Its Use of the Old Testament (ASNU 20), Uppsala 1954.

[159] E. L. Abel, "Who wrote Matthew?", NTS 17 (1970/71) 138-152.

[160] Ibid., S.151f.

[161] P. Vielhauer, Geschichte, S.365.

[162] Das zeigt vor allem das Wort "ἐϰϰλησία", das Mt als einziger der Synoptiker ver- wendet (16,18; 18,17). E. Schweizer, Mt und seine Gemeinde, hier S.13-15: "Im Ver- gleich mit dem Markusevangelium ist das Matthäusevangelium seinem Aufriß nach viel weniger Christologie als Ekklesiologie". S. Brown, "The Two-fold Representation of the Mission in Matthew's Gospel", StTh 31 (1977) 21-32 fordert gegen die Erklärung einer Spannung zwischen den beiden Missionsbefehlen in 10,5f und 18,19, bei der Interpretation auf die ekklesiologische Bedeutung zu achten; hier bes. S.25. Vgl. auch die Arbeit von A. Schlatter, Die Kirche des Matthäus, Gütersloh 1930, ferner W. G. Thompson, Matthew's Advice to a Divided Community. Mt 17,22-18,35 (AnBib 44), Rom 1970 und G. Künzel, Studien zum Gemeindeverständnis des Matthäusevangeliums (CThM, A10), Stuttgart 1978.

[163] C. W. F. Smith, "The Mixed State of the Church in Matthew's Gospel", JBL 82 (1963) 149-168.

von den 10 Jungfrauen (25,1-13), vom Hochzeitsmahl (nur den zweiten Teil: 22,11-14) und vom Jüngsten Gericht (25,31-46) - und stellt eine interessante Übereinstimmung fest. Die Themen dieser Perikopen haben sich mit der Zeit verändert und die Erfahrung der wachsenden christlichen Gemeinde in sich aufgenommen. In ihrer jetzigen Form lassen sie erkennen, daß die mt Gemeinde gemischt ist und "Gute" und "Böse" enthält.[164] Die Gemeinde erfährt nach Smith die Integration von Heiden(-christen); der Kampf um die Zulassung der Heiden ist bereits gewonnen und diese fünf Perikopen erweisen sich als Merkmal einer Gemeinde, die sich für alle öffnet.[165] Wichtig ist, daß bei Smith das Thema "gut und böse" auf den sozialen Hintergrund der mt Gemeinde hindeutet.

Einen interessanten Ansatz bietet **K.Tagawa**,[166] der (gegen viele vor ihm entstandene Interpretationen der mt Theologie argumentierend[167]) vorschlägt, das soziale Milieu des Mt als Grundlage für das Verständnis der *"contradictory ideas"*[168] im MtEv anzunehmen.[169] Nicht theologische Gründe, sondern die Situation der Gemeinde sei für die einander widerstreitenden Gedanken verantwortlich. Israel, die vor Gott existierende Gemeinde, und die Kirche, die vom Kyrios Jesus gegründete Gemeinde, *"are identified half unconsciously in the thought of Matthew."*[170] Tagawa ist mit Trilling darin einig, daß die Gemeinde das wahre Israel sei.[171] Einerseits sei dem Evangelisten dabei bewußt, daß das Volk Israel und die christliche Gemeinde nicht identisch sind, *"but on the other hand he confuses them because both are the milieu in which he finds his own existence. From this confusion arises the dilemma of the Jewish-Gentile problem."*[172] Die zwei widersprüchlichen Missionsgedanken seien folgendermaßen zu erklären: wenn Mt die Kirche mit der nationalen Gemeinde identifiziere, gelte der israelorientierte Missionsbefehl;

---

[164] Ibid., S.148-160, bes. S.160. J. P. Martin, "The Church in Matthew", Interpretation 29 (1975) 41-56, faßt zusammen, daß die mt Gemeinde nicht rein judenchristlich ist, sondern als universale Gemeinde Mitglieder aus allen Nationen hat, hier S.44.

[165] Ibid., S.163. Dafür sammelt er eine Reihe von Belegen aus den Schriften von Qumran, S.163-168.

[166] K. Tagawa, "People and Community in the Gospel of Matthew", NTS 16 (1969/70) 149-162.

[167] Ibid., S.152-158.

[168] Z.B. ibid., S.150, 151, 152.

[169] Ibid., S.149-152, bes. S.152 und S.158.

[170] Ibid, S.159.

[171] Ibid., S.159. Erstaunlicherweise fährt Tagawa fort: *"... he (Mt) makes no effort to give a historico-theological explanation of the relation of the Church to Israel."*

[172] Ibid.

umgekehrt aber komme der universalistische Missionsbefehl zum Tragen, wenn die Kirche als die erwählte Gemeinde des Glaubens im Unterschied zur jüdischen Nation bezeichnet wird.[173] Die beiden Aussagen, *"though logically in contradiction, can be made because for Matthew the two communities though different in nature, are overlapping."*[174] Die Heidenmission lasse die Heiden also erst durch ihre Bekehrung zu Christen und damit zu Mitgliedern der judenchristlichen Gemeinde werden, denn die mt Gemeinde sei die *"Israel-Christian community"*.[175] Tagawas Ausgangshypothese war, daß die theologische Reflexion des Mt und die Situation seiner Gemeinde aufeinander wirken, und auf diese Weise eine kohärente Theologie entstehe. Bei der Erklärung der Spannung[176] zwischen juden- und heidenchristlicher Tendenz verwendet er aber leider mehrere kaum zu beweisende Hypothesen, vor allem die Annahme der unbewußten *"Verwechslung"* von Israel und Kirche, die zu einer Verschmelzung von Kirchen- und Nationalbewußtsein des Evangelisten führe.[177] Schließlich scheint fragwürdig, ob das Ergebnis Tagawas (*"the Israel-Christian community"*) wirklich von dem Trillings unterschieden werden kann.[178]

c) Die Gemeinde des Mt im Übergang vom Judenchristentum zur heidenchristlichen Gemeinde

Ulrich Luz[179] nimmt an, der Evangelist Matthäus sei eher als ein judenchristlicher Verfasser zu denken.[180] Dennoch versucht er in seinem Kommentar zu zeigen, *"daß der Evangelist keinen Appell an das Volk Israel mehr*

---

[173] Ibid., 161.

[174] Ibid.

[175] Ibid., S.162.

[176] Ibid., S.159, er untersucht hauptsächlich die Missionsbefehle, aber oft ohne überzeugende Exegese, z.B. *"This (10,5f; 15,24) is why Christian missionaries, not only in the lifetime of Jesus but also in the time of the Church, must not go to the Gentiles"*!

[177] Ibid., S.159-162.

[178] Ibid., S.159: *"First, for him (Mt) the Church is the true Israel.... Consequently the mission of Jesus and his disciples is to the people who are to form the true Israel.... These utterances are made from the standpoint of the identification of Israel with the Christian community."*

[179] U. Luz, Das Evangelium nach Matthäus I,1 (1-7), (EKK 1,1), Zürich/Einsiedeln/Köln/Neukirchen-Vluyn 1985, bes. S.61-72.

[180] Ibid., S.62-65.

macht, an Christus zu glauben. "[181] Angesichts der Spannung der juden- und heidenchristlichen Tendenzen (im Verständnis des Gesetzes, der Mission und des Gerichts), die wir am Anfang dieser Einleitung erwähnt haben, ist Luz überzeugt davon, *"daß das Matthäusevangelium aus einer Situation stammt, wo diese judenchristliche Gemeinde an einem Wendepunkt stand."*[182] Dies zeige vor allem die für die Gemeinde wichtigste Entscheidung zur Heidenmission nach der Zerstörung Jerusalems, die die mt Gemeinde *"als Gericht Gottes über Israel"* erfährt.[183] Daß der Missionsbefehl des Auferstandenen in 28,19f für Mt wichtiger sei als der israelorientierte in 10,5f, werde durch den ganzen *"Ablauf der Jesusgeschichte"* und durch die Trennung der mt Gemeinde von der Synagoge unterstützt. Diese habe die Gemeinde dazu gebracht, *"sich der Heidenmission zu öffnen und damit einen grundsätzlichen Schritt in eine Richtung zu tun, die schließlich zur Integration in die Großkirche führte".* Mt stehe am Anfang dieses Weges.[184] Daher sei *"die Frage nach der Geltung des Gesetzes für die zu missionierenden Heiden ... bei Mt also noch nicht gelöst";*[185] Mt bejahe jedoch *"die Gültigkeit des ganzen Gesetzes"*, das allerdings nicht von den Pharisäern, sondern von Jesus ausgelegt wird.[186] Warum aber nimmt Mt die absolute Gültigkeit der Thora noch in sein Evangelium auf, wenn die Frage nach der Geltung des Gesetzes für die in die Gemeinde kommenden Heidenchristen noch umstritten ist? Wenn der Evangelist, wie erwähnt, *"keinen Appell an das Volk Israel mehr macht, an Christus zu glauben"*, warum behält er

---

[181] Ibid., S.71.

[182] Ibid., S.66.

[183] Ibid., S.67.

[184] Ibid., S.67. Ähnlich D. Hill, "On the Use and Meaning of Hosea VI.6 in Matthew's Gospel", NTS 24 (1978) 107-119, "... the church of the evangelist Matthew was a largely Jewish - Christian community struggling to find or to maintain its identity over against the new post- A.D. 70... Jewish establishment.... Jewish Christian were about to be, if they had not already been, effectively banished from the synagogues.... Mt and his congregation are forced to regard the mission to Israel as thing of the past and are now discovering an understanding of themselves and of the mission 'to all nation', a mission in which 'Israel' would no langer play a distinctive role." hier S.113. Dagegen R. Walker, Heilsgeschichte, S.10: "Dazu kommt die Beobachtung, daß gerade der Matthäus-Evangelist es ist, der die Heiden unübersehbar ins Blickfeld rückt." Auch C. W. F. Smith, Mixed State, S.163: "The battle over the admission of gentiles ... has been won, and the passages before us would seem to belong to a church open to all." G. Künzel, Gemeindeverständnis, S.217: "Das Volk als ganzes hat sich Jesus versagt; die Kirche muß sich daher notwendig den Heiden zuwenden. Trotzdem geschieht es, daß einzelne aus dem Volk heraustreten, ihre Botschaft zur Nachfolge erklären (8,19) und zu Jüngern Jesu werden (27,57)."

[185] U. Luz, Mt I, S.68.

noch so viele jüdische Traditionen bei (die Kilpatrick dazu bewogen hatten, von einem "Prozess der Rejudaisierung" zu sprechen)[187]? Noch konkreter: Wenn Mt die Entscheidung für die Heidenmission bejaht, die *"schließlich zur Integration in die Großkirche führte"* (s.o.), warum hält er noch an dem vergangenen, für die Gemeinde nicht mehr gültigen, ausschließlich israelorientierten Missionsbefehl fest?

Man muß an U.Luz die Frage stellen, ob er nicht unsere heutige Perspektive vom Übergang des Juden- zum Heidenchristentum in die Interpretation der Entstehungsgeschichte des MtEv einträgt. Diese diachronische, rückblickende Perspektive wird der existentiellen Situation der Gemeinde nicht gerecht. Wie hätte diese ahnen sollen, daß der Heidenmission die Zukunft gehörte? Die Rede von einem "Wendepunkt" in dem Sinne, wie Luz davon spricht, trägt unser historisches Wissen, das weder der mt Gemeinde noch dem Evangelisten zur Verfügung stand, ein. Die Spannungen innerhalb des Evangeliums sollten aber allein aus der geschichtlichen Konstellation erklärbar sein, die den Betroffenen selber zugänglich war.

---

[186] Ibid.

[187] Besonders schwer ist mit dieser These etwa die Hinzufügung der Worte "am Sabbat" in 24,20 zu erklären.

B. These, Methodik und thematischer Überblick

1. Die These der Arbeit

Ausgangspunkt unserer Überlegungen ist die schon zu Beginn der Einleitung erwähnte und in der Forschungsgeschichte deutlich zutage getretene Diskrepanz zwischen juden- und heidenchristlichen Tendenzen im MtEv. Jede Interpretation, die einer der beiden Richtungen den Vorrang gibt, erscheint problematisch, denn hätte der Evangelist eine monokulturell juden- oder heidenchristliche Gemeinde im Auge, wäre schwer erklärbar, daß er die Spannung zwischen den gegensätzlichen Traditionen aufrecht erhält. Unsere Exegese wird zudem zeigen, daß die sogenannten juden- bzw. heidenchristlichen Elemente im MtEv immer eigentümlich miteinander vermischt auftreten, was die Folge einer sorgfältigen Kompositions- und Redaktionsarbeit des Evangelisten ist und wodurch die Einseitigkeit der Positionen erheblich reduziert wird. Darum darf nicht eine Richtung gegen die andere ausgespielt werden, sondern die Exegese sollte die Situation zu rekonstruieren versuchen, in der die Verbindung scheinbar disparater Traditionen sinnvoll und nachvollziehbar wird.[1]

Diese Fragestellung hat Auswirkungen auf das methodische Vorgehen. Wir gehen von folgender Voraussetzung aus: Die Spannung zwischen juden- und heidenchristlich orientierten Texten ist nicht als geschichtlich entstandene diachronisch zu erklären (Baur, Trilling, Strecker, Walker), sondern als theologische Absicht des Verfassers synchronisch zu verstehen und zugleich auf dem Hintergrund der mt Gemeinde sozialgeschichtlich zu interpretieren.[2] Die Hauptthese unserer Arbeit lautet: **Die Widersprüche verbindende, interkulturelle Theologie des Matthäus ist für eine multikulturelle Gemeinde**

---

[1] Ähnlich H. Geist, Menschensohn und Gemeinde. Eine redaktionskritische Untersuchung zur Menschensohnprädikation im Matthäusevangelium (FzB 57), Würzburg, 1986, S.65: "Wenn Matth. mit seinem Evangelium der Versuch einer integrierenden Synthese all der genannten Strömungen zuzuschreiben ist, ist infolgedessen mit der Aufnahme z.T. sehr alter Überlieferung judenchristlicher Konvenienz (sic!) ebenso zu rechnen wie mit theologischen Tendenzen, die heidenchristliche Interessen und Vorstellungen berücksichtigen."

[2] Eine genaue Definition der Worte "synchronisch" und "sozialgeschichtlich", wie wir sie verstehen, wird im folgenden Abschnitt gegeben.

entworfen, deren gleichberechtigte Mitglieder Juden- und Heidenchristen sind.

2. Methodik

Dieser Arbeit liegt eine Kombination von *diachronischer* und *synchronischer* Betrachtung des MtEv zugrunde, die ergänzt wird durch eine *sozialgeschichtlich* geleitete Frage nach dem *"Sitz im Leben"* des Evangeliums. Im folgenden soll dieser Ansatz erläutert und begründet werden.

Die *diachronische Untersuchung* eines Textes erforscht seine Entstehungsgeschichte mit Hilfe der Literarkritik, die die schriftlichen Quellen eines Textes rekonstruiert, der Traditionsgeschichte, deren Interesse die mündliche Vorgeschichte des Textes ist, und der Redaktionsgeschichte, die sich auf die Sammlung und Überarbeitung der Überlieferung konzentriert. Diese klassischen exegetischen Vorgehensweisen bedürfen der Ergänzung durch *synchronische Methoden*, die den Text als eine kohärente Einheit zu verstehen versuchen.[3] Die synchronische Betrachtungsweise ist von sprachwissenschaftlichen Methoden wie Textlinguistik, strukturalistische Betrachtungsweise und Semantik inspiriert.[4]

Wie die Forschungsgeschichte gezeigt hat, wurden die Spannungen zwischen der juden- und der heidenchristlichen Tendenz im MtEv bislang immer unter diachronischer Perspektive betrachtet und erklärt. So ordnen beispielsweise Baur, Trilling, Strecker und Walker die judenchristlich ausgerichteten Texte der Tradition zu, während andere dieselben Texte als ausschlaggebend für die Intention des Evangelisten bewerten. In der vorliegenden Arbeit wird nun versucht, gerade die Spannung zwischen juden- und heidenchristlich orientierten Texten zum Gegenstand einer synchronischen Betrachtung zu machen. Der Text des MtEv wird als eine kohärente und in sich schlüssige Einheit angenommen. Die Spannungen zwischen den beiden Tendenzen sind dann nicht durch die Zuordnung von Tradition und Redaktion, auch nicht durch das Festhalten einer Tendenz bei Relativierung der ihr entgegen-

---

[3] Vgl. die These bei H. Frankemölle, "Evangelist und Gemeinde. Eine methodische Besinnung (mit Bespielen aus dem Matthäusevangelium)", Biblica 60 (1979) 153-190, S. 170: "Die synchronische, bei der vorliegenden Textgestalt ansetzende Textinterpretation hat methodisch eine eindeutige Priorität vor der diachronischen. ... Interpretation ist der Versuch, einen Text ... als Gestalteinheit und im Gesamtsinn, d.h. in seiner Übersummativität synthetisch zu verstehen."

[4] W. Egger, Methodenlehre zum Neuen Testament. Einführung in linguistische und historisch-kritische Methoden, Freiburg/Basel/Wien ²1990, S.21f.

gesetzten zu lösen. Vielmehr ist davon auszugehen, daß beide Tendenzen sich gegenseitig interpretieren, daß das Programm des Evangelisten gerade darin besteht, sie durch seine Thoraauslegung, seine Fassung des Missions- und Gerichtsgedanken zu vereinen.[5]

Damit soll nicht gesagt sein, daß in der vorliegenden Arbeit auf die diachronischen Methoden verzichtet würde. Sie werden häufig herangezogen, erhalten allerdings einen anderen Stellenwert. Literarkritische und redaktionsgeschichtliche Beobachtungen sind die notwendige Voraussetzung dafür, die Intention des Evangelisten bei der Verbindung verschiedener Traditionen zu einem kohärenten Text zu erheben.[6]

Die Frage "nach Zusammenhängen zwischen Texten und vergangenem sozialen Leben"[7] wurde schon um die Jahrhundertwende gestellt und im Rahmen der formgeschichtlichen Schule unter dem Stichwort "Sitz im Leben" aufgenommen. Allerdings wurden die Texte "primär als Ausdruck der Gemeinde*theologie* und des Gemeinde*glaubens*" gelesen, und das Vorherrschen der existentialen Interpretation der neutestamentlichen Texte tat ein übriges, so daß die sozialgeschichtliche Fragestellung kaum verfolgt wurde.[8] Demgegenüber ist festzuhalten, daß alle urchristlichen Texte notwendigerweise "Texte einer Gemeinschaft sind, daß sie eine soziale Dimension haben."[9] Gerade die Spannung zwischen juden- und heidenchristlich orientierten Texten im MtEv weist u.E. auf eine bestimmte soziale Realität der Gemeinde: auf eine Gemeinde, die gleichzeitig Juden und Heiden umfaßt.

Wir verfahren also methodisch aufgrund eines *doppelten Synchroniepostulats*. Wie oben schon erwähnt, erscheint es uns nicht möglich, heidenchristliche

---

[5] H. Frankemölle, Biblische Handlungsanweisungen. Beispiele pragmatischer Exegese, Mainz 1983, S.26: "Spannungen und Brüche im Text sind primär nicht relevant, um verschiedene Schichten und Quellen zu signalisieren, sie verweisen vielmehr auf die pragmatische Intention des Autors, der mit Brüchen den Hörer/Leser z.B. hellhörig machen will." Vgl. W. Egger, Methodenlehre, S.32f, A.8.

[6] Vgl. H. Frankemölle, Evangelist, S.173 zu einer neuen Gewichtung der redaktionellen Arbeit des Evangelisten: "... selbst nachweisbare traditionelle Texte dürfen der Verantwortung des Redaktors nicht entzogen werden. Sein Interesse bei der Selektion der ihm zur Verfügung stehenden Traditionen und bei der Entscheidung für die Aufnahme bestimmter ... Traditionen ist voll in Anschlag zu bringen."

[7] G. Theißen, "Zur forschungsgeschichtlichen Einordnung der soziologischen Fragestellung", in ders., Studien zur Soziologie des Urchristentums (WUNT 19) Tübingen 1983, 3-34, hier S.4.

[8] Ibid., S.6; man fragte eher nach dem Sitz im religiösen Leben als nach dem Sitz im sozialen Leben.

[9] Ibid., S.7.

und judenchristliche Aussagen bzw. Tendenzen auf verschiedene (diachronisch hintereinander geordnete) Schichten zu verteilen. Das *literarische Synchroniepostulat*, das dem jetzt vorliegenden Text für die Auslegung einen Vorrang gibt gegenüber seiner diachronischen Entstehungsgeschichte, verpflichtet uns vielmehr, die Gleichzeitigkeit beider Aussagen und Tendenzen ernst zu nehmen und zum Leitfaden der Auslegung des MtEv zu machen. So gelangen wir zu der Hypothese, daß das MtEv der Entwurf einer *interkulturellen Theologie* ist, welche juden- und heidenchristliche Tendenzen bewußt verbinden soll.

Hinzu kommt nun ein *sozialgeschichtliches Synchroniepostulat*, das auf einem Rückschluß[10] aus dem synchronen literarischen Befund aufbaut: Was im Text gleichzeitig nebeneinandersteht und sinnvoll verbunden ist, existiert auch in der hinter dem Text stehenden sozialen Lebenswirklichkeit der Gemeinde nebeneinander und gleichzeitig.[11] Dieser Schluß führt zu der Hypothese einer hinter dem MtEv stehenden *multikulturellen Gemeinde* aus Juden- und Heidenchristen. Um ein möglichst deutliches Bild von dieser Gemeinde zu rekonstruieren, werden konstruktive, analytische und vergleichende Rückschlußverfahren angewandt.[12]

Die vorliegende Arbeit bemüht sich also darum, mit Hilfe einer synchronischen Betrachtung des MtEv und einer korrespondierenden sozialgeschichtlichen Fragestellung den Ort der Texte im Leben der mt Gemeinde zu erheben und so eine neue Lösung der Spannungen im MtEv zu finden. Wir konzentrieren uns dabei auf die innere Situation der Gemeinde, auf die hin die Theologie des Evangelisten entworfen ist; die Beziehungen der christlichen

---

[10] G. Theißen, "Die soziologische Auswertung religiöser Überlieferungen. Ihre methodologischen Probleme am Beispiel des Urchristentums", in ders., Studien, S.35-54, hier S.37. (= Kairos 17 (1975) 284-299.)

[11] Vgl. H. Frankemölle, Evangelist, 188: "Generell gilt ..., daß die Evangelien ... als Elemente kommunikativen Handelns verstanden werden müssen; das heißt: sie sind jeweils eine Momentaufnahme einer andauernden Sprachhandlung" zwischen Evangelist und Gemeinde.

[12] Vgl. dazu G. Theißen, "Die soziologische Auswertung religiöser Überlieferungen", 37-54. Konstruktive Rückschlüsse setzen bei (vorwissenschaftlichen) sozio- oder prosopographischen Aussagen an, bei Texten also, die relativ direkte Aussagen über die Gemeinde oder Gemeindeglieder machen. Analytische Verfahren versuchen, die soziale Wirklichkeit zu erschließen, die sich in einem Text gebrochen widerspiegelt. Komparative Rückschlüsse beziehen zeitgenössische Analogien ein und ordnen ihnen die urchristlichen Phänomene kontrastierend oder analogisierend zu.

Gemeinde zum Judentum[13] und das sonstige Umfeld sind weniger im Blick.
Die soziale Situation der mt Gemeinde ist u.E. dadurch charakterisiert, daß
die Gemeindeglieder aus verschiedenen kulturellen Kontexten stammen,
nämlich dem Judentum einerseits und dem Heidentum andererseits. Wir
sprechen darum von der *multi*kulturellen Gemeinde des Mt.[14] Dieser multikulturellen urchristlichen Gruppe entspricht eine *inter*kulturelle Theologie,
die sich bemüht, die Spannungen aufzufangen, die sich aus dem Zusammenleben der verschiedenen Kulturen ergeben. Unter "Kultur" verstehen wir Abstammung, Tradition, ethische Vorstellungen und Lebensweise. "Heiden"-
christen können aus verschiedenen Kulturen stammen, die Begriffe
"heidnisch" bzw. "Heiden" werden als Sammelbezeichnung für Nicht-Juden
verwendet.

3. Thematischer Überblick

Die Arbeit hat drei Hauptteile: Thora (II), Mission (III) und Gericht (IV). In
jedem Teil wird zuerst die interkulturelle Theologie dargestellt, die jeweils
durch eine Verbindung von universalistischen und israelorientierten Aspekten gekennzeichnet ist. Dann folgt als zweiter Teil ein Rückschluß auf die
multikulturelle Gemeinde. Hierbei geht es bei der Thora um die Identität, die
die Gemeinde aus ihrer Tradition gewinnt; bei der Mission um ihre gegenwärtige und zukünftig erwartete Zusammensetzung und beim Gericht um gegenwärtige und zukünftige innergemeindliche Konflikte. Das Wort
"*israelorientiert*" bezeichnet in unserem Zusammenhang eine grundsätzliche
Ausrichtung auf Israel, wobei nicht auszuschließen ist, daß in diesem Rahmen
auch ein Raum für universalistische Tendenzen eröffnet wird. Der Begriff
"*universalistisch*" soll im Sinne der Abrahamsverheißung gefüllt werden: "In te
benedicentur *universae* cognationes terrae" (Gen 12,3); das Heil geht also
von Abraham, dem Stammvater Israels, aus und umgreift alle Völker.

---

[13] Vgl. dazu jetzt die Untersuchung von J.A.Overmann, Matthew's Gospel and Formative Judaism. The Social World of the Matthean Community, Minneapolis 1990.

[14] Da der Begriff "Heiden" Menschen aus vielen verschiedenen Kulturen umfaßt, ist es
angemessen, von einer "multikulturellen Gemeinde" zu sprechen. In den neutestamentlichen Texten selbst wird diese "multikulturelle" Situation jedoch meist dichotomisch
wahrgenommen und auf den Gegensatz Juden/Heiden reduziert. Vgl. auch C. Burchard, "Erfahrungen multikulturellen Zusammenlebens im Neuen Testament", in
J.Micksch (Hg.): Multikulturelles Zusammenleben. Theologische Erfahrung, Frankfurt
1983, S.24-41.

a) Thora

Wir wollen nachweisen, daß im MtEv eine israelorientierte und eine universalistische Thoraauslegung nebeneinander existieren. Dies zeigt vor allem die Struktur der Bergpredigt, die von Mt sorgfältig redigiert wurde. Der Hauptteil der Bergpredigt beginnt mit einem partikularistisch israelorientierten Abschnitt über die Thora, der Judenchristen angemessen ist (5,17-20). Er schließt mit der Universalisierung der Thora und der Propheten in der Goldenen Regel (7,12), die auch für Heidenchristen akzeptabel ist. Diese beiden Interpretationen stehen nun aber nicht unverbunden nebeneinander, so daß sie sich gegenseitig widersprächen,[15] sondern wurden von Mt sorgfältig miteinander verknüpft, indem er bei der israelorientierten Auslegung Spielraum für die Heidenchristen ließ und sich umgekehrt im Rahmen der universalistischen Deutung auch die Judenchristen wiederfinden können. Dieses redaktionelle Verfahren des Evangelisten werden wir auch bei der Mission und beim Gericht nachweisen können.

Einen Hinweis auf die Identität der mt Gemeinde enthält die Doppelformel "Zöllner und Heiden", die Mt aus verschiedenen Quellen neu gebildet hat. Sie hat die Funktion, die Gemeinde von ihrer Umwelt (5,46f) und von ehemaligen Mitgliedern, die aus der Gemeinde ausgeschlossen wurden (18,17), abzugrenzen. Die beiden Glieder der Formel entsprechen den beiden Gruppen in der mt Gemeinde, den Juden- und Heidenchristen. Die Streitgespräche über Sabbat und Reinheit, bei denen die richtige Auslegung der Thora zur Debatte steht, zeigen ebenfalls ein deutliches Interesse, Juden- wie Heidenchristen gerecht zu werden.

Am Ende dieses Kapitels wird als Exkurs ein Vergleich zwischen der Thoraauslegung des Mt mit der von Josephus und Philo angefügt. Dieser Vergleich ist sinnvoll, weil beide Autoren wie Mt in gewisser Weise auf der Grenze zwischen Juden- und Heidentum stehen.

---

[15] Nach W. D. Davies, The Setting of the Sermon on the Mount, S.440, besteht kein Gegensatz, sondern eine innere Verbindung von Evangelium und Gesetz: "Its openings, the Beatitudes, recognizes man's infinite need for grace, his misery; its absolute demand recognizes man's infinite moral possibilities, his grandeur." D.h. der jüdisch-heidnische Konflikt der frühen Kirche hat sich nicht notwendig hier niedergeschlagen. Vgl. A. Sand, Gesetz und Propheten, S.4.

b) Mission

Ein viel diskutiertes Problem sind die beiden Missionsbefehle im MtEv. Wir werden zu zeigen versuchen, daß es nicht nötig ist, den israelorientierten Missionsbefehl (10,5f) als vergangene, nicht mehr relevante Tradition dem universalistischen (28,18-20) unterzuordnen. Vielmehr gilt auch der Missionsbefehl an die Juden weiter bis zur Parusie und schließt Heiden nicht unbedingt aus. Der universalistische Missionsbefehl Jesu (28,19-20) gilt nicht nur für die Heiden, sondern die Adressaten ("πάντα τὰ ἔϑνη") sind Juden und Heiden gleichermaßen, da Israel für Mt nach 70 n.Chr. seine heilsgeschichtliche Sonderstellung verloren hat.[16] Das zeigt sich auch an der Streichung des Wortes "πρῶτον" aus Mk 7,27 in Mt 15,26; das paulinische Schema "erst Juden, dann Heiden" (Röm 1,16) ist dem MtEv fremd.[17]

Die Mission an Juden und Heiden bewirkt, daß Juden- und Heidenchristen sich in der Gemeinde zusammenfinden und in sie integriert werden müssen. Die Sammlung von Wundergeschichten und Nachfolgeperikopen in Mt 8-9 spiegelt den Aufbau der multikulturellen Gemeinde. Glaube wie Ablehnung erfährt Jesus von Juden und Heiden gleichermaßen (8,1-4.5-13; 8,28-34; 9,1-8), die Kompositionsarbeit des Evangelisten läßt sich an der Zusammenstellung unterschiedlicher Traditionen in den Kapiteln 8-9 sehr genau nachvollziehen.

c) Gericht

Auch der Gerichtsgedanke wird von Mt im Blick auf die Gruppen in seiner Gemeinde ausgearbeitet und hat verschiedene Dimensionen. Zum einen kennt Mt ein innergeschichtliches Gericht über Israel, das mit der Zerstörung des Tempels abgeschlossen ist und in Mt 21,43 und 22,7 seine deutlichsten Spuren hinterlassen hat. Die Schuld an dieser Katastrophe wird fast ausschließlich den jüdischen Autoritäten gegeben. Dies zeigt der Kontext der entsprechenden Gleichnisse und die durchgängige Entgegensetzung der jüdi-

---

[16] Obwohl P. Nepper-Christensen annimmt, das MtEv sei nicht für jüdische Leser geschrieben, hat er bezüglich der Missionsbefehle eine unserer Auffassung sehr nahekommende Theorie: "Die älteste Missionsauffassung schliesst ja nicht Heiden aus, und die neue Missionsauffassung verleiht trotz der Konzentrierung auf Heiden der Vorstellung Ausdruck, dass auch Juden gerettet werden sollten, und zwar gibt sie den Juden in der Heilsgeschichte eine Sonderstellung." S.199. Diese Sonderstellung gilt jedoch nach unserer Auffassung nur für das vorchristliche Israel.

[17] Gegen Streckers Heilsgeschichte; vgl. die Darstellung seiner Position im forschungsgeschichtlichen Überblick.

schen Führer und des "ὄχλος" im MtEv. In eschatologischer Perspektive wird Israel den übrigen Völkern gleichgestellt; im universalen Endgericht kann es sich nicht auf seinen Status als auserwähltes Volk berufen, sondern wird wie alle anderen Menschen einzig nach seinen Werken beurteilt (25,31-46).

In diesem Abschnitt wird der klassische Text von der Gemeinde als corpus permixtum behandelt (das Gleichnis vom Unkraut unter dem Weizen, 13,24-30.36-43), um ein klareres Bild der multikulturellen Gemeinde des Mt zu rekonstruieren. Die aktuellen Konflikte in der Gemeinde und die entsprechenden Mahnungen des Evangelisten sind Gegenstand der Untersuchung. Die Mahnung zur Toleranz gegenüber Mitgliedern, die von anderen "Söhne des Bösen" genannt werden, ist ein klar erkennbares Anliegen des Evangelisten; das Toleranzgebot wird im nächsten Abschnitt in der Bergpredigt und der Gemeinderede (Kp. 18) weiterverfolgt.

Die einzelnen Abschnitte sind so aufgebaut, daß die entscheidende These vorweg formuliert wird, um dann im folgenden jeweils begründet und entfaltet zu werden.

II. THORA

A. *Die interkulturelle Theologie*

In diesem ersten Abschnitt zur interkulturellen Theologie des Evangelisten geht es um die Bewertung der Thora; der wichtigste Bezugstext ist die Bergpredigt. In ihr findet sich die judenchristliche Hochschätzung der ganzen Thora in allen ihren Einzelgeboten (5,17-20) neben der Universalisierung von Gesetz und Propheten durch die Goldene Regel (7,12), die sich offenbar an Heidenchristen wendet. Wie diese Polarität innerhalb des Thoraverständnisses des Evangelisten in eine theologische Gesamtsicht einzuordnen ist, werden die folgenden beiden Kapitel nachzuweisen versuchen.

1. Israelorientierte Thoraauslegung

These:

Der Mt-Evangelist leitet den Hauptteil der Bergpredigt mit dem judenchristlich geprägten Abschnitt über die Geltung der Thora (5,17-20) ein, komponiert ihn aber so, daß Heidenchristen von seiten der Judenchristen toleriert werden können. Dabei macht er sich u.a. die Mehrdeutigkeit von Begriffen und Wendungen zunutze, die Juden- und Heidenchristen in verschiedener Weise auf sich beziehen können.

Der zentrale Text für eine israelorientierte Deutung der Thora im MtEv ist Mt 5,17-20. Hier bezeichnet sich Jesus als Erfüller der Thora, von der kein Jota vergehen wird, "bis alles geschieht" (ἕως ἂν πάντα γένηται). Wie die Aussagen dieser kleinen Perikope im einzelnen zu verstehen sind, ist sehr umstritten und soll im folgenden untersucht werden.

Mt 5,17-20 ist als eine Einheit anzunehmen. Die Wendung "meint nicht" (μὴ νομίσητε) am Anfang des Abschnittes leitet die folgenden Sprüche ein. Viele vermuten, daß hier die mt Gemeinde direkt angesprochen wird.[1] Die Formel

---

[1] U. Luz, Das Evangelium nach Matthäus I,1 (1-7) (EKK 1,1), Zürich/Einsiedeln/Köln/Neukirchen-Vluyn 1985, S.232. C. Heubült, "Mt 5,17-20. Ein Beitrag zur Theologie des Evangelisten Matthäus", ZNW 71 (1980), S.143-149. E. Schweizer, "Mt 5,17-20. Anmerkungen zum Gesetzesverständnis des Mt", in J. Lange

"denn ich sage euch" in 5,18. 20, die typisch mt Redaktion ist,[2] bezieht sich auf das einleitende μὴ νομίσητε in 5,17 zurück. Der Abschnitt Mt 5,17-20 bildet also einen logisch kohärenten Text, obwohl der Abschnitt wohl aus verschiedenen Traditionen zusammenkomponiert wurde.[3]

Ein großer Teil des Abschnittes Mt 5,17-20 ist stark jüdisch gefärbt.[4] Zu dieser jüdischen Färbung gehört auch die Aussage über das "kleinste Gebot". Das Wort ἐντολή[5] begegnet hier im mt Sondergut. Dort, wo der Evangelist es im MkEv gelesen hat, übernimmt er es manchmal nicht (Mk 7,9; 10,5).[6]

(Hg.), Das Matthäus-Evangelium (WdF 525), Darmstadt 1980, S.167, "Ein Teil der Urgemeinde hat vor Mt V.18f formuliert in der Abwehr gegen eine Lehre, die nicht mehr das ganze Gesetz für verbindlich erklärte". A. Sand, Das Evangelium nach Matthäus (RNT), Regensburg 1985, S.108, "Das Bekenntnis zum geringsten Gebot und zum Erfüllen bis auf den Buchstaben ist das Bekenntnis einer Gemeinde". Ders., Gesetz und Propheten, S.183, betont, daß das Gesetz "nicht nur in Israel, sondern auch in der Gemeinde des Matthäus eine entscheidende Funktion hat".

[2] Vgl. J. Gnilka, Mt I, S.140, auch U. Luz, Mt I, S.228-230, C. Heubült, Beitrag, S.143f, W. Trilling, Das wahre Israel, S.169f, A. Sand, Gesetz und Propheten, S.37 stellt fest: "Diese hat im Matthäusevangelium die Aufgabe, die Endgültigkeit der prophetischen Rede Jesu darzutun; dabei erhalten die Amen-Worte einen paränetischen Akzent".

[3] U. Luz, Mt I, S.228.

[4] Besonders gilt das für die Feststellung, daß die ganze Thora (einschließlich des kleinsten Buchstaben und Tüpfelchens) nicht vergehen wird (5,18). Manche nehmen sogar an, daß diese Einleitung zusammen mit dem folgenden Inhalt auf die judenchristliche Gemeinde zurückgeht. Vgl. besonders R. Bultmann, Die Geschichte der synoptischen Tradition (FRLANT 29, NF 12), Göttingen [5]1961, S.146-147. G. Bornkamm, "Enderwartung und Kirche im Matthäusevangelium", in J. Lange (Hg.), Das Matthäus-Evangelium (WdF 525), Darmstadt 1980, S.232. G. Barth, "Das Gesetzesverständnis des Evangelisten Matthäus, in Überlieferung und Auslegung", S.60. E. Schweizer, Gesetzesverständnis, S.165. U. Luz, Mt I, S.230 faßt zusammen: "Nach ziemlich übereinstimmenden Urteil stammen V.18 und V.19 aus judenchristlich-gesetzestreuen Kreisen, vielleicht aus Debatten und innerchristlicher Polemik um die Gültigkeit des mosaischen Gesetzes". Dagegen R. Banks, "Matthew's Understanding of the Law: Authenticity and Interpretation in Mt 5: 17-20", JBL 93 (1974) S.226. Vgl. auch R. Hummel, Die Auseinandersetzung zwischen Kirche und Judentum im Matthäusevangelium (BEvTh 33), München 1963, S.66f. J. Gnilka, Mt I, S.147. A. Sand, Gesetz und Propheten, S.183. Wenn K. W. Clark die heidenchristliche Tendenz im MtEv betont, wird von ihm dies Festhalten an der jüdischen Thora in 5,17-20 ganz übergangen, siehe "Die heidenchristliche Tendenz im Matthäus-evangelium", S.103-111.

[5] A. Sand, Gesetz und Propheten, S.35, A.22: nach rabbinischer Auffassung sind in der Thora 365 Gebote und 248 Verbote enthalten.

[6] A. Sand, Gesetz und Propheten, S.35, A.23. Vgl. auch H. Frankemölle, Jahwebund, S.296-298.

νόμος dagegen kommt bei Mk gar nicht vor, während Mt es 8mal verwendet.[7]
Die "Gebote" umfassen die Einzelgebote des Dekalogs (15,3; 19,17). Sie konkretisieren das "Gesetz und die Propheten" (5,17-19) oder fassen das "ganze
Gesetz und die Propheten" in den beiden Geboten der Gottes- und Nächstenliebe zusammen (22,36-40). Die redaktionelle Einfügung von ἐν τῷ νόμῳ
hinter ποία ἐντολὴ μεγάλη in Mt 22,36 zeigt, daß die Thora die Gebote enthält.[8] Sachlich ist beides identisch.

Die sich somit nur in Nuancen unterscheidenden Angaben über den Gegenstand der Diskussion ("das Gesetz oder die Propheten" in 5,17; das "Gesetz"
in 5,18; "eines dieser geringsten Gebote" in V.19) sind aber zugleich ein wichtiger Hinweis darauf, daß Mt verschiedene Überlieferungen sammelt, aus
denen er eine gedankliche Einheit aufbaut, um die Lehre von der Thora als
Lehre von den Geboten zu konkretisieren. Mit Mt 5,19 wird eine judenchristliche Tradition aufgenommen.[9] Darauf weist die Tatsache, daß vor der
Lehre gewarnt wird, die zum Auflösen der Gebote führt.[10] Mt hat sich diese
Tradition jedoch als eigene Aussage angeeignet. Sprachlich ist der Vers nämlich überwiegend matthäisch geprägt.[11] Mt erörtert hier die Gültigkeit der
Thora.[12]

---

[7] Bzw. 9mal, wenn man 15,6 dazu rechnet.

[8] A. Sand, Gesetz und Propheten, S.35-36, Frankemölle, Jahwebund, S.297-298, R. M.
Johnston, "The Least of the Commandments: Deuteronomy 22,6-7 in Rabbinic Judaism
& Early Christianity", AUSS 20/3 (1982) 205-215, S.206; er identifiziert das kleinste
Gebot als den in Dtn 22,6-7 erwähnten Vogelschutz, S.214-215. Vgl. auch K. Berger,
Die Gesetzesauslegung Jesu (WMANT 40), Neukirchen, 1972, S.209-227.

[9] Z.B. G. Barth, Gesetzesverständnis, S.60-68, A. Sand, Mt, S.107.

[10] C. Heubült, Beitrag, S.144, A. Sand, Mt, S.107.

[11] U. Luz, Mt I, S.230, A.17, C. Heubült, Beitrag, S.146, "V.19 ist redaktionell", R.
Banks, Understanding, S.240.

[12] G. Barth, Gesetzesverständnis, S.60-70, U. Luz, Mt I, S.230. Etwas anders bestimmt
D. Marguerat, Le Jugement dans l'Evangile de Matthieu, Genève 1981, S. 110-141 das
Thema von Mt 5,17-20. Nach ihm geht es nicht um die Gültigkeit der Thora an sich,
sondern um die Autoriät Jesu. Weil dieser die Gültigkeit der von ihm neu interpretierten Thora bezeugt und sie eschatologisch garantiert, ist diese Thora für die Gemeinde verbindlich. Von Jesus her erhält das Gesetz seine Autorität und zwar in einem
totalen Sinne: die überlieferten Gebote sind ebenso wichtig wie die Reinterpretation
Jesu, die in den Antithesen 5,21-45 erscheint und die "bessere Gerechtigkeit" der Christen ausmacht.

a) Jesus als "Erfüller" der Thora (Mt 5,17-20)

Die beiden Infinitive "auflösen" (καταλῦσαι) und "erfüllen" (πληρῶσαι) in 5,17 haben zahlreiche Auslegungen gefunden.[13] Deutlich ist, daß der folgende Vers (5,18) die Beständigkeit und bleibende Gültigkeit der Thora erläutert, sie wird nicht vergehen, "bis Himmel und Erde vergehen", "bis alles geschieht". Daher umfaßt das Verb "erfüllen" nach der Erläuterung in 5,18 auf jeden Fall das Inkraftbleiben der Thora.[14]

Weiter werden die beiden Infinitive "auflösen" und "erfüllen" durch die zwei Verben des Verses 19 verdeutlicht, dort ist negativ vom Auflösen der Gebote (λύσῃ) und positiv von Tun (παήσῃ) die Rede.[15] Die Mahnung zum Tun des Willens Gottes ist also im MtEv eng mit dem Verständnis der Thora verbunden.[16] Umso mehr wundert man sich darüber, daß Mt keine eigentliche Strafe denen androht, die die Gebote auflösen: zwar heißen sie die "Kleinsten im Himmelreich"[17] (das nicht direkt mit der mt Gemeinde identisch ist), doch sind sie den Pharisäern und Schriftgelehrten überlegen,[18] denn um in das Himmelreich hineinzukommen, ist eine "bessere Gerechtigkeit" als die der Pharisäer und Schriftgelehrten[19] notwendig (5,20).[20]

---

[13] Vgl. dazu U. Luz, Mt I, S.232-235.

[14] Vgl. E. Schweizer, Gesetzesverständnis, S.164-169, U. Luz, Mt I, S.236-237.

[15] Vgl. die beiden Verben "auflösen" und "tun" in 5,19. Vgl. auch A. Sand, Gesetz und Propheten, S.183, Strecker, G., Der Weg der Gerechtigkeit. Untersuchung zur Theologie des Matthäus (FRLANT 82), Göttingen [2]1966, S.144, "erfüllen" hat grundsätzlich eine positive Bedeutung, das zeigt die Gegenüberstellung zu "auflösen".

[16] G. Barth, Gesetzesverständnis, S.58.

[17] Bei Mt gibt es verschiedene Rangstufen im Himmelreich (11,11; 18,1-4; 20,21), aber nicht unter den Nachfolgern Jesu (bzw. in der idealen Gemeinde, die Mt schildert, 20,26-28).

[18] Vgl. U. Luz, Mt I, S.240f und W. D. Davies/D. C. Allison, Mt I, S.500: Es handelt sich sowohl um einen quantitativen als auch um einen qualitativen Vergleich zwischen der Gerechtigkeit der Jünger und der Pharisäer und Schriftgelehrten. Anders J. Gnilka, Mt I, S.147, er meint, "daß die griechische Formulierung ein quantitatives Verständnis dieses Übermaßes nahelegt".

[19] Die Formel "Pharisäer und Schriftgelehrte" findet sich bei Mt zehnmal redaktionell, vgl. U. Luz, Mt I, S.38.

[20] Vgl. G. Barth, Gesetzesverständnis, S.56. Für eine ausführliche Untersuchung der δικαιοσύνη im MtEv siehe M. J. Fiedler, Der Beriff δικαιοσύνη im Matthäus-Evangelium (ungedruckte Dissertation), Halle 1957.

Im folgenden soll nun zunächst die Bedeutung von πληρῶσαι im MtEv und
speziell in Mt 5,17 untersucht werden; danach müssen die in 5,19 vorausge-
setzten Gruppen näher charakterisiert werden.

Mt läßt in 5,17-18 bewußt offen, was "erfüllen" bedeutet;[21] die Leser können
die "Erfüllung der Thora" sowohl auf die Lehre Jesu beziehen als auch auf
sein Wirken.[22]

Nach Mt 5,17 gründet die "Erfüllung" in Jesu Kommen. Die Wendung "ich bin
gekommen" (ἦλϑον)[23] am Anfang des Abschnittes will besagen, daß Jesus in
der Welt einen bestimmten (von Gott gegebenen) Auftrag (in seinem Tun
und Reden) zu erfüllen hat.[24] Dabei ist mit Schweizer davon auszugehen, daß
"Erfüllen" im Kontext des MtEv immer innerhalb des Lebens und Sterbens
Jesu erfolgt, wie besonders das ἵνα πληρωϑῇ der Erfüllungszitate zeigt (vgl.
1,22; 21,3; 26,56).[25] Mt 3,15 steht wie in 5,17 der aktive Infinitiv des Aorists.[26]
Hier antwortet Jesus auf die Weigerung des Johannes, ihn zu taufen, mit dem
Hinweis, er müsse die ganze Gerechtigkeit erfüllen (πληρῶσαι πᾶσαν
δικαιοσύνην). Mt schildert Jesus dabei als Vorbild für die Christen, zu deren
"ganzer" Gerechtigkeit auch die Taufe gehört (vgl. das Nebeneinander von
Taufe und Lehre in Mt 28,18-20).[27] Es erscheint somit berechtigt, den Infinitiv πληρῶσαι in Mt 5,17 auf das Wirken und Geschick Jesu zu beziehen, das in
einzelnen Aspekten Vorbildcharakter für die Christen haben kann.

Allerdings wird die Thora durch die folgenden sechs Antithesen in 5,21-48
vertieft und transzendiert,[28] so daß sich das πληρῶσαι von "Thora und Propheten" auch auf die Lehre Jesu beziehen muß.[29] Die Formel "Thora und

---

[21] U. Luz, Mt I, S.232f.

[22] Vgl. U. Luz, Mt I, S.233-236 zur Wirkungsgeschichte, siehe auch E. Schweizer, Gesetzverständnis, S.352.

[23] Vgl. der Parallelspruch in Mt 10,34.

[24] A. Sand, Gesetz und Propheten, S.183, 186.

[25] E. Schweizer, Gesetzesverständnis, S.164, vgl. C. Heubült, Beitrag, S.146.

[26] Das Wort "erfüllen" erscheint sonst im MtEv häufig im Passiv, besonders in den Er-
füllungszitaten.

[27] Vgl. A. Sand, Gesetz und Propheten, S.184, Sand versteht "'erfüllen' als ein gehorsa-
mes 'Sichunterordnen' unter die Vorschrift geltender biblischer Gesetze".

[28] M. D. Goulder, Midrash and Lection in Matthew, London 1974, S.261-262.

[29] Siehe A. Sand, Gesetz und Propheten, S.185, U. Luz, Mt I, S.232-235, E. Schweizer,
Gesetzesverständnis, S.167 bezeichnet Jesus "als der Bringer der neuen Thora", der
zugleich "ihr erfüllendes Ziel darstellt". W. Grundmann, Matthäus (ThHK 1), Berlin
[6]1968, S.143 sieht Jesus als "Begründer der neuen Thora, wie 5,21-48 deutlich genug"
lehre.

Propheten"[30] begegnet nämlich zweimal in der Bergpredigt (5,17; 7,12). Es ist allgemein anerkannt, daß diese beiden Textstellen einen Anfang und einen Abschluß signalisieren, so daß das Corpus der Bergpredigt durch die Formel "Thora und Propheten" abgegrenzt wird.[31] Dies ist deswegen bedeutsam, weil nach Trilling diese Formel ein Ausdruck für die Heilige Schrift ist, die Gottes Willen enthält.[32] "Erfüllen von Gesetz und Propheten" (5,17) geschieht also auch durch die in der Bergpredigt enthaltene Lehre Jesu, insbesondere durch die Antithesen, die sich ausdrücklich auf das Gesetz beziehen.

Literarisch sind diese Antithesen in Mt 5,20 durch die Wendung "ich sage euch" mit 5,17-19 verbunden. Die in ihnen gelehrte "bessere Gerechtigkeit" meint nicht nur eine Überlegenheit über die Lehre der Pharisäer und Schriftgelehrten in dem Sinne, daß die Christen deren Lehre teilen, aber darüber hinaus im Gegensatz zu ihnen auch tun sollen (23,3),[33] sondern positiv eine aus eigener Initiative handelnde Geisteshaltung, die den Willen Gottes er-

---

[30] Diese Wendung ist im MtEv und im NT nicht häufig, sie begegnet nur in Mt 5,17; 7,12; 11,13; (Lk 16,16); 22,40. Das Wort "Thora" allein: nur in Mt 5,18; 12,5; 22,36; 23,23. Die Wendung "das Gesetz **oder** die Propheten" in Mt 5,17 ist nicht im ausschließenden Sinn zu verstehen. ἤ kann, besonders in negativ formulierten Sätzen auch kopulativen Sinn haben, vgl. F. Blass/A. Debrunner/F. Rehkopf, Grammatik des neutestamentlichen Griechisch, Göttingen [14]1975, § 446,1b. vgl. W. Trilling, Israel, S.173; A.29 und U. Luz, Mt I, S.236, A.65 (ähnlich: Mt 5,10; 10,11. 14. 37; 12,25; 18,8). Diese Formel begegnet auch in Q (Lk 16,16). Man darf darum vermuten, daß Mt sie bereits aus der Tradition übernommen hat. Dagegen meint R. Banks, Understanding, S.228, daß die Wendung "oder die Propheten" später in den Text eingefügt wurde. Aber diese Ansicht hat keinen Anhalt im Text: zu 5,17 führt [26]NTG keine textkritischen Varianten an. Umgekehrt ist 5,18 zu beurteilen: Die Einfügung der Wendung "und von den Propheten" in ϑ f[13] 565 al Ir[lat] nach der alleinigen Nennung der Thora könnte die beiden Formeln ("Thora oder Propheten" in 5,17 und "Thora" in 5,18) zu harmonisieren versuchen.

[31] Daß die Verse 5,17 und 7,12 eine Klammer um das Corpus der Rede bilden, ist seit M. Bucer, Enarrationes perpetuae in Sacra quatuor Evangelia, Argentorati 1530, 76D, bekannt; Vgl. U. Luz, Mt I, S.392, A.34. C. Burchard, "Versuch, das Thema der Bergpredigt zu finden", in G. Strecker, (Hg.), Jesus Christus in Historie und Theologie (FS H. Conzelmann), Tübingen 1975, S.409-432, hier S.416, nimmt an, daß Mt 5,3-16 Einleitung und 7,13-27 Ausleitung ist.

[32] W. Trilling, Israel, S.174; A. Sand, Gesetz und Propheten, S.185, meint, daß Matthäus diese Formel (alle Propheten und das Gesetz) als "bestimmte 'Offenbarungen' betrachtet."

[33] C. Heubült, Beitrag, S.148, Die bessere Gerechtigkeit "beinhaltet die Einheit von Wort und Tat (5,19b) und die richtige Wertung des Gesetzes." "... ohne sie gibt es keinen Zugang in das Himmelreich". "Die Einheit von Lehre und Tat ist Matthäus ein zentrales Anliegen", S.145-146.

füllt. Diese Haltung wurde in 5,16 ("euer Licht soll leuchten vor den Menschen")[34] eingeführt und wird durch die sechs Antithesen entfaltet.[35] In ihnen fordert Jesus von der Gemeinde, die Forderung der Thora aufgrund seiner Lehre in ganz neuer Weise zu erfüllen.

Die Spannung zwischen den beiden obengenannten Interpretationen des Infinitivs πληρῶσαι liegt darin, daß die Thora einerseits als schon erfüllt, andererseits als noch zu erfüllen erscheint. Daraus lassen sich diametral entgegengesetzte Folgerungen ziehen: Sofern Jesus die Thora schon erfüllt hat, dürfen die (heidenchristlichen) Mitglieder der mt Gemeinde daraus schließen, der Thora sei Genüge getan, auch wenn sie ihr nicht mehr folgen. Aus 3,15 können sie sogar schließen, daß sie schon mit der Taufe "**alle** Gerechtigkeit" erfüllt haben. Sofern die Thora aber als noch zu erfüllende Verpflichtung erscheint, dürfen (judenchristliche) Mitglieder der mt Gemeinde davon ausgehen, daß sie weiter befolgt werden muß.

Diese Spannung im Text ist nicht zu übersehen, ja sie scheint in ihm angelegt zu sein, denn sie wird durch die mehrdeutige Formel "bis alles geschieht" noch erhöht.

b) Die doppelte Bedeutung der Wendung "bis alles geschieht" in Mt 5,18

Ob die in 5,18 zweimal vorkommende Präposition ἕως die Gültigkeit der Thora begrenzen soll, ist umstritten,[36] hier aber ohne Belang.[37] Luz meint,

---

[34] C. Burchard, Versuch, S.420, nimmt an, daß 5,17-10 als Präambel zu den "Antithesen" zu lesen ist, nicht zum ganzen Corpus der Bergpredigt, S.426. E. Schweizer, "Gesetz und Enthusiasmus", in J. Lange (Hg.), Das Matthäus-Evangelium (WdF 525), Darmstadt 1980, S.362. Vgl. R. Hummel, Auseinandersetzung, S.66. Dagegen Grundmann, Mt, S.142, "die Deutung von 5,17-19 wird durch den Inhalt von 5,20-7,17 bestimmt".

[35] R. Hummel, Auseinandersetzung, S.71, "Die bessere Gerechtigkeit gründet sich auf die durch Jesus vollmächtig ausgelegte Thora". Die Frage, ob die Thoraauslegung Jesu in den sechs Antithesen (5,21-46) die Thora selbst oder die Thoraauslegung der Pharisäer und Schriftgelehrten kritisiert, ist umstritten. An dieser Debatte wollen wir uns nicht direkt beteiligen. Siehe B. Schaller, "Jesus und die Tora. Erörterungen zu den Antithesen der Bergpredigt", in H. Thyen (Hg.), K. Berger (Mitarb.), Festgabe für Christoph Burchard. Zum 50. Geburtstag am 19. Mai 1981 von Kollegen, Freunden u. Schülern, Heidelberg 1981, S.133-160. U. Luz, Mt I, S.244-318, J. Gnilka, Mt I, S.150-200.

[36] Zustimmend G. Barth, Gesetzesverständnis, S.65, U. Luz, Mt I, S.237, A. Sand, Gesetz und Propheten, S.38, G. Strecker, Weg, S.144, "Der Behauptung der uneinge-

daß die Formel "bis alles geschieht" unverständlich sei und einen erklärenden Kontext brauche.[38] Schweizer vermutet, daß sie ursprünglich im Zusammenhang einer Endzeitrede stand.[39]

Zur Klärung dieser Formel im mt Kontext sollte auf jeden Fall die Intention des mt Werkes berücksichtigt werden. Offenbar kann ἕως ἂν πάντα γένηται zweierlei bedeuten, zum einen, daß Jesus durch sein Wirken alles Vorhergesagte erfüllt hat, zum anderen kann es sich auf alles das beziehen, was in der Endzeit noch geschehen wird.

Diese doppelte Auslegungsmöglichkeit der Wendung "bis alles geschieht" korrespondiert der zweifachen Interpretation des Infinitivs "Erfüllen": Im ersten Fall wird das Kommen Jesu (sein Leben und Sterben) als vollständige Erfüllung von Gesetz und Propheten gedeutet (πάντα γένηται); diese Auffassung kann ein gesetzesfreies Heidenchristentum legitimieren. Im zweiten Fall dagegen sieht man die Erfüllung von Gesetz und Propheten in Jesu Lehre, die solange gilt, bis in der Endzeit alles geschieht.[40]

Die zweifache Interpretationsmöglichkeit von Mt 5,17f stimmt mit der Beobachtung überein, daß Mt in 5,19 zwei Gruppen voraussetzt: die einen erfüllen die ganze Thora, die anderen "lösen" kleine Gebote auf.[41]

c) Mt 5,17-20 und die multikulturelle Gemeinde

Die Lösung, die der Evangelist seiner Gemeinde vorschlägt, können sowohl konservativere Judenchristen als auch gesetzesfreie Heidenchristen akzeptieren. Offenbar wollen einige Judenchristen die jüdischen Gebote (wie z.B. Beschneidung, Sabbat, Reinheit) grundsätzlich beibehalten. Aus dieser Sicht

---

schränkten Geltung des Gesetzes ist mit V.17 eine christologische Selbstaussage vorangestellt". Dagegen C. Heubült, Beitrag, S.143, wegen der Lk-Fassung in 16,17.

[37] Es macht in unserer Welt keinen Unterschied, die Gültigkeit der Thora bis zum Weltende zu begrenzen oder ihre Gültigkeit überhaupt nicht zu beschränken.

[38] U. Luz, Mt I, S.230.

[39] E. Schweizer, "Noch einmal Mt 5,17-20" in ders., Matthäus und seine Gemeinde, S.80-81.

[40] Vgl. A. Sand, Gesetz und Propheten, S.11, "bis alles geschehe" ist zu deuten "in dem Sinne, daß Gesetz und Gerechtigkeit ganz vollgemacht werden, etwa wie ein Maß vollgemacht wird", aus H. Ljungmann, Das Gesetz erfüllen/Matth. 5,17ff und 3,15 untersucht (Lunds Univ. Arsskrift; Bd.50 Nr.6), Lund 1954.

[41] Über die Größe der Gruppen ist damit nichts gesagt. Möglicherweise hat man bei den "Lösern" an Lehrer zu denken (vgl. die christlichen Schriftgelehrten in 13,51f). Zum Problem werden Lehrer aber erst, wenn sie in einer Gruppe Resonanz finden.

brechen die Heidenchristen die Gebote. Mt versucht daher die judenchristliche Unzufriedenheit mit den Heidenchristen in der Gemeinde dadurch abzubauen, daß er sagt, wer ein kleines Gebot mißachtet und entsprechend lehrt, werde der Kleinste im Himmelreich sein.[42] Mit diesen "Kleinsten im Himmelreich" wären also Heidenchristen, vielleicht auch "liberalere" Judenchristen gemeint. Die Kleinsten werden manchmal sogar als Paulus-Anhänger identifiziert.[43] Die gesetzestreuen Judenchristen können sich als die Größeren im Himmelreich ansehen, während die Pharisäer auf jeden Fall von ihm ausgeschlossen sind.

Die Vorstellung von Rangstufen im Himmelreich findet sich auch an anderer Stelle im MtEv (11,11; 18,1. 4; 20,21).[44] Diese Abstufung gilt allerdings nicht für die irdische Gemeinde; in ihr ist das Richten verboten (7,1). Nicht einmal Jesus selbst kann Ränge im Himmelreich an seine Jünger vergeben (20,23), und er wehrt jedem Hierarchiedenken im Jüngerkreis, indem er dazu auffordert, Größe gerade in der Niedrigkeit zu sehen, im gegenseitigen Dienst (20,25-28).

So bewegt Mt durch seine differenzierte Argumentation die gesetzestreuen Mitglieder seiner Gemeinde dazu, die Andersdenkenden nicht zu verurteilen, obwohl insbesondere die Heidenchristen kaum alle Gebote halten können. Beide, Heiden- und Judenchristen haben trotz unterschiedlicher Haltung zu den Geboten Anteil am Himmelreich, sind also auch Mitglieder der Gemeinde. Beide haben schon durch ihre Taufe im Prinzip wie Jesus "alle Gerechtigkeit" erfüllt (3,15), auch wenn sie darüber hinaus verschiedene Vorstellungen davon haben, was zur Gerechtigkeit gehört. Daß Mt solch eine Spannung sogar bei der Bearbeitung einer stark judenchristlichen Tradition aufrechterhält, weist darauf hin, daß die These eines Nebeneinanders von Juden- und Heidenchristen in der mt Gemeinde wahrscheinlicher ist als die Annahme einer monokulturell judenchristlichen Gemeinde.

---

[42] Eine ganz andere Interpretation bietet D. Marguerat, Jugement, S.135. Er meint, die "Kleinsten im Himmelreich" seien diejenigen, die wegen ihrer Vernachlässigung der Vorschriften zur ewigen Verdammnis verurteilt werden.

[43] Vgl. U. Luz, Mt I, S.238, A.85; C. Heubült, Beitrag, S.146. Der allerkleinste (im Himmelreich) ist bei dieser Annahme dann u.U. Paulus selbst. So auch R. Bultmann, Theologie des Neuen Testaments (UTB 630), Tübingen [9]1984, S.58. Manchmal wird angenommen, ἐλάχιστος sei eine Anspielung auf 1.Kor 15,9. Paulus nennt sich hier selbst ironisch ὁ ἐλάχιστος τῶν ἀποστόλων. Nach H. D. Betz, Studien zur Bergpredigt, Tübingen 1985, S.19 und S.45, dürfte damit eine gegnerische Verunglimpfung seines Namens aufgenommen worden sein. Ihm wird der Eintritt ins Gottesreich nicht versagt, wohl aber einer der besseren Plätze verwehrt.

[44] U. Luz, Mt I, S.239.

2. Die Universalistische Auslegung der Thora

These:

Mit der Goldenen Regel (Mt 7,12) spricht der Evangelist am Ende des Hauptteils der Bergpredigt die Heidenchristen seiner Gemeinde an. Diese **können die von Jesus ausgelegte jüdische Thora mit der Goldenen Regel identifizieren und sich so der Thora und den Propheten verpflichtet wissen, ohne die jüdische Lebensweise zu übernehmen. Die "Goldene Regel" eignet sich zu diesem Zweck besonders gut, weil sie aus dem Hellenismus stammt, im Judentum nach dem Eindringen des Hellenismus rezipiert und auch von anderen Juden Heiden gegenüber verwendet wurde, um den Inhalt der Thora zu beschreiben.**

Analoge Universalisierungen der Thora im MtEv lassen sich in dem Doppelgebot der Liebe (22,36-40) und der Aussage über das "Wichtigste im Gesetz" (23,23) nachweisen.

a) Die hellenistische Herkunft der Goldenen Regel und ihr erstes Auftreten im Judentum

Die Goldene Regel[1] stammt nach allgemeiner Ansicht weder von Jesus noch von Mt, sie ist allerdings schon in der Logienquelle überliefert, also sehr früh in die urchristlichen Traditionen aufgenommen worden. Sie ist in der gesamten alten Welt bekannt, beispielsweise in Indien und in China seit Konfuzius,[2] aus Griechenland besitzen wir das früheste Zeugnis in Herodot (3,142),[3] zu einer Zeit, als noch keine Begegnung des Judentums mit der

---

[1] L. J. Philippidis, Die Goldene Regel religionsgeschichtlich untersucht, Leipzig 1929, S.11-12, sammelt Belege für die Goldene Regel bis ins 16. Jahrhundert. Vgl. A. Dihle, Die Goldene Regel, Eine Einführung in die Geschichte der antiken und frühchristlichen Vulgärethik (SAW 7), Göttingen 1962, S.8, A.1.

[2] A. Dihle, Die Goldene Regel, S.10; M. Küchler, Frühjüdische Weisheitstradition. Zum Fortgang weisheitlichen Denkens im Bereich des frühjüdischen Jahweglaubens (OBO 26), Freiburg (Schweiz) 1979, S.207; U. Luz, Mt I, Mt I, S.388. Das Vorkommen der Goldenen Regel in verschiedenen Kulturen (einschließlich des Islam) untersucht L. J. Philippidis, Die Goldene Regel.

[3] A. Dihle, Goldene Regel, S.95-102; J. Gnilka, Mt I, S.265; J. Leipoldt, "Von Übersetzungen und Übersetzern", in S. Morenz (Hg.), Aus Antike und Orient (FS W. Schubart), Leipzig 1950, S.54-63, bes. S.54-56.

griechische Kultur stattgefunden hatte.[4] Im Judentum ist die Goldene Regel
von Haus aus nicht verbreitet, sie begegnet erst am Ende des 2.Jh.v.Chr. im
Zusammenhang mit dem zunehmenden Einfluß des Hellenismus auf das jüdische Denken. U.Luz vermutet, daß die Goldene Regel für jüdisch-weisheitli-
ches Denken zu abstrakt sei.[5] Etwas anders wertet C. Burchard die Tatsache,
daß Zusammenfassungen der Thora nicht häufig überliefert sind: "sie widersprechen an sich dem rabbinischen Gesetzesverständnis." Denn "jedes der
613 Ge- und Verbote im Pentateuch hat seine eigene Würde als direkte Wil-
lensäußerung Gottes und will als solches gehalten werden."[6]

Die ältesten Belege der Goldenen Regel im Judentum finden sich im Aristeasbrief (207) und im Tobitbuch (LXX 4,15).[7] Der Aristeasbrief spiegelt die
Schwierigkeiten, die Juden im Zusammenleben mit der heidnischen Bevölkerung in Ägypten hatten.[8] Diese Erzählung, welche die Übersetzung der Thora
ins Griechische legendenhaft ausmalt, hat eindeutig apologetisches Interesse,
sie möchte den Wert der jüdischen Tradition der Umwelt gegenüber darstellen. Dies geschieht etwa dadurch, daß die 72 von Ptolemäus II (285-247
v.Chr.) eingeladenen weisen jüdischen Männer die Fragen des Königs beantworten (187-294, ungefähr ein Drittel des Briefes). Sie entwerfen dabei das
Idealbild eines Königs. In diesem Zusammenhang wird auf die Frage nach
der Lehre der Weisheit die negative Formulierung der Goldenen Regel gegeben: "Wenn du, wie du nicht willst, daß dir das Üble widerfahre, sondern alles
Gute erfahren willst, ebenso thust gegen deine Unterthanen und gegen die,
welche sich verfehlen, und wenn du die guten Menschen milde zurechtwei-
sest. Zieht doch auch Gott alle Menschen mit Milde."(207)[9]

---

[4] A. Dihle, Goldene Regel, S.82: "Um so erstaunlicher ist es, daß man die Goldene Regel in der israelitisch-jüdischen Literatur vorhellenistischer Zeit nirgends nachweisen
kann."

[5] U. Luz, Mt I, S.388. A. Dihle, Goldene Regel, S.84: "Erfunden aber ist die Goldene
Regel nicht im jüdischen Bereich."

[6] C. Burchard, "Das doppelte Liebesgebot in der frühen christlichen Überlieferung", in
E. Lohse u.a. (Hg.), Der Ruf Jesu und die Antwort der Gemeinde (FS J. Jeremias),
Göttingen, 1970, S.39-60, hier S.52. Vgl. A. Nissen, Gott und der Nächste im antiken
Judentum. Untersuchungen zum Doppelgebot der Liebe (WUNT 15), Tübingen 1974,
S.393, A.241.

[7] A. Dihle, Goldene Regel, S.82ff.

[8] F. J. H. Shutt, "Letter of Aristeas" (Introduction and Translation), in J. H. Charlesworth (ed.), The Old Testament Pseudepigrapha 2, New York 1985, S.9f.

[9] Übersetzung bei E. Kautzsch, in: Die Pseudepigraphen des Alten Testaments II,
Tübingen 1900, S.22.

Im Tobitbuch (ca. 200/170 v.Chr.)[10] erscheint die Goldene Regel (LXX 4,15) neben vielen jüdischen Weisheitsworten[11] im Testament des Tobias (4,1ff). Den Hintergrund des Tobitbuches bildet ebenfalls eine Diasporasituation, die assyrische Gefangenschaft in Ninive (1,10); Tobias ist einer der wenigen Juden, die nicht von Gottes Wort abfielen, d.h. nicht von den Speisen der Heiden aßen (1,10f). Auch am Ende des Buches wird das Thema "Heiden" noch einmal aufgegriffen: Tobias sagt vor seinem Tod voraus, daß Gott einen neuen Tempel bauen wird und alle Heiden (πάντα τὰ ἔϑνη) dort den Herrn preisen werden (LXX 14,3-7). Es kann kein Zufall sein, daß die Goldene Regel wieder in einer Schrift begegnet, die in einer Diasporasituation jüdische Tradition für Nicht-Juden verständlich machen will und auf deren Bekehrung zum Judentum hofft.

Von den weiteren jüdischen Belegen sind noch Sir 31 (34),15; bSchab 31a und Philo Hypo 7,6 zu erwähnen:

Das hebräische Sirachbuch wurde gegen Anfang des 2.Jh.v.Chr. und dessen griechische Übersetzung nach dem Jahr 133 v.Chr. in Ägypten geschrieben.[12] Im hebräischen Text findet sich eine Paraphrase des Nächstenliebegebotes aus Lev 19,18: "Sei freundlich mit deinem Freunde wie mit dir selbst." Die griechische Übersetzung lautet: νόει τὰ τοῦ πλησίου ἐκ σεαυτοῦ, damit wird "ein alttestamentlicher Gedanke"[13] "im Sinne der Goldenen Regel umgedeutet."[14] Auch dies geschieht in einer Diasporasituation!

Philo von Alexandrien (1. Hälfte des 1. Jh.n.Chr.) möchte in den Hypothetica die jüdische Tradition gegen die hellenistische Umwelt verteidigen. Dabei greift er auch auf die ἄγραφα ἔϑη καὶ νόμιμα zurück (Hyp 7,6), wodurch die Aufnahme griechischer Traditionen möglich wird. Die Goldene Regel lautet

---

[10] Zu Entstehungszeit und -ort des Tobitbuches vgl. L.Rost, Einleitung in die alttestamentlichen Apokryphen und Pseudepigraphen einschließlich der großen Qumran-Handschriften, Heidelberg 1971, S.46: es ist um 200 entweder in Ägypten oder im westlichen Syrien entstanden. Die im Buch dargestellte Diasporasituation dürfte auch die Situation des Verfassers sein - wenn auch zu anderer Zeit und an anderem Ort.

[11] Die Worte stammen größtenteils aus der Thora, den Sprüchen und Jesus Sirach.

[12] Der Verfasser war wohl ein Weisheitslehrer (vgl. Sir 34,9-13; 39,4). Es ist aus dem Prolog der griechischen Übersetzung erkennbar, daß der Übersetzer im Jahr 133/132 v.Chr. nach Ägypten kam und daß er bald danach das hebräische Sirachbuch seines Großvaters übersetzte.

[13] J. Leipoldt, Übersetzungen, S.56.

[14] A. Dihle, Goldene Regel, S.84; vgl. auch J. Leipoldt, Übersetzungen, S.56.

bei Philo ebenfalls in negativer Formulierung: ἅ τις παθεῖν ἐχθαίρει, μὴ ποιεῖν αὐτόν. (Hyp 7,6).[15]

Rabbi Hillel antwortete einem Heiden, der über das ganze jüdische Gesetz belehrt werden wollte, allerdings nicht mehr Zeit dafür investieren wolle, als er auf einem Fuß stehen könne, mit der negativen Formulierung der Goldenen Regel (bSchab 31a): "Was dir verhaßt ist, das tue deinem Nächsten nicht. Das ist die ganze Thora; das andere ist ihre Auslegung."[16] Der Imperativ "Geh, lerne", den Hillel noch anfügt, zeigt, daß diese Regel als Einstieg für einen lebenslangen Lernprozeß gedacht ist, von dem aus die Heiden das Wesen der jüdischen Tradition[17] erfassen können.[18]

Festzuhalten bleibt, daß die Goldene Regel nicht nur im Heidentum verbreitet ist, sondern auch von jüdischer Seite verwendet wird, um Heiden gegenüber eine Zusammenfassung der Thora zu geben und sie so dafür zu gewinnen, die Thora zu lernen.[19]

Im Neuen Testament (26NTG) erscheint die negative Formulierung der Goldenen Regel nicht.[20] Interessanterweise haben aber der Codex D und andere

---

[15] Die Hypothetica sind bei Eusebius, Praep.Evang. viii, 6,1-11,18 erhalten. Vgl. M. Küchler, Weisheitstradition, S. 208.222-235.

[16] A. Dihle, Goldene Regel, S.8; M. Küchler, Weisheitstradition, S.207, U. Luz, Mt I, S.388, A.9. Zitiert nach A. Nissen, Gott, S.390. Der vollständige Text lautet: "Ein Heide trat einst vor Schammai und sprach zu ihm: Mache mich zum Proselyten unter der Bedingung, daß du mich die ganze Tora lehrst, während ich auf einem Fuße stehe. Da stieß ihn jener mit der Elle, die er in seiner Hand hatte, fort. Darauf kam er zu Hillel. Dieser machte ihn zum Proselyten und sprach zu ihm: Was dir verhaßt ist, das tue deinem Nächsten nicht. Das ist die ganze Tora; das andere ist ihre Auslegung. Geh, Lerne!" (bSchab 31a).

[17] Rabbi Aqiba betont die Schwierigkeit, die ganze Thora kurz wiederzugeben, bevor er die Lehre der ganzen Thora in einer ähnlichen Hauptregel zusammenfaßt: "Was dir verhaßt ist, wenn man es dir antut, das tue deinem Nächsten nicht. Wenn du nicht willst, daß man dir das Deine schädige, so schädige auch du ihn nicht. Wenn du nicht willst, daß jemand dir das Deine nehme, so nimm auch du nicht das, was deinem Nächsten gehört." ARN (B) 26 (27a oben). Zitiert nach A. Nissen, Gott, S.397.

[18] A. Nissen, Gott, S.399: "eine Notbrücke" für die Heiden.

[19] Weitere Belege: In der Achikargeschichte Arm. B53: "Was immer du willst, daß dir es die Menschen tun, das tue du allen". In den Sprüchen Ps.-Menanders 39f: "Bedenke und sieh, daß, wie du nicht möchtest, daß deine Frau mit jemand anderem Ehebruch treibe, also auch du mit der Frau deines Nächsten nicht Ehebruch treiben willst. Alles, was dir verhaßt ist, das wollest du auch deinem Nächsten nicht antun". Auch im hebräischen TNaphtali 1,6. Zitiert nach A. Nissen, Gott S.391.

[20] A. Dihle, Goldene Regel, S.107, hat eine Reihe von Belegen im frühen Christentum gesammelt.

HSS[21] zu dem an Heidenchristen gerichteten Aposteldekret die Goldene Regel hinzugefügt (Apg 15,20.29; 21,25).[22] Auch darin spiegelt sich die jüdische Auffassung, die Beachtung der Goldenen Regel als ethische Minimalforderung an Heiden, denen nicht die ganze Thora zugemutet werden kann, anzusehen.

b) Die Rezeption der Goldenen Regel im MtEv

Die positive Formulierung der Goldenen Regel[23] entnimmt Mt wahrscheinlich Q. Bei Lk steht sie in der Feldrede im Kontext des Feindesliebegebotes (Lk 6,27-36) an recht sinnvoller Stelle.[24] Dagegen ist der Ort, den Mt ihr zugewiesen hat (7,12), eindeutig sekundär. Dies zeigen zunächst die beiden redaktionell hinzugefügten Worte πάντα und οὖν, die Mt bevorzugt verwendet, wie die Wortstatistik zeigt.[25] Zum einen leitet οὖν die folgende Goldene Regel ein, zum anderen resümiert es die vorhergehende Darstellung[26] zusammen mit dem Adjektiv πάντα.[27] Die einleitende Formulierung πάντα οὖν ὅσα ἐὰν stimmt mit der Einführung von Mt 23,3 überein,[28] wo Jesus dazu auffordert, die Lehre der Pharisäer zu tun, nicht aber ihre Werke. In beiden Fällen faßt die Einleitung des Satzes die Thoraauslegung (Jesu bzw. der Pharisäer) zusammen. In bezug auf die Lehre ist der Evangelist relativ tolerant, verschiedene Auslegungen der Thora können nebeneinander stehen, sofern sie

---

[21] Vgl. K. und B. Aland, Der Text des Neuen Testaments, Stuttgart 1981, S.118f für eine kurze Beschreibung von D[ea] (05).

[22] A. Nissen, Gott, S.392, A.236, bemerkt auch Apg 15,29. Vgl. dazu W. G. Kümmel, "Die älteste Form des Aposteldekrets", in ders., Heilsgeschehen und Geschichte. Ges. Aufsätze 1933-1964 (MThSt 3) Marburg 1965, S.278-288.

[23] U. Luz, Mt I, S.389, "Die positive Formulierung mutet eher dem Angesprochenen eine eigene Initiative zu".

[24] In diesem Punkt herrscht Übereinstimmung: U. Luz, Mt I, S.387; W. D. Davies/D. C. Allison, The Gospel According to Saint Matthew I (ICC), Edinburgh 1988, S.685; J. Gnilka, Mt I, Mt I, S.264f; Eine Ausnahme bildet A. Polag, Fragmenta Q, Neukirchen 1979, S.36.

[25] πᾶς bei Mt:129, Mk:68, Lk:157; οὖν bei Mt:56, Mk:6, Lk:33. Wenn die beiden Worte gemeinsam auftreten, ist mt Redaktion besonders eindeutig Mt:6 (1,17; 3,10; 7,12. 24; 10,32; 23,3), Mk:0, Lk:1, vgl. U. Luz, Mt I, S.46f.

[26] Im Unterschied zur Lk-Fassung; vgl. J. Gnilka. Mt I, S.264f, G. Barth, Gesetzesverständnis, S.68.

[27] Nach U. Luz, Mt I, bekommt dieses Adjektiv seinen Sinn im Kontext des mt Perfektionismus, S.392.

[28] Die Formulierung kommt nur an diesen beiden Stellen vor.

der Goldenen Regel entsprechen. Diese "Großzügigkeit" in der Lehre gilt allerdings nicht für das Tun: Der "Wille Gottes" muß auf jeden Fall getan werden. Sonst gehört man zu denen, die den breiten Weg ins Verderben gehen (Mt 7,13f), und ihr Haus auf Sand gebaut haben (Mt 7,24-27).

Im Kontext der Bergpredigt hat Mt 7,12 eine Schlüsselstellung, die ebenfalls auf überlegte Redaktionsarbeit schließen läßt.[29] Die Goldene Regel schließt den Hauptteil der Bergpredigt ab und nimmt mit der Formulierung "das Gesetz und die Propheten" den Einleitungsvers 5,17 wieder auf, wodurch die Rede, abgesehen von den einführenden und abschließenden Versen (5,3-16; 7,13-27), gerahmt wird.[30]

c) Die Funktion der Goldenen Regel

Mt stellt die Goldene Regel und "die Thora und die Propheten" durch das Verb ἐστίν gleich. Die Tendenz zur Universalisierung[31] von Gesetz und Pro-

---

[29] Der Hauptteil der Bergpredigt ist deutlich dreiteilig: die sechs Antithesen (5,21-46) werden durch ἠκούσατε ὅτι ἐρρέθη eingeleitet, mit Ausnahme der dritten, wo lediglich ἐρρέθη δὲ steht, wohl weil sie inhaltlich so eng an die vorangehende Antithese anschließt; vgl. U. Luz, Mt I, S.269. Die sog. Frömmigkeitsregeln (6,1-18) sind durch die Formulierung ὅταν ... μὴ (οὐ) in 6,2.5.16 geprägt. Der dritte Teil (6,19-7,11), dessen Thema die Haltung zu den Mitmenschen ist, wird durch μή-Wendungen charakterisiert (6,19.25.31.34; 7,1.6.9)

[30] F. W. Albright/C. S. Mann (AncB 26), S.84 meinen Mt 7,12 sei "out of place"; D. Zeller, Kommentar zur Logienquelle, (Stuttgarter kleiner Kommentar NT NF 21), Stuttgart 1984, S.27 hält sie für "künstlich plaziert". C. Burchard, Versuch, S.429ff bestimmt die Goldene Regel als Fazit des Hauptteils der Bergpredigt.

[31] Die "Goldene Regel" wird von manchen Forschern ganz **negativ** beurteilt, etwa von R. Bultmann, Geschichte, S.107, der hier "die Moral eines naiven Egoismus" am Werke sieht. Andere bewerten sie sehr **positiv**, wie schon ihre Bezeichnung als "Goldene" Regel zeigt. Sie ist eine vielseitig anwendbare Regel. Auch die Feindesliebe, die einem "naiven Egoismus" sicher nicht entspringen wird, fällt unter die Goldene Regel, wenn man sie so interpretiert, daß jeder hofft, daß seine Feinde ihn lieben statt hassen. Z.B. wendet sich P. Ricoeur, "The Golden Rule. Exegetical and Theological Perplexities", NTS 36 (1990) 392-397, gegen die Auffassung, daß die Goldene Regel durch das Gebot der Feindesliebe überholt werde, und meint weiter, die Goldene Regel werde im Kontext der Bergpredigt "integrated into a new ethics", hier S.395.

Um seine christliche (statt jüdische) Gemeinde anzusprechen, will Mt die Thora (und die Propheten) durch den Hauptteil der Bergpredigt konkretisieren (durch die Antithesen und die Frömmigkeitsregeln, die Haltungen gegenüber Gott und den Mitmenschen beschreiben).

pheten ist wohl unbestreitbar,[32] wenn auch offen bleiben mag, ob die Goldene Regel die ganze Bergpredigt inhaltlich zusammenfassen kann.[33] Die Adressaten der Goldenen Regel sind nach allem, was im ersten Abschnitt über Herkunft und Verwendung der Goldenen Regel im Judentum gesagt wurde, sicher in erster Linie Heiden(christen), während sich Mt 5,17-19 an Juden(christen) richtet. Darauf deutet auch der szenische Rahmen, den Mt zur Bergpredigt geschaffen hat. Die ὄχλοι, die der Rede Jesu zuhören, kommen auch aus der heidnischen Dekapolis und dem Ostjordanland, ja sogar aus "ganz Syrien" (wohin nur bei Mt der Ruf Jesu dringt, vgl. 4,24f). Sie sind also teilweise Heiden. Vor dem Hauptteil der Bergpredigt steht als Thema[34] die Aufforderung an die Hörer, "Licht der Welt" zu sein und dieses Licht vor den Menschen leuchten zu lassen (5,14-16). Hier ist eine betont universalistische Perspektive eingenommen, der ganze κόσμος soll erleuchtet werden, alle Menschen sollen es sehen. Auch die Heiden sollen Zeugen christlichen Verhaltens sein. Auch sie sind unter den Hörern der Bergpredigt vertreten. Besonders sie werden am Ende der Rede mit der universalistischen Zusammenfassung der Thora und der Propheten in der Goldenen Regel angesprochen. Vielleicht kann man sogar sagen: Die Goldene Regel erlaubt es ihnen, ihre von der jüdischen Thora unabhängige Ethik und Lebensführung, sofern sie der Goldenen Regel entspricht, als Erfüllung der Thora zu verstehen.

---

[32] Dagegen: G. Barth, Gesetzesverständnis, S.60: "οὗτος γάρ ἐστιν ... besagt, daß durch diese Gebote die bleibende Gültigkeit von Gesetz und Propheten gerade bestätigt wird."

[33] Wenn man meint, daß die Goldene Regel nur die zwischenmenschliche Beziehung behandele, die Bergpredigt jedoch zusätzlich die "Mensch-Gott" Beziehung (U. Luz, Mt I, S.388f, A.11; H. Hendrickx, The Sermon on the Mount, London 1984, S.158f), dann bleibt die Frage, ob die Goldene Regel die Bergpredigt umfassen kann. Um die beiden Beziehungen mit einander zu verbinden, setzt Mt als Thema der Bergpredigt an das Ende der Einleitung (5,3-16) den Vers: "So soll euer Licht leuchten vor den Menschen, damit sie eure guten Werke sehen und euren Vater im Himmel preisen." (5,16) Menschliche Haltung gegenüber Gott drückt sich in 6,1-18 nicht direkt gegenüber Gott, sondern gegenüber den Mitmenschen aus. Gott vergilt denjenigen, die ihren Mitmenschen Gutes tun. Man kann Gottes Vergebung und Lohn allein durch Almosen, Beten und Fasten nicht bekommen, wenn man sich zugleich als Heuchler den Mitmenschen gegenüber zeigt und ihnen nicht vergibt (6,1f. 5. 15f). Dies entspricht den Worten des 1. Johannesbriefes: "Wer seinen Bruder nicht liebt, den er sieht, wie kann er Gott lieben, den er nicht sieht?" (1Joh 4,20). Dieser Gedanke läßt sich auch am Doppelgebot der Liebe (22,37-40) verdeutlichen. Die sogenannte "Mensch-Gott"-Beziehung in der Bergpredigt (6,1-18) ist in der zwischenmenschlichen Beziehung verwurzelt. Ob die Goldene Regel die radikalen Antithesen zusammenfassen kann, ist aber fraglich.

[34] C. Burchard, Versuch, S.432.

d) Analoge Universalisierungen der Thora im MtEv

(1) Das Doppelgebot der Liebe (22,37-40)

An das Ende des Streitgespräches über das höchste Gebot stellt Mt redaktionell den Satz: "In diesen beiden Geboten hängt (κρέμαται) das ganze Gesetz
und die Propheten." (22,40)[35] Interessant ist, daß Mt hier die Frage nach dem
höchsten Gebot "im Gesetz" (22,36) mit der Formulierung "die ganze Thora
und die Propheten" (22,40) beantworten läßt. In 5,17f stehen die beiden Ausdrücke ebenfalls nebeneinander. K.Berger macht deutlich, daß "die Propheten Vermittler von Thora bzw. Träger der Befehle Gottes sind."[36]

Weitere redaktionelle Veränderungen des Mt sind aufschlußreich: er fügt einerseits nach dem Zitat von Dt 6,5 hinzu: "Dies ist das wichtigste und erste
Gebot" (22,38), betont aber andererseits, daß das Gebot der Nächstenliebe
ihm "gleich" sei.[37] Das Anliegen des Evangelisten scheint hierbei zu sein, das
Doppelgebot vor einer einseitigen Interpretation zu schützen, wie er sie bei
den Pharisäern sieht, die um der Gottesverehrung willen die Nächstenliebe
vergessen, was Jesus am Beispiel der Korbanpraxis exemplarisch anprangert
(15,6). Gottesliebe muß sich in Nächstenliebe konkretisieren, ohne Fürsorge
für bedrängte Nächste ist kein Bestehen vor Gott möglich (25,35ff). Voraussetzung für diese Deutung ist, daß man die Perikope vom Weltenrichter in
Mt 25,35ff universalistisch interpretiert und unter πάντα τὰ ἔθνη dort alle
Menschen versteht.[38]

Sowohl Mt als auch Lk überliefern gegen Mk nicht den ersten Satz des
Sch^{e}ma Israel (Dtn 6,4; zit. Mk 12,29) zur Einleitung des Doppelgebotes.
Dies hat in Verbindung mit anderen Beobachtungen zu verschiedenen Theo-
rien über die Entstehung des Doppelgebotes geführt.[39] Die Auslassung des

---

[35] Das Singularverbum κρέμαται weist darauf hin, daß die Formulierung "Thora und
Propheten" als Einheit verstanden wird; A. Sand, Gesetz und Propheten, S.189.

[36] K. Berger, Gesetzesauslegung, S.219.

[37] C. Burchard, Liebesgebot, S.61: "Obwohl das Gebot der Liebe zu Gott das größte
und erste ist, und nur eins kann das sein, ist das Gebot der Liebe zum Nächsten ihm
gleich." Ähnlich R. H. Gundry, Matthew, A Commentry on his Literary & Theological
Art, Michigan 1982, S.450, "... the second commandment alongside rather than below
the first."

[38] Siehe S. 98ff.

[39] Denn abgesehen von der erwähnten Weglassung kommt das Doppelgebot der Liebe
in jedem Synoptiker (Mt 22,34-40; Mk 12,28-34, Lk 10,25-28) vor, und zwar mit Varia-
tionen, bei denen jeweils zwei Synoptiker gegenüber dem dritten übereinstimmen:
Während Lk das Doppelgebot als ein Gespräch in den Kontext der Samariterperikope
auf der Reise Jesu von Galiläa nach Jerusalem stellt, folgt erstens der Kontext des Mt

Satzes reduziert den jüdischen Charakter des Doppelgebotes erheblich und verstärkt seine universalistische Komponente. Wir teilen die Ansicht Burchards, daß das Doppelgebot der Liebe aus dem hellenistischen Judentum stammt.[40] Denn "tatsächlich ist die Zitatkombination Dtn 6,5 + Lev 19,18 in jüdischen Texten nicht belegt", jüdisch-hellenistische Parallelen mit dieser Kombination kann man aber in TestIss 5,2 und TestDan 5,3, Philo: De spec

---

eng dem MkEv, indem die Perikope vom Doppelgebot im Tempel Jerusalems und vor dem Gespräch über die Davidssohnfrage lokalisiert wird. Zweitens benutzen nur Mt und Lk das selten verwendete Wort νομικός, während Mk allein das häufige Wort γραμματεύς bietet. Drittens verwendet Mt 22,37, bei der Aufzählung der Weise, wie der Mensch Gott lieben soll, (nämlich mit "Herz, Seele und Gemüt"), alle drei Male die Formulierung ἐν ὅλῃ + Dativ, Mk 12,30 schreibt viermal ἐξ ὅλης + Dativ und fügt "mit all deiner Kraft" hinzu. Lk 10,27 schließlich erwähnt wie Mk auch vier Arten, Gott zu lieben. Leider lassen sich alle vier Formulierungen bei Lk wegen der voneinander abweichenden Bezeugungen durch fast gleichwertige Handschriften nicht sicher bestimmen. Siehe G. Bornkamm, "Das Doppelgebot der Liebe", in Neutestamentliche Studien für R. Bultmann, Berlin 1957, S.85-93; C. Burchard, Liebesgebot, S. 39f; R. H. Fuller, "Das Doppelgebot der Liebe", in G. Strecker (Hg.), Jesus Christus in Historie und Theologie (FS H. Conzelmann), Tübingen 1975, S.317-329. G. Bornkamm schlägt vor, daß Lk 10,25-28, in dem das Deuteronomiumzitat des Sch[e]ma Israel (vgl. Mk 12,29) fehlt, "die relativ älteste Gestalt der Überlieferung bewahrt hat.", S.93. Zustimmend äußern sich G. Barth, Gesetzesverständnis, S.71, A.5 und A. Sand, Gesetz und Propheten, S.191. Dies ist u.E. nicht ganz überzeugend; denn solch ein stark jüdisch geprägter Satz würde je später, desto schwieriger in den Mk-Text (oder noch in die mündliche Überlieferung) hinzugefügt werden können, da sich das Christentum nach und nach vom Judentum abgrenzte. A. Sand meint, daß Mt den Satz "als in seiner Gemeinde bekannt voraussetzen konnte". Seine Meinung ist aber schwer haltbar, denn wenn etwas sinnvoll und sogar bekannt ist, würde es bei der Redaktion nicht aus dem Text genommen werden, sondern im Text bleiben. K. Berger, Gesetzesauslegung, S.183-188 schlägt Mk 12,28-30 als Kern des Doppelgebotes vor. C. Burchard diskutiert die Vorgeschichte des Liebesgebotes und läßt offen, ob Mk 12,32-34 von Anfang an dazugehörte, Liebesgebot, S.51-55.

[40] C. Burchard, Liebesgebot, S.57: "Das doppelte Liebegebot als Inbegriff des göttlichen Willens ist also wohl Erbstück aus dem hellenistischen Judentum, dem das frühe Christentum gerade unter dem Stichwort Liebe auch sonst vieles verdankt."

leg II 63 finden.[41] Dafür sammelt Bornkamm einige weitere hellenistische Belege.[42]

Schließlich deutet auch die Tatsache, daß die Frage nach dem höchsten Gebot bei Mt (und Lk) eine "Versuchung" Jesu darstellt, darauf hin, daß das Doppelgebot der Liebe als Summe der Thora unter den jüdischen Autoritäten in Jerusalem keine geläufige Überlieferung war.

Den zweiten Teil des Doppelgebotes (ἀγαπήσεις τὸν πλησίον σου ὡς σεαυτόν) hat Mt in der Perikope vom Reichen Jüngling (19,16-26) gegenüber dem MkEv redaktionell hinzugefügt (19,19). Diese Anfügung an die fünf Dekaloggebote[43] dürfte mit Gnilka so zu bewerten sein, daß das Gebot der Nächstenliebe "wie in 22,39f; 7,12 als die Summe von Gesetz und Propheten aufgefaßt ist."[44]

(2) Das Wichtigste der Thora (23,23)

Im MkEv folgt die Erörterung des Wichtigsten der Thora[45] im Kontext der Frage nach dem höchsten Gebot. Der Schriftgelehrte selber stellt fest, das Doppelgebot zu halten sei "mehr als alle Brandopfer und Schlachtopfer" (Mk 12,33b). Mt und Lk bieten eine verwandte Tradition in polemischem Kontext (Lk 11,42; Mt 23,23). Vorgegeben war offenbar die Kritik Jesu am Verzehnten von Minze, Dill und Kümmel, Mt hat redaktionell die Formulierung "das Wichtigste der Thora" und die Trias "Recht, Barmherzigkeit und Glauben" hinzugefügt. Im Unterschied zu der Frage nach einem höchsten Gebot (ἐντολὴ μεγάλη) erfordert das Forschen nach dem "Wichtigsten der Thora" (τὰ βαρύτερα τοῦ νόμου) einige Prinzipien der Thora, die anderen vorzuziehen sind. Der Antwort von Mt 23,23 entspricht das zweimalige Zitat von Hos 6,6

---

[41] C. Burchard, Liebesgebot, S.55f. Dagegen nimmt R. H. Fuller, Doppelgebot, S.327-329 an, daß die Grundidee des Doppelgebots der Liebe inner- und außerhalb von Palästina in sehr unterschiedlicher Weise ausgedrückt wurde; wegen der Parallele und wegen der Verwendung der Formulierung ἐν mit Dativ in TestDan 5,3 versucht er "auf die Möglichkeit semitischen Ursprungs hinzudeuten". Er postuliert weiter, daß die Herkunft des Doppelgebots der Liebe in der Weisheitstradition verwurzelt ist.

[42] G. Bornkamm, Doppelgebot, S.87f: Belege sind Jos. Ant. IV 8,13 (212); Ps-Aristeas 132ff (Zu allererst zeigte er, daß Gott einzig ist...); Philo De opif. mundi 170ff; Ps-Orpheus bei Justin Coh. ad Gentes 15; Aristobul bei Euseb. Praep. evang. XIII 12,5; Ps-Sophocl. ebd. XIII 13,40; Or. Sib. III 11ff.

[43] Mk 10,19 bietet sechs Dekaloggebote, das Verbot des Stehlens hat Mt gestrichen.

[44] J. Gnilka, Mt II, S.164.

[45] Nach W. Grundmann, Mt, S.493, erscheint in Mt 23,23 wiederum das Doppelgebot der Liebe.

"Barmherzigkeit will ich, nicht Opfer" (Mt 9,13a; 12,6b), das Gebote der Thora mit Hilfe von prophetischer Tradition kritisiert. Mit Mt 23,23 wird ein Auslegungsprinzip der Thora gegeben, das allgemeine, abstrakte Maßstäbe (Recht, Barmherzigkeit, Glauben) den Einzelgeboten (Verzehnten von Minze, Dill und Kümmel) überordnet.

e) Zusammenfassung

Im MtEv ließ sich eine universalistische Tendenz bei der Auslegung der Thora anhand der Goldenen Regel, des Doppelgebotes der Liebe und des "Wichtigsten im Gesetz" nachweisen. Dem steht unbestreitbar eine israelorientierte Auslegung gegenüber. Der Evangelist hat sich sorgfältig bemüht, ein Gleichgewicht zwischen beiden zu schaffen. Einerseits läßt selbst die stark jüdisch geprägte Tradition 5,17-20 Raum für die "Kleinen", die einzelne Gebote auflösen. Andererseits werden Heidenchristen, die sich nicht in allen Punkten der jüdischen, von der Thora geprägten Lebensführung anschließen, trotzdem auf die Thora verpflichtet, indem die Goldene Regel mit "dem Gesetz und den Propheten" identifiziert wird.

3. Exkurs: Vergleich der Thoraauslegungen des Mt, Philo und Josephus

In diesem Abschnitt soll der Versuch unternommen werden, die Thoraausle-gung des Mt, wie sie in den letzten beiden Kapiteln erhoben wurde, mit Phi-los und Josephus' Darstellungen zu vergleichen. Für Philos Gesetzesepitome in Hypothetica 7,1-9 und für Josephus' Ausführungen über die Thora in Contra Apionem 2,190-219 gilt sicher, was wir für Mt ebenfalls mit guten Gründen annehmen dürfen: alle drei schreiben teilweise oder ausschließlich für nichtjüdische Leser. Darum erscheint ein Vergleich der drei Autoren loh-nend, um zu erfahren, wie sich die Ausrichtung auf heidnische (bzw. heiden-christliche) Adressaten inhaltlich niederschlägt. Dabei ist von vornherein in Rechnung zu stellen, daß bei Philo und Josephus ein relativ starkes apologeti-sches Interesse vorliegt,[1] das bei Mt, der für eine gläubige Gemeinde schreibt, nicht in diesem Maße zu erwarten ist.[2]

---

[1] L. Cohn, Einleitung und Chronologie der Schriften Philos, Leipzig 1899, S.414: Die hi-storisch-apologetischen Schriften Philos "haben die Tendenz, das gebildete heidnische Lesepublikum über den Geist der jüdischen Religion aufzuklären und das Judentum gegen die Angriff seiner Gegner zu verteidigen"; ähnlich H. Conzelmann, Heiden - Ju-den - Christen. Auseinandersetzungen in der Literatur der hellenistisch-römischen Zeit (BHTh 62), Tübingen 1981, S.173f; Paul Krüger, Philo und Josephus als Apologeten des Judentums, Leipzig 1906 und besonders M. Küchler, Frühjüdische Weisheitstraditionen. Zum Fortgang weishheitlichen Denkens im Bereich des frühjüdischen Jahweglaubens (OBO 26), Freiburg (Schweiz) 1979. Dagegen K.-W. Niebuhr, Gesetz und Paränese. Katechismusartige Weisungsreihen in der frühjüdischen Literatur (WUNT 2.28), Tübingen 1987, bes. S.66-72. Niebuhr versteht, wie der Titel schon andeutet, Philo und Josephus eher katechetisch nach innen gerichtet und trotz des Anteils griechischer Paränese als Gebrauchsform von Thora. Es liegt auf der Hand, daß M. Küchler (S.207-235) und K.-W. Niebuhr (S.31-72), die beide die Gesetzesepitomen des Josephus (Ap 2,190-219) und Philos (Hyp 7,1-9) vergleichen, aufgrund ihres unterschiedlichen Aus-gangspunktes zu verschiedenen Ergebnissen kommen.

[2] Vgl. aber C. G. Montefiore, The Synoptic Gospels, Vol.1, London [2]1927, S.lxxvii. Er glaubt, auch bei Mt eine apologetische Tendenz feststellen zu können: "...doubtness also for purposes of apologetic and propaganda." Eine deutliche apologetische Tendenz im MtEv bemerken auch K. Stendahl, "Quis et Unde", S.296-311 und J.A.Overman, For-mative Judaism, S.72-90.

a) Der freie Umgang mit der Tradition bei Mt

1. These:

Mt behauptet einerseits die Unverbrüchlickeit des Gesetzes (5,17.19), geht aber andererseits sehr frei mit diesem Gesetz um.

Mt versteht die Antithesen (5,21-48), die die Thora teilweise vertiefen (1., 2. und 4. These) und teilweise transzendieren (3., 5. und 6. These), als Auslegung des Gesetzes. Allein die beiden kontrastierenden Formulierungen ἠκούσατε ὅτι ἐρρέθη (5,21 u.ä.) und ἐγὼ δὲ λέγω ὑμῖν ὅτι... (5,22 u.ä.) lassen erkennen, daß Mt eine christliche Auslegung der Thora neben die jüdische Tradition stellt. Mt integriert also die christliche Überlieferung nicht bruchlos in die jüdische Tradition, sondern wählt die Form der Antithese, die einen kritischen Dialog der christlichen Throaauslegung mit der jüdischen anzeigt.

Weiter faßt er das "Gesetz" durch die Goldene Regel (7,12) zusammen, die nicht in der Thora zu finden ist, sondern - wie im letzten Kapitel gezeigt wurde - letztlich aus dem Heidentum stammt. Dabei begnügt sich Mt nicht wie Philo (Hyp 7,6) damit, die Goldene Regel als ein Gebot unter anderen jüdischen Geboten zu erwähnen, sondern er geht ähnlich wie Rabbi Hillel (bSchab 31a) so weit hinzuzufügen: "Das ist das Gesetz und die Propheten" (Mt 7,12).

Schließlich ignoriert Mt wichtige Teile des jüdischen Gesetzes wie z.B. das Beschneidungsgebot, zu dem er nirgendwo Stellung nimmt, oder relativiert sie zumindest deutlich, was wir für die Sabbat- und Reinheitsgebote zeigen werden.[3]

Das historische Rätsel ist: Wie kann das bei Mt zweifellos vorliegende Bewußtsein, das Gesetz bis auf das kleinste Häkchen zu erfüllen, mit einem so freien Umgang mit dem Gesetz in Einklang gebracht werden? Eine Antwort soll dadurch versucht werden, daß eine ähnliche Diskrepanz zwischen Anspruch und Wirklichkeit bei Vertretern des zeitgenössischen Judentums nachgewiesen wird.

---

[3] Vgl. S. 77ff.

b) Die Aufnahme griechischer Traditionen in den Gesetzesepitomen des Philo und des Josephus

2. These:

Die beiden möglicherweise traditionsgeschichtlich voneinander abhängigen Gesetzesepitomen bei Philo (Hypothetica 7,1-9) und Josephus (Contra Apionem 2,190-219)[4] zeigen eine dem MtEv vergleichbare Spannung von intendierter absoluter Thoratreue und faktischer Freiheit. Einerseits wollen sie das Gesetz zusammenfassen,[5] andererseits gehen sie sehr frei mit der Thora um und zitieren zahlreiche Traditionen, die nicht aus dem Pentateuch, sondern aus der hellenistischen Umwelt stammen.[6]

---

[4] Die Ähnlichkeit zwischen Hypothetica und Contra Apionem wird von F. H. Colson (transl.), Philo, Hypothetica bei Eusebius, The Loeb Classical Library Vol.9, London 1954, S.409 bemerkt. M. Küchler, Weisheitstraditionen, ist wahrscheinlich der erste, der die Texte Hyp 7,19 und Ap 2,190-219 systematisch vergleichend analysiert.

[5] In den Hypothetica verteidigt Philo die Juden gegen ihre Ankläger, wie Eusebius in Praep. Evang. 8,5,11 vor Beginn des Zitates bemerkt. Da Eusebius die Hypothetica in Praep. Evang. 8,1,11-8,7,19 und 8,11,1-8,18,3 direkt zitiert, sind sie als Werk Philos anzusehen. Die rückverweisenden Demonstrativpronomen in 7,1 machen nach F. H. Colson, Philo, Hypothetica, S.422, A.a, deutlich, daß Eusebius die Hypothetica dort verkürzt, wo sie den Heiden mehr Freiheiten zugestehen als den Juden. Das für Juden gültige Gesetz ist aber offensichtlich vollständig zitiert, es beginnt mit den todeswürdigen Verbrechen (71f) und schließt mit kleineren und zufälligen Geboten (7,9). Eine Analogie dafür findet sich in Ap 2,276f.

Contra Apionem ist wahrscheinlich das Buch, das Josephus laut Ant 20,268 über die jüdischen Ansichten über Gott, sein Wesen und die Thora zu schreiben beabsichtigte. In Ap 2,190 beginnt Josephus mit der Fragestellung, "Welcher Art sind nun die Gebote und Verbote im einzelnen?", worauf die Gotteslehre folgt. In 2,219 endet die Erklärung der jüdischen Gebote mit den Worten, Juden werden alles erleiden, "um nur ja kein Wort gegen das Gesetz aussprechen zu müssen". Es ist also deutlich, daß Ap 2,190-219 die zentrale Thoraauslegung des Josephus sein dürfte.

[6] Das Alter und die Unwandelbarkeit der Thora ist ein bei Philo und Josephus beliebter Topos. Philo beschreibt außer Hyp 7,1-9 in vita Moses 2,12-16 die Unveränderlichkeit der Thora im Gegensatz zu den Gesetzen anderer Nationen. Moses war der beste Gesetzgeber überhaupt, denn seine Gesetze sind exzellent, von Gott und lassen nichts weg, was nötig ist. Obwohl sich das jüdische Volk in der Geschichte sehr verändert hat, werden die Vorschriften des Gesetzes nicht geändert. Josephus weist in Ap 2,15 darauf hin, daß der jüdische Gesetzgeber der älteste von allen ist, während die Griechen zur Zeit Homers das Wort νόμος nicht kannten. Die griechischen Massen wurden nach unbestimmten Meinungen und durch die Befehle der Könige gelenkt, während die Juden durch ihre Thora eine passende Lebensordnung hatten. Denn die Thora brachte gleich

Nach Euseb Praep. Evang. 8,6,10 bietet Philo in dem folgenden Abschnitt (7,1-9) eine Epitome des jüdischen Gesetzes, welches die mosaische Staatsverfassung konstituiert (ἐπιτέμνεται τὴν ἐχ τῶν Μουσέως νόμων καταβεβλημένην ...πολιτείαν).[7] Dabei stammt aber ein großer Teil der Anweisungen nicht aus dem jüdischen Gesetz: Die mit dem Tode zu bestrafenden Verbrechen werden vermehrt (7,2).[8] Der gesamte Teil 7,6-8 besteht fast nur aus nicht-jüdischen Traditionen, Philo nennt selbst die Quellen, aus denen er hier schöpft: die ungeschriebenen Gesetze (ἄγραφα ἔθη καὶ νόμιμα, 7,6) und die buzygischen Verwünschungen (7,8). In diesem Abschnitt findet sich u.a. die Goldene Regel in negativer Formulierung und die Forderung, Feuer, Wasser und Nahrung allen Menschen zu gewähren (7,6); Es folgen Bestimmungen gegen Grabschändung und Schuldhaft und zum Schutz des Samens und des Gezeugten (7,7).[9] Ferner sind zu erwähnen der Schutz der Kinder vor der Trennung von ihren Eltern und der Frau vom Mann (7,8) und Gesetze zum Tierschutz (Vogelbrut und fliehende Tiere, 7,9).[10]

Man kann sich mit Küchler nur wundern, "wie wenig die *mosaische Gesetzgebung* in dieser ihrer Kurzfassung präsent ist."[11]

---

von Anfang an den Willen Gottes zum Ausdruck (Ap 2,21) und bedarf keiner Änderung (Ap 2,20).

Entweder sind Philo und Josephus sich nicht der Tatsache bewußt, daß sie die Thora den Erfordernissen ihrer Zeit entsprechend auslegen und sie dabei deutlich verändern, oder aber sie beurteilen ihre Aktualisierung nicht als Veränderung.

[7] Man kann die Epitome mit M. Küchler, Weisheitstraditionen, S.223ff. in fünf Unterabschnitte unterteilen: Zunächt betont Philo Klarheit und Einfachheit sowie die scharfen Strafmaßnahmen des jüdischen Gesetzes (Tod) in 7,1f. Der zweite Abschnitt behandelt Besitzverhältnisse und Unterordnungsverhältnisse in der Familie: der Mann herrscht über die Frau und die Eltern über ihre Kinder, jeweils zum besten der untergeordneten Personen (7,3). Die Gelübdepraxis ist Thema von 7,4f. Ein dritter Abschnitt enthält unterschiedliche Worte, er fällt besonders durch seine Rahmung (der einleitende Satz erwähnt die ungeschriebenen Gesetze, der ausleitende die buzygischen Flüche) und seine fast durchgehend negativ formulierten Sätze auf (7,6-8a). Als vierten Abschnitt kann man das Doppellogion zum Schutz von abhängigen Familienangehörigen bei Gefängnisstrafe oder Verkauf eines der Betroffenen (7,8b) betrachten. Der letzte Abschnitt nennt ausdrücklich kleinere und zufällige Dinge: Schutz der Vogelbrut und fliehender Tiere.

[8] Selbst wer "Wohltäter" beschimpft, wird nach 7,2 mit dem Tod bestraft.

[9] Es ist nicht zweifelsfrei zu erheben, woran Philo hier denkt.

[10] Vgl. das Aufbauschema nach ἐάν-Sätzen, imperativischen Infinitiven, und μή-Sätzen bei K.-W. Niebuhr, Gesetz und Paränese, S.33.

[11] M. Küchler, Weisheitstraditionen, S.226.

In Contra Apionem 2,190-219 liegt ein Gesetzessummarium des Josephus vor, gleichfalls mit dem Ziel geschrieben, die Überlegenheit des jüdischen Gesetzes allen anderen Verfassungen gegenüber zu beweisen. Josephus ordnet das jüdische Gesetz nach den thematischen Gruppen der Lehre von Gott, von der Familie, von der menschlichen Gemeinschaft überhaupt und von den Tieren.[12] Insgesamt orientiert sich Josephus viel stärker am mosaischen Gesetz als Philo, häufig läßt sich der biblische Ursprung der einzelnen Vorschriften ausmachen, gleichwohl ist Josephus in der Darstellung der Gesetze "den in der populären Ethik verbreiteten Vorstellungen von ἀρετή ..., χανός ..., χαινωνία ... verpflichtet".[13] Es begegnet auch außerbiblisches Material, das keine Grundlage in der Thora hat.[14] Besonders auffällig sind einige griechische Sprichwörter, die zur Begründung der biblischen Traditionen angeführt werden:

"Lieb ist immer jedem das Ähnliche" (1,193).[15]
"Gott ist allen gemeinsam" (1,193).

---

[12] Innerhalb der Gotteslehre (2,190-198) werden das Wesen und die Werke Gottes behandelt (190-192), der Tempel und sein Gottesdienst, Gebete, Opfer und Reinigungen eingeschlossen (193-198). Dieser Abschnitt wird eingeleitet mit der Formulierung "Das erste (Gebot) lehrt von Gott... Gott ist alles" (2,190) und mit der zusammenfassenden Bemerkung "das also ist unsere Lehre von Gott und seinem Dienst" in 2,198 abgeschlossen. Bei der Lehre über die Familie (2,199-206) geht es zunächst um die Ehe, um Sexualität, Heirat, Nachkommenschaft und Kindererziehung (2,199-204), weiter um die Verpflichtung zum Begräbnis (205) und die Ehrfurcht vor Gott, vor den Eltern und vor den Alten (206). Die Gemeinschaft betreffende Gebote beziehen sich u.a. auf die Freundschaft, auf den Richter, auf Eigentumsverhältnisse überhaupt (2,207f.), weiter auf das Verhalten Fremden (2,209f.), Notleidenden und Feinden gegenüber (2,211f). Zum Schluß behandelt Josephus den Schutz von Tieren (2,213) und betont die Strenge der jüdischen Gesetze, die fast alle Übertretungen mit dem Tod bestraft (2,215f.). Vgl. die abweichenden Gliederungen bei M. Küchler, Weisheitstradition, S.216f, und bei K.-W. Niebuhr, Gesetz und Paränese, S.39.

[13] M. Küchler, Weisheitstraditionen, S.219f.

[14] Siehe dazu im einzelnen M. Küchler, Weisheitstraditionen, S.218ff. Beispielhaft für nicht in der Thora zu findende Gebote seien die folgenden genannt: Heiraten dürfe man nicht wegen der Mitgift, gewaltsame Entführung oder listige Überredung seien verboten, man solle stattdessen um die Frau bei dem, der sie zu vergeben hat, anhalten (2,200). Die Verbote der Abtreibung und Aussetzung (202) und das Erziehungsprogramm (204) sind ebenfalls zu nennen. Ebenso wenig aus dem jüdischen Gesetz stammen die Trauervorschriften (205), die Grundgebote der Menschlichkeit (208. 211), die Vorschriften zum Verhalten Kriegsgegnern gegenüber (212) und die beiden Tierschutzgebote (213).

[15] Dies Sprichwort soll begründen, daß der eine Gott auch nur einen Tempel haben darf.

"Für die Gemeinschaft sind wir geboren" (1,196)[16]
"Die Frau ist in allem geringer als der Mann" (1,201)
"Gott hat dem Mann die Kraft gegeben" (1,201).
"Gott ist das älteste Wesen" (1,206)[17]
"Ohne vollkommenes Vertrauen gibt es keine Freundschaft" (1,207).

Küchler urteilt zusammenfassend über Josephus: "Es entsteht ... eine 'Epitome' der mosaischen Gesetze, welche in keiner ihrer Vorschriften so gestaltet ist, dass sie nicht auch in einer griechischen Sammlung verständlich wäre."[18]

c) Charakteristische Auslassungen zentraler jüdischer Gesetze bei Philo, Josephus und Mt

3.These:

Philo und Josephus lassen wichtige Teile des Gesetzes (Sabbat und Beschneidung) in ihrer Gesetzesepitome aus, wodurch diese für Heiden zugänglich und akzeptabel wird.

Josephus läßt das Sabbatgebot in seiner Darstellung der mosaischen Gebote aus. Dies ist umso erstaunlicher, als er es an anderer Stelle des Buches erwähnt.[19] Bei Philo ist der Textbestand leider ausgerechnet an dieser Stelle

---

[16] Philo führt zunächst an, daß die Juden bei ihren Opfern immer zuerst für das Gemeinwohl beten, dann zitiert er zur Begründung das Sprichwort.

[17] Vielleicht denkt Josephus als biblische Begründung an Daniel 7,9.13.22.

[18] M. Küchler, Weisheitstraditionen, S.219. Ganz anders bewertet K.-W. Niebuhr den vorliegenden Befund. Er weist nach, daß Philo und Josephus ein durchgehendes Interesse daran haben, die Thora zu aktualisieren und zu interpretieren und sieht durchgängig einen sehr engen Bezug auch nichtjüdischen Materials zur Thora. Seine Schlußfolgerung lautet: "Als jüdisches Gesetz bezeichnen Philo und Josephus sowohl Thoragebote als auch frühjüdische ethische Weisungen als auch Gebote ursprünglich nichtjüdischer Herkunft." (Gesetz und Paränese, 57). Er plädiert dafür, griechische und jüdische Herkunft der Gebote nicht "gegeneinander auszuspielen" (ibid. 55). Darum aber geht es im vorliegenden Zusammenhang nicht. Daß man von jüdischer Seite kein Empfinden eines Gegensatzes zwischen heidnischen und jüdischen Gesetzen hatte, erklärt u.E. noch nicht in ausreichender Weise die so weitgehende Aufnahme von außerbiblischem Material in Texten, die eine Zusammenfassung des mosaischen Gesetzes geben wollen.

[19] Der Ägypter Apion meint, daß der jüdische Sabbat aus dem ägyptischen Sabbatosis entstanden ist. Dieser Ausdruck bezeichnet den Schmerz, der von "Leistengeschwüren" hervorgerufen wird; nach Apion hätten die Israeliten nach sechstägigem Marsch durch die Wüste sämtlich an diesen Beschwerden gelitten und am siebten Tage ausruhen müs-

nicht mehr zu erheben, da Euseb zwischen Hyp 7,9 und 7,10 gekürzt hat. Den folgenden Text leitet er redaktionell mit den Worten καὶ μετὰ βραχέα φησίν ein. Aufgrund der weiteren Darstellung in 7,10ff, die den Sabbat voraussetzt, könnte man annehmen, daß Philo zwischen 7,9 und 7,10 das Sabbatgebot behandelt hat.[20] Doch scheint auch bei Philo das Sabbatgebot nicht im Rahmen der Gesetzesepitome verhandelt worden zu sein, denn er leitet den letzten erhaltenen Abschnitt (7,9) mit den Worten ein, nach den bedeutungsvolleren und wichtigeren (Dingen) wolle er sich nun den kleineren und zufälligen zuwenden. Es ist kaum anzunehmen, daß er den Sabbat unter solchen Nebensächlichkeiten wie z.B. den Geboten zum Vogelschutz[21] abgehandelt hat.[22]

---

sen (Ap 2,20f). Josephus weist diese Annahme mit ausführlicher Begründung als Ausdruck von tiefster Unwissenheit oder arger Unverschämtheit zurück (Ap 2,22-27).

An anderer Stelle berichtet Josephus häufiger vom Geschehen am Sabbat. Der Sabbat wird gemäß der jüdischen Tradition erklärt (Ant 1,33; 3,143. 237. 255f. 294). Im Krieg verteidigten die Juden sich am Sabbat, griffen aber nicht an (Bell 1,146). Die Eroberung von Massada fiel auf einen Sabbat (Bell 2,456, Ant 12,259. 274). Die Juden kontrollierten am Zoll in Jerusalem locker und wurden deshalb von den Gegnern leicht besiegt (Ant 12,4). Ein Teil der Juden, die Matthias anführte, kämpfte aber weiter (Ant 12,276f).

In später Zeit hielten die Juden ihre Waffen am Sabbat zur Verteidigung bereit (Ant 18,319). Schließlich tolerierten auch hellenistische Herrscher dieses jüdische Proprium (Ant 13,48-52; 14,64. 226. 258. 263f; 16,162f. 168).

[20] So vermutet F. H. Colson, Philo, Hypothetica, S.431, A.d: "The part here omitted by Eusebius contained no doubt an account of the strict rules enforced on the sabbath".

[21] R. M. Johnston, "The Least of the Commandments: Deuteronomy 22,6-7 in Rabbinic Judaism & Early Christianity", AUSS 20/3 (1982) 205-215, identifiziert das kleinste Gebot in Mt 5,19 als das Vogelschutzgebot.

[22] Philo beschreibt in Hyp 7,11-14, was die Juden am Sabbat machen, wie sie am 7. Tag zusammenkommen, um die Thora zu studieren, und wie dann die Männer ihren Familien diese Lehre weitergeben. Er erklärt weiter die Praxis des 7. Jahres (Hyp 7,15-19). Daß Philo mit seinen Ausführungen eine Verteidigung des Sabbats beabsichtigt, zeigt das Wort κίνεις ("du forderst heraus" Hyp 7,14) deutlich.

Außerhalb der Hypothetica stellt Philo den Sabbat der Ordnung der Natur gleich (VitMos 2,211). An diesen heiligen Tag beschäftigen sich die Juden "mit der Philosophie ihrer Väter und widmen jene Zeit der Wissenschaft und dem Nachdenken über die Fragen der Natur", möglicherweise der Metaphysik (VitMos 2,216, par Decal 98). In Op 89-128 philosophiert Philo über die Siebenzahl, die die Natur, Mathematik, Astronomie (mit dem Mond, Op 101, 111-117, 126f), das körperliche Wachsen (Op 103) beschreibt und mit denen sich die Griechen (Solon: Op 104, Plato: Op 119, Hippocrates: Op 124) auseinandersetzten, während Moses mit Moral und Sitte beschäftigt war (Op 128). In SpecLeg 56-70 beschreibt Philo Ähnliches beim Kommentar über die Einzelgesetze

Mag man in der Frage des Sabbats noch zögern, ob hier vielleicht die Disposition des Gesamtbuches (Josephus, der den Sabbat vorher behandelt) bzw. die Streichung des Euseb (Philo) zu falschen Schlüssen verleitet, liegen die Dinge bei der Beschneidung klar zutage: weder Philo noch Josephus erwähnen dieses für das Judentum konstitutive Gebot in ihren Gesetzessummarien, obwohl beide ihm an anderer Stelle hohe Bedeutung zuerkennen.[23]

über den Sabbat (SpecLeg 2,39-223). Hier genügt es zu betonen, daß Philo die Thora außerhalb der Hypothetica im Zusammenhang mit der griechischen Philosophie erörtert.

[23] **Philo** beschreibt die Beschneidung noch in SpecLeg 1,1-12 und in Quaest in Gn §47-52, beide Texte bieten dieselben Begründungen, letzterer ist aber ausführlicher. Er gibt zunächst vier Begründungen für die Beschneidung aus der jüdischen Tradition: i) die Befreiung von einer Krankheit des Gliedes "Anthrax/Karbunkel", ii) die einem Priestervolke zukommende Reinheit des ganzen Körpers, iii) allegorisch: die Ähnlichkeit des beschnittenen Gliedes mit dem Herzen, iv) die Beschneidung habe größeren Kinderreichtum zur Folge (SpecLeg 1,4-7, Quaest in Gn §48). Weiter äußert Philo die persönliche Ansicht, die Beschneidung habe darüberhinaus noch zwei symbolische Bedeutungen: i) sie stelle die Forderung der Beschränkung der Sinnesfreuden dar, ii) allegorisch: die Seele werde nach der körperlichen Beschneidung gemahnt, sich vor der schweren Krankheit des Dünkels zu hüten (SpecLeg 1,8-10; Quaest in Gn §48). In Quaest in Gn §49f wird weiter die ausschließliche Beschneidung von Männern begründet (gegen die Sitten in Ägypten, Quaest in Gn §47) und der Zeitpunkt der Beschneidung am achten Tag nach der Geburt (Quaest in Gn §49f).

Auch **Josephus** äußert sich häufig über die Beschneidung. Er legt dar, daß sich nicht nur die Juden, sondern zumindest auch die Ägypter beschneiden lassen (Ant 8,262, par Ap 1,169-171). Bei den Juden besteht diese Praxis für die neugeborenen männlichen Kinder (acht Tage nach der Geburt, Ant 1,192. 214) seit Abraham (Ant 1,214; 12,214). Die Vortrefflichkeit der Beschneidung belegt Josephus, indem er die Geschichte des heidnischen Königs Izates erzählt (Ant 20,34-50): Der König Izates las die jüdische Thora und ließ sich gegen den Rat anderer und obwohl er damit eine ausländische Sitte übernahm, beschneiden wie die Juden (Ant 20,46). Als Folge göttlichen Segens kommt Frieden auf seine Herrschaft und er erringt sogar Ansehen unter Ausländern (Ant 20,49). Josephus weist weiter darauf hin, daß viele Juden die Beschneidung gegen königlichen Befehl selbst bei Strafe der Kreuzigung beibehalten (Ant 12,253-256).

Auch in Contra Apionem kommt Josephus auf die Beschneidung zu sprechen (Ap 2,137-144). Hier hält er Apion entgegen, daß sich in Ägypten alle Priester beschneiden lassen und sogar Apion selber beschnitten war. Vgl. weiter E. Schürer, The History of the Jewish People in the Age of Jesus Christ, G. Vermes & F. Millar transl., Edinburgh 1973, S.55f.

Josephus legt bei der Darstellung der Beschneidung mehr Wert auf die jüdische Tradition, während Philo biologische und allegorische Begründungen gibt. Für beide ist die Beschneidung unzweifelhaft Charakteristikum der Juden, es muß darum auffallen, daß sie in den Gesetzessummarien beider nicht erwähnt wird.

Daß Philo und Josephus die Beschneidung ignorieren, kann nur dadurch erklärt werden, daß diese Gesetze für ihre heidnischen Leser irrelevant sind.[24] Die Beschneidung ist zudem ein einmaliger Akt, der keine direkte Beziehung zur Ethik erkennen läßt, er muß darum Nicht-Juden als sinnlos erscheinen. Auch Mt erwähnt die Beschneidung in seinem Evangelium mit keinem Wort.[25] Es sind nur Vermutungen darüber möglich, welche Praxis die Gemeinde in diesem Punkt verfolgte, vielleicht haben Judenchristen ihre Kinder weiter beschnitten, Heidenchristen verzichteten darauf. Sicher ist allein, daß neben den ethischen Anweisungen, die das Evangelium festhält, allein die Taufe für alle Gemeindeglieder konstitutiv war (28,19). Durch sie war ja schon "alle Gerechtigkeit" erfüllt (3,15).

Die formale Analogie zwischen den beiden Gesetzessummarien bei Philo und Josephus auf der einen Seite und dem Umgang mit dem Gesetz bei Mt auf der anderen Seite läßt nur den Schluß zu, daß sie aufgrund des ähnlichen Adressatenkreises zustande kam. Hier wie dort wird die Thora für Heiden interpretiert- und zwar so, daß sie für sie zugänglich und akzeptabel wird. Der Unterschied ist nur der: Philo und Josephus interpretieren das Gesetz für Heiden, die außerhalb ihrer jüdischen Gemeinschaft stehen (was besonders deutlich ist in der Apologie des Josephus), Mt interpretiert das Gesetz dagegen für Heiden, die innerhalb seiner christlichen Gemeinde stehen.

---

[24] Mit Recht wehrt sich K.-W. Niebuhr, Gesetz und Paränese, S.67 gegen die ausschließlich apologetische Interpretation der beiden Schriften und meint, hierbei sei "im Auge zu behalten, daß nach außen gerichtete Apologetik und eine nach innen gerichtete erbauliche Absicht einander keineswegs ausschließen müssen." Das stimmt natürlich. Trotzdem wird man wohl kaum mit Niebuhr die jüdische Diasporagemeinde als fast ausschließlich angesprochenen Leserkreis bestimmen können (ibid., 66-72). Daß der "erschlossene Fond ethischer Weisungen nicht nach außen, auf die heidnische Umwelt ausgerichtet, sondern eher auf die Glieder der jüdischen Diasporagemeinde zugeschnitten" gewesen sein soll (ibid. 72), läßt sich mit der Auslassung der Beschneidung in beiden Gesetzesepitomen u.E. einfach nicht vereinen. Besonders in der Diaspora hätte die Aufforderung, die Neugeborenen beschneiden zu lassen, unbedingt in die Paränese gehört. Daß Josephus vielmehr bei allem, was er schreibt, an seine heidnischen Leser denkt, deren Vorurteile gegenüber dem Judentum er entkräften möchte, zeigt z.B. Ap 2,147. Hier spricht er "diejenigen, in deren Hände diese Schrift gelangt", direkt an und bittet sie, seine Ausführungen ohne "missgünstige Vorurteile" zur Kenntnis zu nehmen.

[25] Aus den galatischen Gemeinden wissen wir, daß dort die Frage, ob Heiden, die für das Christentum gewonnen wurden, sich beschneiden lassen müßten, heiß umstritten war (vgl. Gal 2,3f; 5,2f.12; 6,12). Das bezeichnende Schweigen des Mt läßt nicht erkennen, ob er ähnliche Schwierigkeiten vermeiden möchte, oder ob seine Gemeinde schon eine Lösung des Problems gefunden hat.

B. Die Identität der multikulturellen Gemeinde

Nachdem wir im MtEv eine bewußte Verschränkung von israelorientierter und universalistischer Thoraauslegung festgestellt haben, wollen wir im folgenden Abschnitt Indizien dafür sammeln, daß diese beiden theologischen Tendenzen sich auf dem Hintergrund einer sozial zusammengesetzten Gemeinde besser verstehen lassen. Wir beginnen mit der nur bei Mt begegnenden Doppelformel "Zöllner und Heiden".

1. Die Doppelformel "Zöllner und Heiden"

These:

Die Doppelformel τελώνης καὶ ἐθνικός **(Zöllner und Heide)[1] bezeichnet bei Mt diejenigen, die den Willen Gottes, wie ihn Jesus auslegt, nicht erfüllen. Mit dieser Doppelformel beschreibt Mt die negative soziale Identität der Gemeinde, d.h. das, was sie nicht sein will. Hierbei steht der Begriff** τελώνης **für Juden, der Begriff** ἐθνικός **für Heiden (Mt 5,46f). Die beiden Ausdrücke können auch Juden- und Heidenchristen bezeichnen, die einmal zur Gemeinde gehört haben, aus ihr aber ausgeschlossen wurden, weil sie sich nicht den Gemeindenormen entsprechend verhalten haben (Mt 18,15-17). Aus der doppelten negativen sozialen Identität der Gemeinde läßt sich auf eine doppelte, positive soziale Identität schließen: die Gemeinde ist aus Juden- und Heidenchristen zusammengesetzt.**

a) Die Herkunft der Formel "Zöllner und Heiden"

Die mt Formel "Zöllner und Heiden" ist als eine Variation der traditionellen Doppelformel "Zöllner und Sünder" anzusehen, die Mt aus Mk und Q übernimmt und zweifach abändert.

Die Doppelformel "Zöllner und Sünder", die Mt in seinen Quellen vorfand, ist eine "zusammenfassende Bezeichnung für Menschen, deren Lebensweg

---

[1] Die Formel ist redaktionell, W. D. Davies/D. C. Allison, Mt I, S.559; dagegen U. Luz, Mt I, S.312.

grundsätzlich und fortwährend im Widerspruch zu Gottes Forderungen steht".[2]

In der Perikope von der Berufung des Levi[3] (bzw. des Matthäus) in Mk 2,13-17, Mt 9,9-13, Lk 5,27-32 folgt Mt der Mk-Vorlage enger als Lk, insbesondere übernimmt er die Doppelformel πολλοὶ τελῶναι καὶ ἁμαρτωλοί (Mk 2,15, Mt 9,10), während Lk sie variiert (ὄχλος πολὺς τελωνῶν καὶ ἄλλων). Beim zweiten Erscheinen der Formel stimmen alle drei Evv überein: μετὰ τῶν τελωνῶν καὶ ἁμαρτωλῶν (Mk 2,16; Mt 9,11; Lk 5,30).[4]

Dieselbe Wendung bietet auch Q (Mt 11,19; Lk 7,34)[5], hier wird Jesus im Vergleich mit Johannes dem Täufer als "Fresser und Weinsäufer, Freund der Zöllner und Sünder" bezeichnet. Die beiden Logien stimmen bei Mt und Lk fast wörtlich überein, lediglich kleine Abweichungen in der Verbform und der Wortstellung sind zu verzeichnen.[6] Da die beiden ältesten Quellen die Doppelformel "Zöllner und Sünder" enthalten, muß es sich um eine alte Überlieferung handeln.[7]

Eine Variation dieser traditionellen Formel erscheint in Mt 21,31. 32[8]: "Zöllner und Prostituierte". Das allgemeine Wort "Sünder" wurde durch "Prostituierte" ersetzt, wodurch nun zwei gesellschaftliche Randgruppen mit äußerst geringem Ansehen[9] zusammengefaßt sind. Gerade diesen Menschen aber wird der Eingang in die Gottesherrschaft verheißen, da sie der Predigt des Täufers glaubten. Möglicherweise deutet diese Stelle darauf hin, daß es in

---

[2] O. Michel, τελώνης, ThWNT 8, Stuttgart 1969, S.88-106, hier S.104.

[3] Zur Quellenfrage siehe M. Völker, "Freund der Zöllner und Sünder", ZNW 69 (1978) 1-10, hier S.4-6.

[4] Bei Lk ist die Wendung καὶ ἁμαρτωλῶν von den HSS C* D weggelassen. Lk und Mt verwenden δία τί vor der Wendung gegenüber ὅτι bei Mk.

[5] J. R. Donahue, "Tax Collectors and Sinners - an Attempt at Identification", CBQ 33 (1971) 39-61, argumentiert für eine frühe Tradition, die von der Gemeinde modifiziert wird, hier S.57. Vgl. auch E. Haenchen, Der Weg Jesu. Eine Erklärung des Markus-Evangeliums und der kanonischen Parallelen, Berlin 21968, S.110.

[6] So bietet Mt ἦλθεν und λέγουσιν, Lk dagegen ἐλήλυθεν und λέγετε; φίλος erscheint bei Lk vor τελωνῶν, Mt stellt es nach.

[7] J. R. Donahue, Tax Collectors, S.56-57 stimmt zu. W. O. Walker, "Jesus and the Tax Collectors", JBL 97 (1978) 221-238, hier S.225: Lk ersetzt die Zöllner und Heiden durch Sünder. Vgl. M. Black, An Aramaic Approach to the Synoptic Gospels and Acts, Oxford 31967, S.179-181.

[8] Es ist denkbar, daß Lk 7,29-30 eine Parallele zu Mt 21,31. 32 ist.

der mt Gemeinde auch ehemalige Prostituierte gab, welche die unterprivili-
gierteste Gruppe von Frauen überhaupt repräsentieren.

Wichtig für unsere These ist die andere Abwandlung der Doppelformel, die
zweimal im MtEv belegt ist: "Zöllner und Heiden" (Mt 5,46f; 18,17). Für
beide Texte soll nachgewiesen werden, daß Mt höchstwahrscheinlich die ihm
vorliegende Formel "Zöllner und Sünder" mit Blick auf seine Gemeide bzw.
unter Aufnahme von Gemeindetradition umgestaltet.

Mt erwähnt die Zöllner und Heiden als negative Beispiele im Zusammenhang seiner Mahnung zur Feindesliebe, während Lk an der entsprechenden
Stelle (6,32.33(34)) dreimal von den Sündern (ἁμαρτωλοί) spricht. Es ist
darum zunächst zu klären, welche Überlieferung den beiden Versionen zugrunde liegt. Wahrscheinlich ist das Wort "Sünder" in Lk 6,32 gegenüber
"Zöllner" in Mt 5,46 sekundär.[10] Dafür sprechen folgende Beobachtungen:

i) Lk verwendet den Ausdruck "Sünder" im Vergleich mit Mk und Mt deutlich
häufiger (Mt:5, Mk:6, Lk:17) als das Wort "Zöllner" (Mt:8, Mk:3, Lk:10).[11]

ii) Die Bezeichnung "Sünder" ist so allgemein, daß sie die Zöllner vom Sinn
her einschließen könnte.[12] Diese Verwendung einer umfassenden Vokabel
könnte auf die Absicht des Lk zurückgehen, möglichst viele unter seinen
heidnischen Lesern anzusprechen. Bei Zöllnern müßte der Leser des LkEv
an eine bestimmte jüdische Berufsgruppe denken.[13]

iii) Da der ganze Vers 34 nicht aus Q stammt, geht der Ausdruck "Sünder"
zumindest hier auf Lk zurück. Daß Mt diesen Vers von Q weggelassen hat, ist
unwahrscheinlich; vielmehr ist das Verleihen von Geld als Interpretation der
Feindesliebe ein typisch lukanischer Zug.[14] Wenn Lk in V.34 nachweislich

---

[9] J. Gnilka, Mt II, S.222, A.20, erwähnt den Ausdruck "Zöllner und Bordellwirte", der
bei Dio Chrysostomos (4,98; 14,14) erscheint und gleichfalls "den schlechten Ruf der
Zöllner" voraussetzt.

[10] M. Black, Aramaic Approach, S.179-181; U. Luz, Mt I, S.312; O. Michel, τελώνης,
S.103, besonders Anm. 146; W. O. Walker, Tax Collectors, S.225.

[11] I. H. Marshall, Commentary on Luke, London 1978, S.263; J. A. Fitzmyer, The Gospel according to Luke (AncB 28), New York [4]1982, S.640.

[12] J. A. Fitzmyer, Lk, S.591, Sünder können Juden und Heiden sein, die von Gott ent-
fernt sind. J. Jeremias, "Zöllner und Sünder", ZNW 30 (1931) 293-300, führt aus: "Zu
der Kategorie derjenigen, die um ihres Berufes willen als Sünder galten, gehören ... außer den Zöllnern: Steuererheber, Geldwechsler und wohl auch Räuber...", S.295.

[13] U. Luz, Mt I, S.312, "Lukas ersetzt sie durch den allgemeineren Ausdruck 'Sünder'".
Vgl. A. Plummer, The Gospel According to S. Luke (ICC), Edinburgh [5]1953, S.187.

[14] Das besondere Interesse des Lk am Umgang mit Geld zeigen unter den Perikopen
des Lk-Sondergutes vor allem der Befehl des Johannes an die Zöllner und die Soldaten

redaktionell von Sündern spricht, ist es möglich, daß das Wort auch in V.32 auf ihn zurückgeht. Über 6,33 ist damit noch nichts gesagt, denkbar wäre, daß ἁμαρτωλοί hier ursprünglich ist, so daß Lk die Verse 32 und 34 entsprechend der originalen Fassung von 6,33 gestaltet hätte.

In der Tat gibt es deutliche Hinweise darauf, daß ἐθνικοί bei Mt (5,47) sekundär, ἁμαρτωλοί (in Lk 6,33) dagegen ursprünglich ist:

Erstens wird das seltene Wort ἐθνικοί (eine Substantivierung des Adjektivs ἐθνικός) in den Evv allein von Mt verwendet. Zweitens gibt es eine weitere Doppelformel "Zöllner und Heiden" im mt Sondergut (18,17 s.u.). Drittens sind Heiden und Sünder im jüdischen Denken eng verbunden. Dies läßt vor allem Paulus erkennen: wenn er sich an Juden (hier: an Petrus) wendet, spricht er von Heiden als Sündern (Gal 2, 15). Darum ist es gut möglich, daß auch Mt das Wort "Heiden" im Sinne von "Sünder" verwendet, besonders, wenn er die Juden seiner Gemeinde anspricht. Wichtig zu beachten ist, daß mit "Heiden" eine Gruppe beschrieben wird, von der Juden ausgeschlossen sind, während die Bezeichnung "Sünder" sowohl Juden als auch Heiden umfassen kann.

Faßt man die Argumente zusammen, kann man festhalten: das Wort "Zöllner" (Mt 5,46) dürfte original sein, ferner spricht viel dafür, daß ἐθνικοί in 5,47 redaktionell ist. Dieser Befund läßt sich am besten erklären, wenn man annimmt, daß das Feindesliebegebot in Q die traditionelle Formel "Zöllner und Sünder" bot wie sie in der Q-Überlieferung Mt 11,19/Lk 7,34 vorliegt.[15] Lk ersetzte "Zöllner" durch "Sünder" und fügte den beiden Logien ein drittes hinzu, so daß bei ihm jetzt dreimal das Wort "Sünder" begegnet. Mt dagegen änderte das zweite Glied der Formel, setzte "Heiden" an die Stelle der "Sünder" und erhielt so die Formel "Zöllner und Heiden":

(3,12-14), Jesu Salbung durch die Sünderin (7,36-50, bes. 41-43), die Warnung vor Habgier und das Gleichnis vom reichen Kornbauer (12,13-21), das Gleichnis vom verlorenen Sohn (15,11-32), das Gleichnis vom unehrlichen Verwalter (16,1-13) und die Erwähnung der geldgierigen Pharisäer (16,14), das Gleichnis vom reichen Mann und armen Lazarus (16,19-31), Zachäus, der den Armen die Hälfte von seinem Besitz und Betrug vierfach zurückgibt (19,8) und das Scherflein der Witwe (21,1-4).

[15] Aufgrund dieser überlieferungsgeschichtlichen Überlegungen zur Abänderung der Doppelformel "Zöllner und Sünder" ist F. Herrenbrücks Deutung abzulehnen, der meint (Jesus und die Zöllner. Historische und neutestamentlich-exegetische Untersuchungen (WUNT 2,41), Tübingen 1990, S.230f): "In der Formel (αἱ) τελῶναι καὶ ἁμαρτωλοί ist daher das καί am besten *epexegetisch* aufzufassen. Der Ausdruck meint somit 'die sündigen Zöllner' und bedeutet deshalb nichts anderes als die Wendung in Lk 19,7: ἁμαρτωλὸς ἀνήρ".

Mt	*Q	Lk
5,46-47		6,32-34
Zöllner	Zöllner	Sünder
Heiden	Sünder	Sünder
		Sünder

Bei ihrem zweiten Vorkommen in Mt 18,17 wird die Formel gewöhnlich als mt Sondergut betrachtet[16]. Doch legt sich bei genauer Beachtung des Kontextes eine andere Deutung nahe. Das Gleichnis vom verlorenen Schaf, das bei Mt der Ausschlußregel (18,15-17) vorangestellt ist (Mt 18, 12-14), wird in der lukanischen Fassung (Lk 15, 1-7) durch die in Q belegte alte Doppelformel eingeleitet: "Zöllner und Sünder" kommen, um Jesus zu hören (Lk 15,1). Es ist daher zu vermuten, daß bei Lk der Kontext des Gleichnisses nach Q erhalten ist und daß Mt, wie schon 5,46f,[17] die in Q auch an anderer Stelle (Mt 11,19, Lk 7,34) nachweislich enthaltene traditionelle Formel abänderte und ihr einen neuen Ort im Anschluß an das Gleichnis zuwies.

Wahrscheinlich nimmt Mt mit seiner Formel "Zöllner und Heiden" eine Tradition seiner eigenen Gemeinde auf, wie noch zu zeigen sein wird. Hier genügt der Hinweis darauf, daß in der Gemeindeordnung 18,1-35 Sprüche der gemeindlichen Praxis gesammelt sind (18,1-5. 6-9. 15-20. 21-35), die vermutlich in der mt Gemeinde schon gelten,[18] für Mt also Tradition sind.

Zusammenfassend läßt sich festhalten, daß die mt Doppelformel "Zöllner und Heiden" die traditionelle Formel "Zöllner und Sünder" variiert. Der Grund für die Abwandlung dürfte in der kulturellen Situation der mt Gemeinde zu suchen sein, die in Abgrenzung zu Zöllnern und Heiden lebte, wie im nächsten Abschnitt gezeigt werden soll.

---

[16] Vgl. die Synopsen von A. Huck, Synopse der drei ersten Evangelien (H. Greeven bearb.), Tübingen [13]1981, S.146, und K. Aland, Synopsis Quattuor Evangeliorum, Stuttgart [4]1967, S.252.

[17] S. H. Brooks, Matthew's Community. The Evidence of his Special Sayings Materials (JSNT Suppl. Ser. 16), Sheffield 1987, bemerkt mit Recht, daß Mt an der Gruppierung von "Zöllner und Heiden" interessiert ist. Jedoch geht er ohne weitere Begründung davon aus, daß die Doppelformel aus Q stammt! Bei der Analyse von 18,17 schreibt er: "Matthew's interest in the pairing of *ethnikos* and *telones* is evident in a similar Q context in 5,46-47...", S.102.

[18] Vgl. E. Schweizer, Matthäus und seine Gemeinde, S.112; H. Frankemölle, Jahwebund, S.227f meint, 18,16 sei mt Redaktion.

b) Die Deutung der Formel "Zöllner und Heiden"

In Mt 5,46.47 werden die τελῶναι und ἐϑνικοί genannt als diejenigen, die nur ihre Brüder grüßen bzw. nur die lieben, die sie gleichfalls lieben.[19] Demgegenüber fordert Mt seine Gemeinde in 5,44 auf, auch ihre Feinde zu lieben, womit sie sich von ihrer Umwelt, durch die Zöllner und Heiden repräsentiert,[20] abhebt. Die Bergpredigt läßt eine doppelte Frontstellung erkennen: 5,20 fordert eine bessere Gerechtigkeit als die der Schriftgelehrten und Pharisäer,[21] um ins Himmelreich zu gelangen.[22] Am Ende der Antithesen wird aber nicht, wie zu erwarten, diese Polemik gegen die jüdischen Autoritäten wieder aufgenommen, vielmehr wird die Praxis der Zöllner und Heiden kritisiert. Mt scheint hier eine spezielle Gemeindesituation zu reflektieren, seine Gemeinde grenzt sich nicht nur von den jüdischen Führern, sondern auch von "Zöllnern und Heiden" ab. Es ist zu vermuten, daß diese zwei unterscheidbare Menschengruppen beschreiben: die sündhaften Juden[23] und die (per se sündigen) Heiden. So spiegelt sich hier die Existenz der mt Gemeinde in einer multikulturellen Umwelt, zu der sie in starken Spannungen steht. Um es mit den Worten des MtEv zu sagen: die Gemeinde wird von allen Völkern[24] gehaßt (24,9), von Juden und Heiden. Und eben deshalb soll sie sich durch die "Feindesliebe" auch von allen Völkern unterscheiden: sowohl von Juden wie von Heiden - von "Zöllner und Heiden".

In 18,17, wo die Doppelformel[25] zum zweiten Mal erscheint, werden ehemalige Mitglieder der Gemeinde als Zöllner oder Heiden bezeichnet. Die Gemeinde hat das Recht (16,18; 18,17), einen Christen, der gesündigt hat, zu ermahnen. Ist der Appell erfolglos, gehört er von da an nicht mehr zur Gemeinde, sondern wird zum ἐϑνικός oder τελώνης. Die Singularform beider

---

[19] Die Textvariante τελωνῶν (L W f[13] M h sy^p) muß als eine Parallelbildung zu 5,46 gesehen werden.

[20] U. Luz, Mt I, S.312, Abgrenzung von "den anderen", S.307, A.14-17 zu den altkirchlichen Interpretationen.

[21] Vgl. W. D. Davies/D. C. Allison, Mt I, S.559; U. Luz, Mt I, S.312. D. Hill, "On the Use and the Menaing of Hosea VI.6 in Matthew's Gospel", NTS 24 (1978) 107-119; er meint, die bessere Gerechtigkeit werde durch Orientierung an der Goldenen Regel (7,12) und am Doppelgebot der Liebe erlangt, S.110 und 117.

[22] Wie im Abschnitt zur "Israelorientierten Thoraauslegung" erwähnt, sind bei Mt die Zugehörigkeit zum Himmelreich und zur Gemeinde eng verbunden, siehe S. 36ff.

[23] O. Michel, τελώνης, S.103.

[24] Die Wendung πάντα τὰ ἔϑνη schließt alle Nationen (auch Israel) ein; vgl. S. 98ff.

[25] R. Bultmann, Geschichte, S.85: Mt verarbeitet die Formel; S.91: Mt 18,15-22 ist an eine "schon vorliegende Sammlung von Gemeinderegeln angereiht."

Wörter impliziert einen kollektiven Sinn. Ferner ist deutlich, daß der ausgeschlossene Bruder (18,15, Singular) nicht gleichzeitig schon immer ἐθνικός καὶ τελώνης gewesen sein kann. Er *wird* ja erst durch den Ausschluß zum "Zöllner" und "Heiden". Codex D fügt ὡς vor τελώνης hinzu, um zu verdeutlichen, daß sich diese Bezeichnung nicht auf eine bestimmte Tätigkeit bezieht, sondern alle Menschen umfaßt, die sich wie Zöllner verhalten, d.h., fern von Gott leben.

Somit werden in 18,17 zwei unterscheidbare Gruppen[26] von ehemaligen Christen vorausgesetzt, die sich nicht den Gemeindenormen entsprechend verhielten, darum aus der Gemeinde ausgeschlossen und fortan wie Zöllner und Heiden behandelt wurden.[27] Die beide Gruppen bezeichnenden Begriffe seien im folgenden noch einmal für sich betrachtet:

(1) ἐθνικοί·

ἐθνικός erscheint neben den bereits besprochenen Stellen Mt 5,47; 18,17 (redaktionell) im NT nur noch in Mt 6,7 und 3Joh 7. Es ist äußerst wahrscheinlich, daß das Wort auch in Mt 6,7 auf die Redaktionsarbeit des Evangelisten zurückgeht.[28] M.Black bemerkt zu Recht, daß es zur Zeit Jesu für Juden eigentlich undenkbar war, ihr Gebet mit dem der Heiden zu vergleichen.[29] Demnach haben wir hier einen weiteren Hinweis auf die Situation der mt Gemeinde, sie grenzt sich gegen die Form des Gebetes der Heiden[30] ab, die versuchten, die Erhörung durch viele Worte zu erwirken.[31] Es gab also wohl Heidenchristen in der mt Gemeinde, die sich von solchen Gewohnhei-

---

[26] Anders J. R. Donahue, Tax Collectors, S.60: Die Zöllner werden hier als Heiden angenommen.

[27] Vgl. 1QS 5,25-6,11; K. Stendahl, Matthew, Peake's Commentary on the Bible, London 1962, S.789.

[28] Für Redaktion sprechen folgende Argumente: Das Wort ὥσπερ begegnet häufig bei Mt:10 (Mk:0, Lk:2); οὖν ebenfalls: Mt:56 (Mk:6, Lk:2). Ob Mt der Verfasser dieser Verse (U. Luz, Mt I, S.330) ist, ist eine andere Frage; vgl. R. Bultmann, Geschichte, S.141; E. Klostermann, Das Matthäusevangelium (HNT 4), Tübingen [2]1927, S.54.

[29] M. Black, Aramaic Approch, S.176. "There is scarcely need for Jews to be exhorted not to pray as Gentiles: for the Semitic mind the idea is incongruous"; dagegen W. D. Davies/D. C. Allison, Mt I, S.589, A.23. Die Rückübersetzung von ἐθνικοί in "Haberim", also dessen Deutung auf eine jüdische Genossenschaft, die M. Black, S.176f vorschlägt, ist nur eine Vermutung. Für eine Auslegung des MtEv ist nur der jetzt vorliegende (griechische) Text relevant.

[30] U. Luz, Mt I, S.330: Das Verbot hat wohl heidnische Gebete im Auge.

[31] W. Grundmann, Mt, S.198.

ten lösen mußten. Diskussionen darüber, ob es besser sei, kurz zu beten, gab es bereits im Judentum (vgl. Sir 7,14; Pred 5,1).[32]

Die im 3Joh erwähnten "durchreisenden Wandermissionare"[33] sind mit der Ortsgemeinde (ἐκκλησία) eng verbunden.[34] Sie nehmen von den Heiden (τῶν ἐθνικῶν V.7) keine Unterstützung an, dies könnte auf das Vorbild des Paulus zurückgehen (2Kor 12,14; 1Thess 2,9; vgl. Did 11,6).[35] Die ἐθνικοί sind zum einen sicher die heidnischen Hörer der Predigt,[36] also Nicht-Christen, vielleicht aber auch bereits bekehrte Heidenchristen. Paulus wollte bekanntlich nicht einmal von der Gemeinde in Korinth Unterstützung akzeptieren (1.Kor 9,14-18).

Wir können also festhalten: im Sprachgebrauch des NT bezeichnen die ἐθνικοί sowohl Heiden als auch Heidenschristen. Als problematisch könnte man die abverbiale Form ἐθνικῶς empfinden, die nur einmal im ganzen NT vorkommt (Gal 2,14). Dort schreibt Paulus ausgerechnet dem Juden Petrus "heidnisches" (ἐθνικῶς) Verhalten zu. Hier ist aber unbedingt der polemische Kontext der paulinischen Aussage in Rechnung zu stellen. Wahrscheinlich hat Paulus selber die Form ἐθνικῶς ζῆν als Gegensatz zu ἰουδαίζειν gebildet. Die übertreibende polemische Formulierung setzt dabei den üblichen, auf Heiden beschränkten Gebrauch des Wortes voraus.

---

[32] Ibid.

[33] R. Schnackenburg, Die Johannesbriefe (HThK 13,3) Freiburg, 1963, S.323.

[34] Ibid., S.324. G. Theißen, Soziologie der Jesusbewegung. Ein Beitrag zur Entstehungsgeschichte des Urchristentums (TEH 194), München [2]1978, S.14: "Wandercharismatiker waren die entscheidenden geistigen Autoritäten in den Ortsgemeinden, Ortsgemeinden die unerläßliche soziale und materielle Basis der Wandercharismatiker."

[35] Vgl. A. E. Brooke, The Johannine Epistles (ICC), Edinburgh [2]1957, S.186-187.

[36] R. Schnackenburg, Johannesbriefe, S.325; vgl. D. F. Büchsel, Die Johannesbriefe, Leipzig 1933, S.99: "Heiden, Freunde, Verwandte, Zuhörer".

(2) τελώνης[37]:

Zur Zeit Jesu gab es sowohl jüdische als auch heidnische τελῶναι.[38] Die in den Synoptikern erwähnten Zöllner sind jedoch ausnahmslos Juden, wie im folgenden zu zeigen ist:

i) Der Oberzöllner Zachäus (ἀρχιτελώνης, Lk 19,2) wird von Jesus ausdrücklich "Abrahams Sohn" genannt (Lk 19,9).[39]

ii) Der Name Levi (Mk 2,14 par) ist eindeutig ein jüdischer.[40]

iii) Die Zuhörer Johannes des Täufers sind Juden, die aus dem ganzen jüdischen Land und Jerusalem kommen (Mk 1,5).[41] Den Zöllnern, die sich taufen lassen wollen, befiehlt Johannes: "Fordert nicht mehr, als euch vorgeschrieben ist" (Lk 13,12f)! Ihre Sünde, derentwegen sie von ihren jüdischen Mitmenschen abgelehnt wurden, bestand also in der unrechtmäßigen Heraufsetzung des Zolls. Sie werden nicht als Heiden oder wegen heidnischen Verhaltens kritisiert.[42]

iv) In Mt 21,31f[43] wird festgestellt, daß sowohl "Zöllner" wie "Prostituierte" Johannes dem Täufer glaubten. Diese Zöllner und Prostituierten gehören

---

[37] Das Wort ist aus τέλος und ὠνέομαι zusammengesetzt und bezeichnet eine Person, die "die Ausübung staatlicher Besteuerungs- und Abgabenrechte dem Staat abkauft... und die Abgaben von den Schuldnern eintreibt."; O. Michel, τελώνης, S.89.

[38] E. Schürer, Geschichte des Jüdischen Volkes im Zeitalter Jesu Christi I (Leipzig ²1890) S.395-400; Zum sozialen Hintergrund und zur geographischen Differenzierung siehe J. R. Donahue, Tax Collectors, S.42-49.

[39] Vgl. F. Herrenbrück, "Wer waren die 'Zöllner'?", ZNW 72 (1981) 178-194, S.183.

[40] Vgl. J. Gnilka, Mt I, S.330 zum Namen "Matthäus".

[41] Nach Mt 3,5 kommen die Zuhörer nicht nur "aus dem ganzen jüdischen Land und Jerusalem", sondern auch aus der Gegend des Jordans. Die Zunahme der Hörer des Täufers bei Mt deutet darauf hin, daß Mt sich auch Heiden darunter vorstellt.

[42] Gegen N. Perrin, Was lehrt Jesus wirklich? Göttingen 1972 (Titel des Originals: Rediscovering the Teaching of Jesus, London 1967), S.112-120, der die Zöllner als Juden charakterisiert, die sich wie die sündhaften Heiden verhalten. Dagegen J. Jeremias in einem Brief vom September 1967 an Perrin, dessen Klassifizierung Jeremias für zu radikal hält. Er schlägt eine andere Lösung des Problems vor, diese referiert der Aufsatz Donahues, Tax Collectors, S.40-42. Donahue argumentiert, daß die Zöllner in Galiläa bis 44 n.Chr. nicht als Diener der ausländischen Macht angesehen werden müssen; denn Galiläa wird von Antipas (nur indirekt von den Römern) beherrscht, S.44-45.

[43] W. O. Walker, Tax Collectors, S.229; das voranstehende Gleichnis ist aus 21,31b komponiert.

nach dem mt Kontext zu dem ὄχλος[44], der im Unterschied zu "den Hohe-
priestern und den Ältesten des Volkes" Johannes für einen Propheten hält
(Mt 21,23-27).

v) Der Zöllner im Gleichnis Lk 18,9-14 ist eindeutig ein Jude, denn er betet ja
im Tempel. Vom Pharisäer wird er den Räubern, Betrügern und Ehebre-
chern gleichgestellt.[45]

vi) Für die jüdische Literatur (MSandhrin 3,3; MBabaQamma 10,2; MThoha-
roth 7,6; bSanh 25b)[46] hat Donahue nachgewiesen, daß in ihr jüdische Zöllner
nicht wegen ihres Kontaktes zu den Heiden, sondern allein ihrer
Unehrlichkeit ihren Mitmenschen gegenüber als sündhaft angesehen
werden.[47]

Aus diesen Belegen[48] folgt eindeutig, daß die "Zöllner" prinzipiell immer
auch "Juden" (d.h. jüdische Zöllner) umfassen. Werden diese "Zöllner" nun in
der spezifisch mt Doppelformel "Zöllner und Heiden" neben den Heiden genannt, so muß diese Zusammenstellung bewirken, daß sie im Kontrast mit
"Heiden" speziell "Juden" meinen. Ganz unwahrscheinlich wäre es nämlich,
daß beide Begriff in der Doppelformel synonym verstanden werden sollen.
Dagegen spricht die Analogie verwandter Doppelformeln wie "Griechen und
Barbaren, Weisen und Unweisen" (Röm 1,14), "Juden und Griechen" (vgl.
Röm 1,16f; 2,9f; 3,9; 10,12; Gal 3,28; 1Kor 12,13) oder "Juden" und "Heiden"
(vgl. Röm 3,29). Hierzu kommt beim mt Feindesliebegebot, daß die (nur bei
Mt vorhandene) antithetische Form die Feindesliebe der Thora (in ihrer jü-
dischen Auslegung) entgegensetzt. Die Gruppen, von denen sich die Christen
durch die Praxis der Feindesliebe unterscheiden sollen, müssen daher auch
Juden umfassen. Zwei Gruppen werden konkret genannt: "Zöllner" und
"Heiden". Daß mit den ersten jene Juden bei Mt gemeint sind, von denen

---

[44] Für eine Analyse des Wortes ὄχλος siehe unten den Abschnitt "Israelorientierter Gerichtsgedanke".

[45] J. Jeremias, Zöllner und Sünder, S.295-296, stellt noch einige Gruppen von Sündern
dar. J. R. Donahue, Tax Collectors, S.41: Zöllner können unter dem Blickwinkel der
Pharisäer als Sünder angesehen werden oder wegen ihrer Unehrlichkeit als solche bezeichnet werden.

[46] Zitiert bei J. R. Donahue, Tax Collectors, S.49-53.

[47] Ibid., S.59.

[48] In der altkirchlichen Literatur ist nach F. Herrenbrück, "Wer waren die 'Zöllner'?",
S.178-194 τελώνης als Publicanus (Steuerpächter), als Portitor (Steuererheber) und als
hellenistischer Kleinpächter identifizierbar, die τελῶναι in den Synoptikern können als
der letzten Gruppe zugehörig erwiesen werden. F. Herrenbrück stellt die altkirchlichen
Stellungnahmen ausführlich dar. Vgl. J. R. Donahue, Tax Collectors, S.54; W. O. Walker, "Jesus and the Tax Collectors" JBL 97 (1978) S.222, A.7.

man sich "antithetisch" abhebt, geht aus der Konkretisierung des Verhaltens beider Gruppen hervor. Zöllner lieben die, die sie lieben. Die Praxis einer Liebe, die Außenstehende ausschließt, wird aber in 5,43 gerade der jüdisch interpretierten Thora zugeschrieben. Den "Heiden" wird dagegen nur ein Sich-Grüßen auf Gegenseitigkeit zugetraut! All das spricht dafür, daß die "Zöllner" in der mt Doppelformel "Zöllner und Heiden" eine jüdische Gruppe meinen, die von der Gemeinde abgelehnt wird.[49]

Als Ergebnis der Untersuchung der mt Doppelformel können wir abschließend festhalten, daß in ihr die τελῶναι Juden und Judenchristen bezeichnen und die ἐθνικαί entsprechend Heiden und Heidenchristen. In Mt 5,46f grenzt sich die Gemeinde mit der Mahnung zur Feindesliebe von ihrer heidnischen und jüdischen Umwelt ab. Die Doppelformel in 18,17 benennt zwei unterscheidbare Gruppen von Juden- und Heidenchristen,[50] die aus der Gemeinde ausgeschlossen wurden, weil sie gegen entscheidende ethische Prinzipien verstießen.

Beide Stellen beschreiben die mt Gemeinde in ihre negativen Identität, sie ist in einer multikulturellen Umwelt angesiedelt und muß ihr Profil im Vergleich und in Abgrenzung zu den beiden sie umgebenden Kulturen gewinnen. Von dieser doppelten negativen sozialen Identität läßt sich auf die positive soziale Identität der Gemeinde schließen: sie besteht aus Juden- und Heidenchristen, und sie ist sich dessen bewußt.

Dieser Rückschluß von einer negativen auf eine positive Doppelidentität kann an dieser Stelle nur mit Vorbehalt geschehen: in dem Maße, wie weitere Indizien für die postulierte Zusammensetzung der mt Gemeinde aus Juden- und Heidenchristen sprechen, wird dieser Rückschluß an Plausibilität gewinnen.

Im Rahmen einer Untersuchung des mt Gesetzesverständnisses finden wir an einer Stelle in der Tat weitere Indizien für eine Zusammensetzung der mt Gemeinde aus Juden- und Heidenchristen: bei der mt Bearbeitung der Streitgespräche. Diese stellen ein öffentlich praktiziertes, judenchristliches

---

[49] Daß Mt die Überlieferung von der Gemeinschaft Jesu mit den Zöllnern aufgenommen hat, deutet möglicherweise auf die Existenz von Zöllnern in seiner Gemeinde. Sie repräsentieren eine aus jüdischer Tradition stammende Gruppe, die am Rande der Gesellschaft lebt, obwohl einige von ihnen reich sind und als angesehen bezeichnet werden können. Herrenbrück, Zöllner, S.193-194, vgl. Jos. b. 2,287ff. Gerade sie aber waren zur Umkehr bereit. Über die Zugehörigkeit zur mt Gemeinde entscheiden weder Herkunft noch Beruf, sondern allein die Orientierung an den Gemeindenormen (18,17).

Verhalten dar. Es müßte sich an ihnen zeigen lassen, daß der Evangelist dabei auch Heidenchristen im Auge hat.

---

50 O. Michel, τελώνης, S.103, schließt mit Recht: "Zöllner und Heide vertreten die zwei Gruppen der nicht zur Gemeinde gehörenden Menschheit: die notorisch sündhaften Israeliten... und die Heiden."

2. Streitgespräche

These:

**Mt interpretiert die Streitgespräche über den Sabbat (12,1ff) und die Rein-
heit (15,1ff) so, daß die Gesetzeskritik Jesu für Judenchristen plausibel wird.
Die Gegner Jesu sind in beiden Fällen nur die Pharisäer, d.h. die religösen
Autoritäten der Juden, nicht alle Juden. Im Anschluß an diese Streitgespräche schildert Mt den Zustrom des Volkes als Zustrom von "Heiden", die den
Gott Israels loben. Er zeigt auf diese Weise: Der Wille Gottes, wie Jesu ihn
interpretiert, ist für Heiden zugänglich.**

a) Das Streitgespräch über den Sabbat (12,1ff)

(1) Die mt Interpretation der mk Vorlage

Die beiden entscheidenden Veränderungen des Mt gegenüber Mk sind die
Auslassung[1] von Mk 2,27 einerseits[2] und die Hinzufügung von Mt 12,5-7 andererseits. Beide lassen sich u.E. aus der Absicht des Evangelisten erklären,
die Gesetzeskritik Jesu für Judenchristen akzeptabel zu machen.

Das Logion Mk 2,27 "Der Sabbat wurde um des Menschen willen gemacht
und nicht der Mensch um des Sabbats willen" enthält, obwohl das häufig be-

---

[1] Dies führt im Zusammenhang mit der Weglassung des Verses auch bei Lk (6,1-5) zu
verschiedenen Quellentheorien. G. Barth, Gesetzverständnis ([5]1968), S.85, A.1 läßt an-
gesichts des Fehlens dieses Verses auch bei Lk offen, ob Mt den Vers gelesen hat. W.
Bußmann, Synoptische Studien I. Zur Geschichtsquelle, Halle 1925, S.92 und 142-144:
Mk 2,27 ist von Mk später eingeschoben; wegen der kürzeren Fassung bei Lk und wegen der Weglassung dieses Verses in den HSS D; it bei Mk nimmt er an, daß die kurze
Fassung ursprünglich sei, S.143-144. H. Aichinger, "Ährenraufen am Sabbat", in A.
Fuchs (Hg.), Jesus in der Verkündigung der Kirche (SNTU A.1), Freistadt 1976, S.110-
153, versucht, die "Deuteromarkushypothese" zu beweisen, S.149-153.

[2] W. Grundmann, Das Evangelium nach Markus (ThHNT II Berlin, [9]1984), S.92 weist
auf einen Vers hin, der von Rabbi Simeon (um 180) überliefert wird und wahrscheinlich
auf den Makkabäer Matthias zurückgeht: "Euch ist der Sabbat übergeben, aber ihr seid
nicht dem Sabbat übergeben" (Midrasch Mechiltha zu Exodus 31,14). Er gestattete die
Verteidigung mit der Waffe gegenüber dem Kampfverbot am Sabbat. Vgl. K. Wegenast,
"Das Ährenausraufen am Sabbat", in H. Stock u.a. (Hg.), Streitgespräche, Gütersloh
1968, 27-51, S.32. E. Lohse, "Jesu Worte über den Sabbat", in W. Eltester (Hg.), Judentum, Urchristentum, Kirche (FS J. Jeremias), Berlin 1960, S.80-89, der Vers ist "als
echtes Jesuswort anzusehen", S.85.

stritten wird[3], eine Tendenz zur Aufhebung des jüdischen Sabbatgebotes,[4] da es den Menschen klar über den Sabbat stellt. Zumindest der Autor des MtEv dürfte dies so empfunden und gerade deswegen den Vers gestrichen haben.[5] Die christliche Gemeinde mußte zur Sabbatfrage Stellung nehmen.[6] Sowohl die Streichung des Verses Mk 2,27 als auch besonders die redaktionelle Einfügung der Verse 12,5-7 vor dem Schlußvers "denn der Menschensohn ist Herr des Sabbats" (12,8) geben davon Zeugnis. Mt 12,5-7 bildet einen kohärenten Text[7], der aus drei selbständigen Logien zusammengesetzt ist. Das Hoseazitat (6,6) in 12,7 ist als Fazit aus den beiden vorhergehenden Versen (Sabbatbruch der Priester im Tempel, Größeres als der Tempel) zu verstehen, Gott will Barmherzigkeit, nicht Opfer.[8] Die Wiederaufnahme der Wendung οὐκ ἀνέγνωτε aus 12,3 in 12,5 (hier mit ἤ eingeleitet) zeigt, daß die Verse 12,5-7 mit 12,3-4 parallelisiert werden und als Begründung für sie dienen sollen.[9] In 12,1f nimmt nun Mt eine kleine, aber wichtige Veränderung gegenüber dem Mk-Text vor: er erklärt das Ährenraufen der Jünger durch deren Hunger, so daß ihre Situation mit der Davids übereinstimmt und der Sabbatbruch somit vergleichbar erscheint.[10] Mk hatte (sich auf 1Sam 21,1-7 beziehend) geschrieben,[11] David sei ins Haus Gottes gegangen und habe dort

---

[3] J. Gnilka, Das Evangelium nach Markus I (EKK II,1), Benziger/Neukirchen-Vluyn 1978, S.123; J. C. Fenton, The Gospel of Saint Matthew (PNTC), London 1971, S.189: "he (Mt) wanted to draw attention to the authority of Jesus as law-giver, rather than to the original purpose of the Law".

[4] Seit dem Exil ist der Sabbat einzuhaltender Ruhetag, vgl. K. Wegenast, Ährenausraufen, S.33.

[5] Davon wird hier ausgegangen gegen die obengenannte Quellentheorie von H. Aichinger, Ährenausraufen, S.149-153.

[6] Vgl. E. Lohse, Jesu Worte, S.89.

[7] H. Aichinger, Ährenausraufen, S.128ff; K. Wegenast, Ährenausraufen, S.31; R. Hummel, Auseinandersetzung, S.40-44; D. Hill, "On the Use and Meaning of Hosea VI. 6 in Matthew's Gospel", NTS 24 (1978) 107-119: "probably composed as a unity by the evangelist", S.115.

[8] R. Hummel, Auseinandersetzung, S.43; Hill, S.107.

[9] H. Aichinger, Ährenausraufen, S.112, "Mt... bringt zusätzlich zum Davidargument aus 1Sam 21,1-7 zwei weitere Argumente: den Sabbatdienst der Priester... und das Zitat aus Hos 6,6". Er übersieht u.E. die Funktion von 12,5-7, den vorangehenden Text 12,3-4 zu begründen.

[10] D. Hill, Use and Meaning, S.114.

[11] F. V. Filson, The Gospel according to Saint Matthew (BNTC), London [2]1977, S.146, "1Samuel does not say that David actually entered the sanctuary at Nob...." Auch der bei Mk genannte Name des Hohenpriesters Abjatar entspricht nicht 1Sam 21,3, dort wird Ahimelech genannt. Mt hat den falschen Namen weggelassen.

die Schaubrote gegessen, obwohl dies nur den Priestern erlaubt war (Mk2,26). Dadurch wird David bei Mk zu einem "Vorbild" für den Gesetzesbruch im Allgemeinen, denn mit dem Sabbatgebot hat Davids Verhalten nichts zu tun. Das hat Mt offenbar ändern wollen, indem er in 12,5 an das Gesetz erinnert, das vorschreibt, daß die Priester im Tempel auch am Sabbat opfern (gemeint ist wohl Num 28,9f). Dadurch verbindet der Evangelist das Essen der Schaubrote mit dem Bruch des Sabbatgebotes bei den Priestern im Tempel, was bei Mk gerade nicht der Fall ist. In einem zweiten Schritt schließt er dann:[12] nicht der Tempel und auch nicht die Opfer sind für die mt Gemeinde entscheidend, sondern einzig die Barmherzigkeit,[13] die Gott will (ἔλεος θέλω καὶ οὐ θυσίαν, 12,7). Mt zeigt also Schritt für Schritt auf, daß die Schrift selbst das Sabbatgebot dem Tempelgebot unterordnet und die Opferpraxis im Tempel[14] ihrerseits der Barmherzigkeit nachgeordnet wird. Aus der Argumentation des Evangelisten läßt sich erschließen, daß hinter der mt Redaktion die Frage seiner Gemeinde nach dem richtigen Verhalten am Sabbat steht, und zwar als Frage von Menschen, die sich dem Sabbat noch verpflichtet wissen.

Hierzu ist nun der kleine mt Einschub in die Endzeitrede Mt 24,20 zu vergleichen. An die traditionelle Bitte, nicht im Winter fliehen zu müssen, fügt der Evangelist an: μηδὲ σαββάτῳ.[15] Daraus kann man eigentlich nur schließen, daß die Gemeinde den Sabbat zur Zeit der Abfassung des Evangeliums noch gehalten hat.[16] Eine andere Lösung schlägt G. N. Stanton[17] neuerdings vor: "Since the Matthean community did not keep the Sabbath strictly, it would not have hesitated to escape on a Sabbath; however, it knows that in so doing it would antagonize still further some of its persecutors."[18] Stanton kommt zu

---

[12] Grundmann, Mt, S.321 bemerkt, daß das Sabbatgebot durch das Tempelgesetz aufgehoben wird.

[13] D. Hill, Use and Meaning, S.109 bes. A.3: Die Barmherzigkeit (חסד) bezieht sich auf die "covenant-loyalty". Das Zitat aus Hos 6,6 ist wohl von Mt aus dem hebräisch Text direkt übersetzt worden, denn der Text der LXX lautet ἔλεος θέλω ἢ θυσίαν, während bei Mt (auch in 9,13) καὶ οὐ statt ἢ steht. Vgl. R. H. Gundry, The Use of the Old Testament in Saint Matthew's Gospel, Leiden 1967, S.111.

[14] Dies wird gesagt zu einer Zeit, da es de facto gar keine Opfer mehr gab, weil der Tempel schon zerstört war.

[15] Auch die Worte ἡ φυγὴ ὑμῶν sind mt Redaktion, die auf 24,15-19 zurückweisen.

[16] G. Barth, Gesetzesverständnis, S.86; E. Schweizer, Matthäus und seine Gemeinde (SBS 71), Stuttgart. 1974. S.10.

[17] G. N. Stanton, "Pray that your flight may not be in Winter or on a Sabbath", JSNT 37 (1989, special Edition in Honour of David Hill) 17-30, besonders S.24-26.

[18] G. N. Stanton, Pray, S.26.

dieser Aussage, weil er meint, aus Mt 12,1-14 sei nicht zu schließen, daß die
Gemeinde den Sabbat noch "streng" halte.[19] Stanton beachtet u.E. zu wenig
die redaktionellen Eingriffe des Evangelisten, besonders die Streichung der
radikalen Stellungnahme von Mk 2,27, die bei Mk zur Abschaffung des Sabbats tendiert. Die Vermutung, die Gemeinde wolle ihre (natürlich jüdischen[20]) Verfolger durch eine Flucht am Sabbat nicht provozieren, ist keine
hinreichende Erklärung der Einfügung in 24,20, besonders dann nicht, wenn
die Gemeinde, wie Stanton annimmt, bereits völlig vom Judentum getrennt
war.[21] Aber auch innerhalb des Judentums wäre eine "Flucht am Sabbat" zur
Rettung des Lebens keine Provokation: Johannes von Gischala flieht aus der
belagerten Stadt Gischala im Schutze der Sabbatruhe (Jos bell 4,97-111).[22]

Aus Mt 24,20 muß man u.E. in Kombination mit 12,5-7 schließen, daß zumindest ein Teil der mt Gemeinde den Sabbat noch hielt und selbst in einer Not-
situation Bedenken hatte, ihn zu brechen. Diesen Lesern zuliebe "entschärft"
der Evangelist seine sabbatkritische Tradition und legitimiert das Verhalten
Jesu und seiner Jünger durch einen Schriftbeweis.

Ähnliche Schlüsse legt die zweite Sabbatperikope 12,9-13 nahe. Bevor Jesus
den Menschen mit der verdorrten Hand heilt, begründet er sein Verhalten,
indem er ein Beispiel aus dem Alltag anführt: ein Schaf, das in die Grube gefallen ist, wird auch am Sabbat wieder herausgezogen.[23] Daraus folgert Jesus:
"Darum ist es erlaubt, am Sabbat wohlzutun." (12,12). Diesen letzten Vers
bietet Mk zwar auch, aber als Frage an die Adresse der Gegner. Hummel hat
aus Mt 12,11f mit Recht geschlossen, daß die Gemeinde des Mt das Sabbatgebot grundsätzlich zwar hält, allerdings in Einzelfragen eine andere Praxis
als die jüdischen Führer hat. "Das Streitgespräch begründet eine in der Ge-

---

[19] Ibid.

[20] G. N. Stanton, Pray, S.23 und S.24, erwähnt auch "Jewish persecutors" und
"persecution from Jewish religious leaders".

[21] G. N. Stanton, Pray, S.25; er verweist für diese Stellungnahme auf seinen Aufsatz
"Origin and Purpose", ANRW II 25,3, S.1914-1921.

[22] Vgl. dazu ausführlicher meinen demnächst im JSNT erscheinenden Aufsatz "The
Matthean Understanding of the Sabbath - A Response to G. N. Stanton".

[23] G. Strecker, Weg, S.19: Mt 12,11 widerspricht der rabbinischen Vorschrift, nach der
das Schaf nicht herausgezogen werden darf, allerdings ist es erlaubt, es mit Futter zu
versorgen. Vgl. H. L. Strack u. P. Billerbeck, Kommentar zum Neuen Testament aus
Talmud und Midrasch I-VI München [2]1956-63, hier Billerbeck I, S.629. M. D. Goulder,
Midrash, S.329: "an illustration of the limits of Matthew's knowledge."

meinde gültige, der pharisäischen Gesetzespraxis widersprechende Halacha über den Sabbat."[24]

(2) Die Gegner Jesu und der Zustrom der Heiden

Die Gesprächspartner Jesu, die an seinem Verhalten Anstoß nehmen und die Streitgespräche provozieren, sind nicht irgendwelche Juden, sondern ausschließlich Pharisäer (in 15,1ff zusätzlich Schriftgelehrte), d.h. die religiösen Autoritäten der Juden. In der Perikope vom Ährenraufen am Sabbat stimmen die Gegner mit den von Mk genannten überein. Nicht so in der Sabbatheilung 12,9-14 (par Mk 3,1-6), hier nennt Mk am Ende der Perikope (3,6) als Anwesende die Pharisäer und die Anhänger des Herodes. Wer diejenigen sind, die sein Verhalten beobachten (παρετήρουν, Mk 3,2), bleibt offen; da die Heilung in der Synagoge stattfindet, dürfte an alle Besucher gedacht sein. Mt dagegen fügt einen Dialog ein (12,11f), durch den der Eindruck entsteht, diejenigen, die Jesus fragen (ἐπηρώτησαν, 12,10), seien die in der vorigen Perikope genannten Pharisäer. Nur diese fassen dann in 12,14 den Beschluß, Jesus zu töten, die Anhänger des Herodes läßt Mt weg. Die Gegner Jesu sind bei Mt durchweg die religiösen Führer des jüdischen Volkes; daraus läßt sich schließen, daß die mt Gemeinde in Auseinandersetzung über Gesetzesfragen mit den Pharisäern stand.

In bewußtem Gegensatz zu den Streitgesprächen scheint der folgende abschließende Abschnitt 12,15-21 komponiert zu sein.[25] Jesus geht, von einer großen Menge gefolgt, weg, dann folgt ein Heilungssummarium und ein Schweigegebot (12,15f). Diese nimmt der Evangelist zum Anlaß, ein Erfüllungszitat (Jes 42,1-3) anzuführen, in dem Jesus als der Knecht Gottes gedeutet wird, der "nicht streiten noch schreien" wird,[26] der den Heiden (ἔϑνη)[27] das Recht (χρίσις) verkünden wird und auf dessen Namen sie hoffen werden (12,18-21). Daß die Heiden im Zitat zweimal genannt werden, ist ein deutlicher Hinweis darauf, daß der Evangelist sie als einen Teil der Nachfolger Jesu schildert. Durch die Kompositionsarbeit des Evangelisten kommt dieses Zitat direkt nach dem Todesbeschluß der Pharisäer zu stehen; dadurch erscheinen die Heiden im direkten Gegensatz zu den jüdischen Führern. Eine

---

[24] R. Hummel, Auseinandersetzung, S.45.

[25] F. V. Filson, Mt, S.144-148, betrachtet Mt 12,1-21 als eine Einheit.

[26] Gleich nach der Jes-Zitat erkundigen sich πάντες οἱ ὄχλοι nach dem Status Jesu als Davidssohn (bzw. Messias, vgl. 22,42). Mt stellt Jesus hier als einen eher schweigenden denn kriegerischen Messias dar.

[27] Das Wort ἔϑνη schließt Juden hier nicht unbedingt aus, aber natürlich ist in erster Linie an Heiden gedacht; vgl. den Abschnitt "Universalistische Mission".

ähnliche Kompositionstechnik läßt sich am Anfang der Bergpredigt beobachten: hier berichtet Mt zunächst vom Zustrom der Massen auch aus heidnischem Land (aus der Dekapolis und dem Gebiet jenseits des Jordans, 4,25),[28] bevor er die Rede wiedergibt, in der deutliche Polemik gegen die jüdischen Autoritäten zu bemerken ist.

b) Das Streitgespräch über die Reinheit (15,1ff)

(1) Die mt Interpretation der mk Vorlage

Im Gespräch über die Reinheit hat Mt die Mk-Vorlage (7,1ff) an verschiedenen Stellen entscheidend verändert, und zwar wieder eindeutig unter Rücksichtnahme auf judenchristliche Interessen.[29] Als erstes fällt die Strei-

---

[28] Dagegen G. Lohfink, "Wem gilt die Bergpredigt? Eine redaktionsgeschichtliche Untersuchung von Mt 4,23-5,2 und 7,28f", ThQ 163 (1983) 264-284. Er möchte nachweisen, daß die Zuhörer der Bergpredigt ausschließlich aus dem Volk Israel stammen. Die redaktionellen Eingriffe des Mt in 4,25 gegenüber Mk 3,8, nämlich die Streichung von Idumäa, Tyrus und Sidon die Hinzufügung der Dekapolis, versteht Lohfink im Zusammenhang mit der Nennung von Galiläa, Jerusalem, Judäa und (der Gegend) jenseits des Jordan als ein mt Schema, in dem die Dekapolis als die Grenze Israels fungiert (S.275ff). D.h. die Erwähnung des Dekapolis besage nichts über die Herkunft der Massen. Dazu ist dreierlei zu bemerken: a) Obwohl Lohfink das Zitat vom "Galiläa der Heiden" (4,13-17) von Anfang an diskutiert, sieht er den u.E. evidenten Zusammenhang zwischen 4,13-17 und der Erwähnung der heidnischen Dekapolis, Galiläas und des Gebiets jenseits des Jordans in 4,25 nicht. Die Streichung der Städte Tyrus und Sidon muß man nicht in seinem Sinne bewerten, denn sie gehören zur heidnischen Provinz Syrien, in der die Kunde von Jesus bekannt geworden ist, wie der Evangelist in 4,24 (redaktionell!) betont. Sollte angesichts dessen die Anwesenheit von Heiden unter den ὄχλοι von 4,25 tatsächlich ausgeschlossen sein? b) Das MtEv zeigt von Anfang an die Tendenz, die Heiden nicht auszuschließen, z.B. durch die Zufügung der vier **heidnischen** Ahnfrauen im Stammbaum Jesu (Tamar, Rahab, Ruth und die Frau des Uria in 1,3-6) und die Huldigung der heidnischen Weisen aus dem Morgenland in 2,1-12. c) Wenn wir recht haben, daß die Goldene Regel besonders an Heiden (-christen) als Adressanten gerichtet ist, wäre es schwer vorstellbar, daß die Hörer der Bergpredigt ausschließlich Juden sein sollten. Ferner sind der Hauptmann von Kapernaum (8,5-13) und die zwei Besessenen, die Jesus im Gebiet der Gadarener heilt (8,28-34), wohl Heiden. Sieht man in Mt 5-7 die Worte des Messias und Mt 8-9 seine Taten geschildert, erscheint es unwahrscheinlich, daß die Heiden wohl bei den Taten, nicht aber bei den Worten Jesu anwesend sind.

[29] W. G. Kümmel, "Äußere und innere Reinheit des Menschen bei Jesus", in: Das Wort und die Wörter (FS G. Friedrich), Stuttgart/Berlin/Köln/Mainz 1973, S.35-47; eine ähnliche Auffassung vertreten G. Barth, Gesetzesverständnis ([4]1965), S.80ff; C. E. Carlston, "The Things that Defile (Mark VII.14) and the Law in Matthew and Mark", NTS 15 (1968/69) 75-96, hier S.75ff.

chung von Mk 7,3f auf, wo Mk die jüdische Satzung des Händewaschens vor dem Essen erklärt.[30] Die Adressaten des MtEv kennen diese Sitte offenbar, praktizieren sie möglicherweise sogar selbst. Weiter hat Mt den 13teiligen Lasterkatalog des Mk (7,21f)[31] auf 7 Laster reduziert. Dadurch wird die Differenzierung in Verfehlungen des Denkens (böse Gedanken), des Tuns (Mord, Ehebruch, Unzucht, Diebstahl) und des Redens (falsches Zeugnis, Lästerung), die prophetischer Tradition entspricht, deutlicher.[32] Mt arbeitet den Widerspruch zwischen Gottesgebot und Menschensatzung schärfer heraus als Mk, indem er die Zitatenkombination zur Ehrung von Vater und Mutter als Gottesrede einführt (Mk 7,10 wird Mose genannt), der dann die menschliche Satzung von der Opfergabe gegenübergestellt wird. Entscheidend ist schließlich, daß Mt die Sätze der Vorlage, die einen direkten Widerspruch zum Gesetz enthalten, entschärft oder sogar wegläßt. Mt 15,11 ist gegenüber Mk 7,15 deutlich sekundär,[33] das absolute und unmißverständliche οὐδέν ἐστιν ...εἰσπορευόμενον ὃ δύναται κοινῶσαι wird abgeschwächt zu der Aussage, nicht das, was in dem Menschen hereinkomme, mache unrein, vielmehr das, was aus dem Mund herauskomme. Mt konzentriert sich bei dieser Reformulierung ausschließlich auf das natürlich auch bei Mk vorhandene ethische Interesse in der Aussage Jesu. Bei Mk schwingt aber in dem οὐδέν ἐστιν noch viel mehr mit, wie 7,19b zeigt: καθαρίζων πάντα τὰ βρώματα. Diesen Vers, der mit dem jüdischen Gesetz schlechthin nicht in Einklang zu bringen ist, hat Mt weggelassen.[34] Es gelingt dem Evangelisten durch seine Bearbeitung des Mk-Textes, die für Judenchristen nicht akzeptablen Stellen so umzuinterpretieren, daß sie im Rahmen einer die Ethik vor den Kult stellenden jüdisch-prophetischen Tradition verstehbar werden.

(2) Die Gegner Jesu und der Lobpreis der Heiden

Als Gegner Jesu in 15,1ff nennt Mt Pharisäer und Schriftgelehrte aus Jerusalem.[35] Der Konflikt erscheint gegenüber Mk dadurch verschärft, daß ein

---

[30] K. Wegenast, "Rein und Unrein", in H. Stock, u.a. (Hg.), Streitgespräche, Gütersloh 1968, 52-83, S.56, nimmt an, daß diese Reinheitsriten in der Gemeinde des Mt allen bekannt waren.

[31] J. Gnilka, Mt II, S.19.

[32] J. Gnilka, Mt II, S.26, A.33: die Dreiteilung liegt "auf der Linie der alten Propheten."; vgl. Is 1,16; 6,7; Ez 36,33; Jer 2,23.

[33] R. Hummel, Auseinandersetzung S.46-49; Carlston, S.77, bes. A.2.

[34] W. G. Kümmel, Reinheit, S.43, nimmt an, daß Mk 7,15 auf Jesus selbst zurückgeht.

[35] Mk 7,1 nennt als Gegner die Pharisäer und einige aus Jerusalem kommende Schriftgelehrte. Der Unterschied ist kaum von Bedeutung.

Dialog zwischen Jesus und seinen Jüngern eingefügt wurde (15,12-14).[36] Die Jünger wollen wissen, wie Jesus über die Pharisäer, die an seinen Worten Anstoß nehmen, denkt. Es folgen die harten Vergleiche der Pharisäer[37] mit Pflanzen, die Gott nicht gepflanzt hat, und mit blinden Blindenführern. So grenzt Mt die Pharisäer gegenüber dem jüdischen Volk ab.[38] Weitere Veränderungen gegenüber Mk sind die Verschiebung des Jesaja- Zitates (Jes 29,13 in Mt 15,8), das die Kritik an den jüdischen Führern zusammenfaßt, an den Schluß des öffentlichen Streitgesprächs. Das entspricht einer auch sonst zu beobachtenden Praxis des Evangelisten.[39] Ferner ist die Veränderung des Ausdruckes "die Überlieferung der Menschen" (Mk 7,8) in "eure Überlieferung" (Mt 15,3)[40] zu beachten, wodurch die Kritik bei Mt viel direkter auf die Pharisäer und Schriftgelehrten zielt. Schließlich ist nochmals daran zu erinnern, daß Mt die gesetzeskritischen Aussagen des Mk entschärft bzw. weggelassen hat. Dies führt dazu, daß Jesus nicht im Widerspruch zum Gesetz steht, sondern einzig mit der Auslegung des Gesetzes durch die jüdischen Führer in Konflikt gerät.[41] Diese Tendenz der mt Redaktion stimmt überein mit der im letzten Abschnitt betrachteten Redaktionstätigkeit bei der Frage nach dem Halten des Sabbats.

Im Anschluß an das Streitgespräch übernimmt Mt die Perikope von der Syrophönizierin, einer Heidin (15,21-28).[42] Danach berichtet der Evangelist, daß Jesus an das galiläische Meer ging und dort auf einem Berg viele Kranke heilte (15,29f). Als die Volksscharen die Wunder Jesu sahen, priesen sie den "Gott Israels".[43] Denkt der Evangelist hier an Heiden oder an Juden? Gnilka

---

[36] Das Verbum προσέρχομαι (15,12) erscheint bei Mt 51mal (Mk:5, Lk:10), weist also deutlich auf Redaktion.

[37] Vgl. C. E. Carlston, Thing and Law, S.75-76. Es ist denkbar, daß die Schriftgelehrten von 15,1ff gemeint sind.

[38] R. Hummel, Auseinandersetzung, S.12-17. 56: G. Strecker, Weg. S.137-143.

[39] Vgl. 1,22f; 2,17f.23; 3,3; 4,14-16 u.ö.

[40] R. Hummel, Auseinandersetzung, S.46-49; C. E. Carlston, Thing and Law, S.77, bes. A.2.

[41] R. Hummel, Auseinandersetzung, S.49: "Matthäus übernimmt die Streitgespräche über Fragen des Gesetzes aus dem Markusevangelium, um aus ihnen einzelne den pharisäischen widersprechende gesetzliche Entscheidungen abzuleiten."

[42] Vgl. den Abschnitt "Israelorientierter Missionsgedanke", auch C. E. Carlston, Things and Law, S.93 meint, in dieser Perikope würden jüdische Reinheitsvorstellungen durchbrochen.

[43] Diese Wendung kommt bei Mt nur einmal vor, während das Wort Israel 12mal verwendet wird.

ist davon überzeugt, daß nur Juden infrage kommen,[44] seine Argumente scheinen aber nicht unbedingt überzeugend zu sein.

i) Die Heilung der Heidin wird nach Gnilka "als Ausnahme nachdrücklich" herausgestellt und "die Sendung des irdischen Jesus zu Israel betont." Dagegen läßt sich einwenden, daß der Höhepunkt der Perikope nicht in der Betonung von Jesu Sendung liegt, sondern darin, daß Jesu ablehnende Haltung von dem großen Glauben der Frau überwunden wird, wie Jesu abschließendes Wort festhält (15,28).[45] Man kann die Perikope also auch so verstehen, daß jetzt die Ausweitung der Sendung Jesu zu den Heiden dargestellt werden soll.

ii) Gnilka argumentiert ferner mit der Lokalisierung der Perikope: "Die Verwandtschaft der Bergkulisse erinnert an die gleichen Scharen aus dem Volk Israel". Er denkt hier wohl an die Bergpredigt.[46] Auch für die in 4,25 genannte Volksmenge gilt aber keineswegs, daß sie nur aus Juden besteht, Menschen aus der heidnischen Dekapolis und aus dem heidnischen Ostjordanland dürften zumindest teilweise, wenn nicht gar überwiegend, Heiden sein.[47] Außerdem sollte man statt auf die "verwandte Bergkulisse" lieber auf die Hinweise rekurrieren, die der Kontext bietet. Unmittelbar voraus geht die Heilung einer Heidin, 15,31 bezieht sich als Akklamation noch auf diese Wundergeschichte, auch wenn mit 15,29-31 ein Heilungssummarium zwischengeschoben ist. Die letzten erwähnten Orte sind Tyrus und Sidon (15,21), von dort aus reist Jesus an das galiläische Meer, nach Mk 7,31 in das Gebiet der Zehn Städte. Gnilka wertet die Tatsache, daß Mt diese Bemerkung streicht, als Hinweis darauf, daß er an die Westseite des Sees denkt. Das ist aber wohl eine Überinterpretation, wenn Mt wert auf eine eindeutige Ortsbestimmung gelegt hätte, dann sollte man eine solche auch erwarten.[48]

iii) Ein drittes Argument Gnilkas lautet: "Vielmehr erfüllte Jesus in seiner gnädigen Hinwendung zu den Kranken des Volkes die vom Propheten vorausverkündigte Aufgabe des Messias Israels (vgl. 11,5 und Is 35,5f)." Das ist richtig. Aber nach Mt 12,15-21 erfüllt Jesus durch seine Heilungen die Weis-

---

[44] J. Gnilka, Mt II, S.34f.

[45] Vgl. die 3. These im Abschnitt "Israelorientierter Missionsgedanke" und die 1. These im Abschnitt "Tatenzyklus".

[46] Es gibt außer 4,25 keine andere Stelle, an der vor 15,30 gleichzeitig vom Berg und von einer Volksmenge die Rede ist.

[47] Vgl. S. 216, Anm. 28.

[48] J. C. Fenton, Matthew, S.257 bemerkt, daß die Wendung παρὰ τὴν θάλασσαν τῆς Γαλιλαίας, die nur 15,29 und 4,18 vorkommt, in 4,15 mit dem "Galiläa der Heiden" in Verbindung gebracht wird.

sagung Jes 42,1-4 (= Mt 12,18-21). Diese Weissagung schreibt dem Messias eine Aufgabe gegenüber den Heiden zu: Er verkündet ihnen das Gericht (κρίσις, 12,18), die Heiden hoffen auf seinen Namen (12,21 vgl. auch das obrige Streitgespräch über den Sabbat)

iv) Schließlich verweist Gnilka noch auf alttestamentliche Parallelen, die erweisen sollen, daß diejenigen, die den "Gott Israels" preisen, Juden sind. Das Argument trägt deshalb nicht, weil Mt an keiner Stelle berichtet, daß Juden den "Gott Israels" preisen. Auch wenn die Volksmenge aus Heiden besteht, werden alttestamentliche Motive aufgenommen, nämlich die weitverbreitete Vorstellung, daß in der Heilszeit alle Völker Israels Gott preisen werden.[49] Gerade im Kontext der Heilung einer Heidin dürfte die Formulierung ἐδόξασαν τὸν θεὸν Ἰσραήλ in 15,31 implizieren, daß auch an Heiden gedacht ist.[50]

Es bleibt also festzuhalten: nach dem Streitgespräch über die Reinheit folgt eine demonstrative Heilung einer Heidin, weitere Heilungen und der Lobpreis der Menge, unter der sich auch Heiden befinden. Eben diese Menge, die schon drei Tage bei Jesus ist, wird dann von ihm gespeist, die Speisung der 4000 ist also eine Tischgemeinschaft von Juden und Heiden, auch wenn darauf im Kontext keine Betonung liegt. Die Abfolge der Perikopen bei Mt zeigt u.E. deutlich: die Frage der Reinheit kann kein Hindernis zwischen Juden und Heiden darstellen, die sich zu Jesus gehörig fühlen.

Wir können jetzt vorläufig ein Ergebnis formulieren, auch wenn alle Rückschlüsse aus Texten auf die hinter ihren stehende soziale Realität schwierig sind: Aus der Doppelformel "Zöllner und Heiden" haben wir auf eine Abgrenzung der mt Gemeinde sowohl gegen Juden wie Heiden geschlossen, aus der mt Bearbeitung und dem mt Kontext der Streitgespräche in Mt 12,1ff und 15,1ff dagegen auf ein doppeltes Werben um Judenchristen und Heiden. Gerade die thorakonforme Interpretation der Sabbatkonflikte und des Reinheitsgebotes erweist sich für Heiden als attraktiv: Sie strömen nach den Streitgesprächen zu Jesus. Diesem "werbenden Zug" im MtEv wenden wir uns um im folgenden Kaptiel über das Missionsverständnis des MtEv zu.

---

[49] Vgl. z.B. Sach 14,15; Jes 2,3; Ps 117,1 (vgl. Röm 15,11); Ps 67,4.6; u.ö.

[50] So mit Recht J. C. Fenton, Matthew, S.257; H. Frankemölle, Jahwebund, S.117; J. Jeremias, Verheißung, S.29. Anders W. Trilling, Israel, S.133, mit Berufung auf 9,8.33, aber mit nicht ganz überzeugender Argumentation.

III. MISSION

A. Die interkulturelle Theologie

Das Nebeneinander eines israelorientierten (Mt 10,5f) und eines universalistischen Missionsbefehls Jesu (Mt 28,19f) im MtEv ist Gegenstand der Untersuchungen dieses Abschnittes zur Theologie des Evangeliums. Auf den ersten Blick hat man den Eindruck, diese beiden Befehle stünden in einem unauflöslichen Gegensatz zueinander, denn der erste scheint die Heidenmission kategorisch zu verbieten, der zweite dagegen sie ausschließlich zu fordern. Geht man von dieser Voraussetzung aus, muß man ihr Nebeneinander in irgendeiner Weise traditionsgeschichtlich erklären und eine der beiden Traditionen für nicht mehr relevant halten oder sie heilsgeschichtlich periodisieren. Dies widerspräche sowohl dem literarischen als auch dem sozialgeschichtlichen Synchroniepostulat, das für unsere Arbeit leitend ist.[1] Ohne eine diachronische Entstehungsgeschichte des doppelten Missionsbefehls im MtEv leugnen zu wollen, werden wir uns bemühen, nachzuweisen, daß beide Missionsbefehle innerhalb der theologischen Konzeption des Evangelisten wie auch im Hinblick auf die Situation seiner Gemeinde sinnvoll und weiterhin gültig sind.

1. Israelorientierter Missionsgedanke

Innerhalb der israelorientierten Thoraauslegung in Mt 5,17-20 ließen sich trotz einer ausgeprägt jüdischen Tradition Spielräume für eine heidenchristliche Interpretation finden. Beim israelorientierten Missionsgedanken läßt sich dies in ähnlicher Weise beobachten: Zwar überliefert der Evangelist in 10,5b-6 einen exklusiv partikularistischen, jüdischen Missionsbefehl Jesu, der für die mt Gemeinde bis zum Kommen des Menschensohnes weiter gilt (10,23). Gleichzeitig aber redigiert Mt sein Ev an verschiedenen Stellen sorgfältig, um innerhalb der judenchristlichen Tradition einen Raum für die Heidenmission zu eröffnen. Besonders interessant erscheint uns in diesem Zusammenhang die redaktionelle Streichung des Satzes ἄφες πρῶτον κτλ. aus Mk 7,27 in der

---

[1] Siehe dazu das Kapitel zur Methodik, S. 29ff.

mt Fassung der Perikope von der Syrophönizierin, wodurch die (sachliche und zeitliche) Vorordnung der Juden- vor die Heidenmission eliminiert wird.

a) Die bleibende Gültigkeit des israelorientierten Missionsbefehls (Mt 10,5b-6)

1. These:

Mt bietet in 10,5b-6 einen israelorientierten Missionsbefehl, mit dem er die Judenchristen seiner Gemeinde auffordert, die Mission an Israel weiterzuführen.

Wenig umstritten ist in der Forschung die Annahme, daß der Aussendungsbehl Jesu in Mt 10,5b-6 ein partikularistisch jüdischer ist.[2] Dagegen ist die Frage, ob die Formulierung εἰς ὁδὸν ἐϑνῶν in 10,5b den Weg zu den Heiden meint (Genitiv der Richtung) oder mit dem Ausdruck εἰς πόλιν Σαμαριτῶν parallelisiert werden muß, also "eine Straße im Heidenland" beschreibt, grammatikalisch nicht eindeutig zu entscheiden.[3] Der Kontext (10,6. 23) läßt eher an ein Verbot, im Heidenlande zu missionieren, denken;[4] in jedem Fall ist israelorientierte Mission vorausgesetzt, sei es der Juden in Palästina oder in der Diaspora.[5]

---

[2] W. F. Albright/C. S. Mann, Matthew (AncB 26), S.117-122; F. W. Beare, "The Mission of the Disciples and the Mission Charge: Mt 10 and Parallels", JBL 89 (1970) 1-13; S. Brown, "The Mission to Israel in Matthew's Central Section (Mt 9,35-11,1)", ZNW 69 (1978) 73-90; ders., "The Two-fold Representation of the Mission in Mt's Gospel", StTh 31 (1977), 21-32: "If Matthew had not found the two sayings 10,5f and 15,24, he would have had to invent them." S.22; ders., "The Matthean Community and the Gentile Mission", NT 22 (1980) 193-221; J. Gnilka, Mt I, S.359-372; M. D. Goulder, Midrash and Lection, S.338-348; nach F. Hahn, Das Verständnis der Mission im Neuen Testament, Neukirchen-Vluyn 1963, S.103-111, "...gelingt es Matthäus, verschiedene Missionsauffasung der ältesten Zeit zu einer ganz eigenen Sicht zusammenzufassen", hier S.111; R. E. Morosco, "Matthew's Formation of a Commissioning Type-Scene out of the story of Jesus' Commissioning of the Twelve", JBL 103,(1984) 539-556, zur Gattung der Berufungserzählung im AT; W. Trilling, Das wahre Israel, S.99-105; Dagegen nur P. Nepper-Christensen, MtEv, S.180-201, der meint, "daß die parikularistische Tendenz,... gar nicht vorhanden ist...", S.196.

[3] P. Nepper-Christensen, MtEv, S.180-181. F. Blass/A. Debrunner/F. Rehkopf, Grammatik des neutestamentlichen Griechisch, Göttingen [14]1975, §166,2 (Gen der Richtung).

[4] W. Trilling, Israel, S.100, "Die Verse 10,5b-6 bilden eine strenge Einheit".

[5] Ob dieser israelorientierte Missionsbefehl Jesu aus der Tradition stammt, ist umstritten. Nach G. D. Kilpatrick, Origins, S.119, handelt es sich um "eine alte Tradition", nach

Diskutiert werden weiter die Fragen, ob der Missionsbefehl nur für die 12 Jünger gilt und, was eng damit zusammenhängt, ob er zeitlich begrenzt ist. Letztere Auffassung wird immer wieder vertreten, da 10,5b als Widerspruch zu 24,14 und 28,18f empfunden wird.[6] Man nimmt dann an, daß der exklusiv israelorientierte Missionsbefehl nur für das vorösterliche Wirken Jesu bzw. die Zeit bis zur Zerstörung des Tempels in Jerusalem (70 n.Chr.) gelte, der universalistische Missionsbefehl dagegen (28,18f) für die Zeit nach Ostern bzw. nach 70.[7] Diese Deutung übersieht, daß in Mt 10,23 die zeitliche Begrenzung der Israelmission eindeutig angegeben wird, und zwar mit der Ankunft des Menschensohnes.[8] Diese ist im Kontext als nahe bevorstehend[9] gedacht, die Jünger selbst sollen sie erleben, bevor sie mit den Städten Israels zu Ende kommen werden.

Zur Zeit der Abfassung des MtEv ist aber der Menschensohn gegen die ursprüngliche Verheißung in 10,23 noch nicht gekommen,[10] wodurch sich der

---

M. D. Goulder, Midrash and Lection, S.345, dagegen um "Mt's own amplification of Mk 6,7f". Nach F. W. Beare, Mission, S.9, ist Mt 10,5b-6 keine Tradition. Ziel sei vielmehr, "to bring out ... the thought that Jesus was primarily concerned with Israel, and did not neglect his own people for the sake of winning followers among the Gentiles."

[6] Vgl. P. Nepper-Christensen, MtEv, S.186. 189; T. Zahn, Das Evangelium nach Matthäus, Leipzig [4]1922, S.406f; L. Goppelt, Christentum und Judentum im ersten und zweiten Jahrhundert (BFChTh 55), Gütersloh 1954, S.181, "Die partikularistische Weisung läßt er als apologetischen Ausweis der Messianität Jesu stehen".

[7] U. Luz, Mt I, S.67-69, zieht das Jahr 70 vor; vgl. R. Walker, Heilsgeschichte, S.60f. F. W. Beare, Mission, S.9, "Matthew, like Paul, sees the Gentile Mission as a consequence of the rejection of Jesus and his gospel by Israel."

[8] Daß 10,5b-6 und 10,23b zusammen interpretiert werden sollten, fordern verschiedene Exegeten, wie S. Brown, Mission, S, 79ff, P. Nepper-Christensen, MtEv, S.185ff, er referiert drei mögliche Lösungen: 1. Jesus versichert sein Kommen, 2. Die Aussage wurde bei der Zerstörung Jerusalems im Jahr 71 erfüllt, 3. Mit der Aussage war an die Ausgießung des Heiligen Geistes gedacht. Vgl. auch M. D. Goulder, Midrash and Lection, S.342f und G. D. Kilpatrick, Origins, S.119, für the Auslegung der Wendung "die Städte Israels" in 10,23.

[9] Das Kommen des Menschensohns wird in der Regel mit der Erwartung des Endes der Welt verbunden (Mt 24), vgl. G. Bornkamm, Enderwartung, S.13-47.

[10] Mt 10,23 ist ein vormt Logion, das von Mt in den Kontext eingeordnet ist. Bultmann, Geschichte ([3]1957), S.129; G. W. Kümmel, Verheißung und Erfüllung. Untersuchungen zur eschatologischen Verkündigung Jesu (AThANT 6), Zürich [3]1956, S.55; P. Nepper-Christensen, MtEv, S.189; G. Strecker, Weg, S.41f: "die Städte Israels" (10,23) bezögen sich auf die Städte der Welt; P. Vielhauer, "Gottesreich und Menschensohn in der Verkündigung Jesu" in W. Schneemelcher (Hg.), Festschrift für Günther Dehn, Neukirchen 1957, S.51-79, hier S.58f. Vgl. J. M. McDermott, "Mt 10,23 in Context", BZ 28 (1984)

Zeitraum der israelorientierten Mission verlängert. Die mt Gemeinde kann in dieser Situation der enttäuschten Naherwartung den Auftrag Jesu als Aufforderung verstehen, die Mission in Israel weiterzuführen.

Darauf scheint auch die Wahl der Tempora in 10,5b-6 hinzuweisen: Die beiden Verbote der Heidenmission stehen im Aorist (μὴ ἀπέλθητε, μὴ εἰσέλθητε), während der positive Auftrag präsentisch formuliert ist (πορεύεσθε).[11] Sollen etwa die Mitglieder der mt Gemeinde das so verstehen, daß die Verbote einmalig sind, wogegen der auf Israel bezogene Missionsbefehl über Ostern und die Katastrophe des Jahres 70 hinweg bis zur Ankunft des Menschensohnes gilt? Mt scheint also, indem er den Missionsbefehl Jesu zitiert und die zeitliche Begrenzung (Kommen des Menschensohnes: 10,23) beibehält, seine Gemeinde aufzufordern, die israelorientierte Mission weiterzuführen.

Diese Interpretation setzt voraus, daß nach mt Verständnis der israelorientierte Missionsbefehl Jesu nicht ausschließlich den 12 Jüngern gilt, daß vielmehr alle Leser mit in diese Aufgabe hineingezogen werden sollen.[12] Dafür spricht insbesondere, daß Jesus vor der Aussendungsrede seine Jünger auffordert, den Herrn der Ernte um Arbeiter zur Ernte zu bitten (9,37b. 38). Dies Gebet (δεήθητε) um weitere Arbeiter wäre an dieser Stelle sinnlos, wenn nur die 12 Jünger an der Mission in Israel hätten teilnehmen sollen.

Weiter sind die Veränderungen des Mt gegenüber Mk in der Aussendungsrede aufschlußreich. Was in der Mk-Tradition der mt Gemeindesituation nicht mehr entspricht, hat Mt weggelassen: die Aussendung zu "je zwei und zwei" (Mk 6,7), den Auszug der Jünger (Mk 6,12), ihre Rückkehr und ihr Bericht von der Mission (Mk 6,30).[13] Umgekehrt fügt er aus Mk 13,9-13 Worte in die Aussendungsrede, die unverkennbar spätere Verfolgungserfahrungen - nicht nur durch Juden, sondern auch durch heidnische Instanzen - voraussetzen (vgl. Mt 10,17-22). Vor allem aber beschreibt Mt in 10,1-4 den Zwölferkreis nicht als Auswahl aus der Gesamtgruppe der Jünger (wie Mk 3,13-19), sondern er berichtet in 4,18-22; 9,9 nur von der Berufung einzelner herausragender Jünger, die damit von Anfang an als Mitglieder des späteren Zwölfer-

---

230-240; V. Hampel, "Ihr werdet mit den Städten Israels nicht zu Ende kommen. Eine exegetische Studie über Mt 10,23", ThZ 45 (1989) 1-13.

[11] Der griechische Präsens-Imperativ drückt eine durative oder iterative Befehlsform aus, der Imperativ Aorist dagegen gibt Anweisungen für das Handeln im Einzelfall; vgl. G. Hoffmann u. H. v. Siebenthal, Griechische Grammatik zum NT, Riehen/Schwiez, 1985, S.361-364; F. Blass/A. Debrunner/F. Rehkopf, Grammatik, S.274-276.

[12] S. Brown, Mission, S.74-76 und W. F. Albright/C. S. Mann, Matthew, S.121-122 befürworten diese Interpretation des Textes.

kreises betrachtet werden. Die Zwölf sind mit "den Jüngern" identisch. Der Zwölferkreis steht für alle späteren Jünger, insbesondere alle missionierenden Jünger. Denn der Ausdruck "die zwölf (elf) Jünger" ist bei Mt oft mit einer Missionsaufgabe verbunden (10,1f. 5; 11,1; 28,16).[14] So können sich also die Mitglieder der mt Gemeinde als den zwölf Jüngern gleichwertig betrachten, sofern sie durch die Teilnahme an der israelorientierten Mission die Funktion dieser Jünger haben.

Zusammenfassend läßt sich festhalten, daß der israelorientierte Missionsbefehl Jesu für die Gemeinde weiter Gültigkeit besitzt.

b) Die Möglichkeit der Heidenmission im Rahmen der israelorientierten Mission

2. These:

Um die Heidenmission innerhalb des auf Israel gerichteten Missionsverständnisses Jesu trotzdem zu ermöglichen, erwähnt Mt die Annahme von Heiden durch Jesus während seines Wirkens, das Zeugnis, das auch die an Israel gesandten Jünger vor den Heiden ablegen müssen, und das Wirken Jesu im Heidenland.

Zunächst untersuchen wir das Sendungsbewußtsein Jesu, wie es in Mt 15,24 zutage tritt: "Ich bin nur gesandt zu den verlorenen Schafen des Hauses Israel". Die Formulierung τὰ πρόβατα τὰ ἀπολωλότα ὄκου Ἰσραήλ findet sich nur in Mt 10,6 (im Missionsbefehl an die Jünger gerichtet) und 15,24 als einzigen synoptischen Belegen. Dies zeigt deutlich, daß der Evangelist die Sendung Jesu und der Jünger parallelisiert.

Der Ausspruch Jesu über seine Sendung an Israel ist dabei nicht zufällig von Mt innerhalb der Perikope von der kanaanäischen Frau plaziert, deren Tochter schließlich doch von Jesus geheilt wird. Hier wird das Sendungsbewußtsein Jesu eindeutig modifiziert und damit auch der Missionsauftrag der Jünger: Die Exklusivität der Sendung ist faktisch durchbrochen, auch wenn daraus zunächst keine ausdrücklichen Folgerungen gezogen werden. Dieser Durchbruch erfolgt wegen des Glaubens der kanaanäischen Frau, der bei Mk nicht genannt wird.[15] Dieser Glaube (15,28) ist wie der des heidnischen

---

[13] Vgl. S. Brown, Mission, S.75; E. Schweizer, Mt und seine Gemeinde, S.154.

[14] Dagegen denkt M. D. Goulder, Midrash and Lection, S.342f, wegen des geschichtlichen Aussendungsbefehls nur an die 12 Jünger. Er übersieht u.E., daß dieser Befehl auf die mt Gemeinde zielt.

[15] Vgl. P. Nepper-Christensen, MtEv, S.193-194.

Hauptmanns (8,10) der entscheidende Grund für die Heilung,[16] er durch-
bricht die Grenzen zwischen verschiedenen Nationen und Kulturen.

Zweitens ist nochmals auf die Aussendungsrede Jesu zurückzukommen, in
der den Jüngern in 10,18 angekündigt wird, daß sie (trotz ihrer Missionsaufgabe einzig an Israel) vor den Heiden werden Zeugnis ablegen müssen. Mt
hat die mk Formulierung εἰς μαρτύριον αὐτοῖς[17] redaktionell erweitert durch
καὶ τοῖς ἔθνεσιν. Obwohl ἡγεμόνας und βασιλεῖς bei Mt ebenfalls Heiden
einschließen,[18] wird durch diese Ergänzung die Heidenmission[19] gesondert
angesprochen. Allerdings gehen die Missionare nicht aktiv zu den Heiden,
sondern gelangen unfreiwillig durch ihr Leiden zum Zeugnis vor ihnen
(10,18).[20] Auch Jesus spielt in der Perikope von der kanaanäischen Frau, in
der sein exklusives Sendungsbewußtsein korrigiert wird, eine eher passive
Rolle (15,21ff). Besonders deutlich zeigt sich das nicht gesuchte Zeugnis vor
den Heiden in der Passionsgeschichte (27,2ff). Ähnlich ist auch Mt 10,17-20
zu beurteilen. Mt hat die Exklusivität der Mission an Israel dadurch relativiert, daß an Israel gesandte Jünger gegen ihren Willen auch vor den Heiden
zeugen müssen.

Schließlich ist auf die zahlreichen Berichte von Jesu Wirken im heidnischen
Land aufmerksam zu machen. Besonders wichtig ist die Bedeutung Galiläas[21]
für Mt; er hat nicht nur alle Galiläa-Stellen des MkEv übernommen (mit einer Ausnahme: Mk 6,21), sondern noch 5 weitere hinzugefügt, deren wichtigste das Jesajazitat in Mt 4,15f ist. Mit ihm wird der ganzen Verkündigung

---

[16] Vgl. W. Grundmann, Mt, S.375-376; H. J. Held, Mt als Interpret, S.199.

[17] Obwohl dieses Zeugnis unfreiwillig ist, gibt Mt ihm einen positiven Sinn. Vgl. W.
Trilling, Israel, S.106; S. Brown, Mission, S.85.

[18] Vgl. W. Bauer, Griechisch-deutsches Wörterbuch zu den Schriften des Neuen Testaments und der frühchristlichen Literatur, Berlin ⁵1958, S.269f und 678.

[19] Vom Kontext des israelorientierten Aussendungsbefehls (10;5b-6) her bezieht sich
das Wort ἔθνεσιν in 10,18 deutlich auf Heiden. S. Brown, Mission, S.90 nimmt sogar an,
daß die Heidenmission eine von der Israelmission verschiedene ist.

[20] Vgl. S. Brown, Mission, S.88-89. J. R. Michaels, "Apostolic Hardships and Righteous
Gentiles; A Study of Mt 25,31-46", JBL 84 (1965) 27-37, beobachtet, daß die Wendungen τοῖς ἔθνεσιν in 10,18 und ὑπὸ πάντων in 10,22 die geographische Einschränkung in
10,5f durchbrechen.

[21] J. Lange, Das Erscheinen des Auferstandenen im Evangelium nach Matthäus. Eine
traditions- und redaktions-geschichtliche Untersuchung zu Mt 28,16-20 (FzB 11),
Würzburg 1973, S.358.

Jesu, die 4,17 beginnt, die programmatische Aussage vorangestellt, das Γα-λιλαία τῶν ἐϑνῶν,[22] das Volk im Dunkeln, habe das Licht gesehen.

Aus dem MkEv hat Mt das Wirken Jesu in Gadara (8,28) und in der Gegend von Tyrus und Sidon (15,21f) übernommen, hierbei hat er Mk 7,24 gestrichen ("Jesus war im Gebiet von Tyrus und wollte es niemanden wissen lassen") und damit die geheime Atmosphäre des Besuches Jesu aufgehoben.

Alle diese Beobachtungen weisen darauf hin, daß Mt seinen Lesern durch den Aufbau seines Ev den Eindruck vermitteln will, daß Jesus trotz seines ausdrücklich exklusiv israelorientierten Sendungsbewußtseins auch im Heidenland gewirkt hat. Insgesamt läßt sich feststellen, daß Mt durch viele Einzelzüge die Exklusivität des an Israel gerichteten Auftrags Jesu und des israelorientierten Missionsbefehls zu relativieren versucht, wodurch die Heidenmission mit dem Missionsbefehl in Mt 10,5b-6 vereinbar erscheint.[23]

3. These:

Durch die Streichung des πρῶτον-Satzes (Mk 7,27a) in der Perikope von der kanaanäischen Frau fehlt bei Mt das heilsgeschichtliche Missionsschema "erst Juden, dann Heiden". Die Öffnung für die Heidenmission erfolgt bei Mt aufgrund des Glaubens der heidnischen Frau.

Die Auslassung des πρῶτον-Satzes (Mk 7,27a: "Laß zuvor die Kinder satt werden") durch Mt wird allgemein registriert,[24] jedoch unterschiedlich interpretiert.[25] Unserer Meinung nach ist sie ein wichtiger Hinweis auf die soziale Situation der mt Gemeinde.[26]

---

[22] G. Schwarz, Γαλιλαια των εϑνων, BN 13 (1980) 55, meint, daß bei der Übersetzung Γαλιλαία τῶν ἐϑνῶν aus dem Hebräischen גליל הגוים bereits in der LXX ein Fehler gemacht wurde. Die hebräische Wendung solle "Kreis, Bezirk der Völker, Nichtjuden" heißen. F. Hahn, Verständnis der Mission, S.109, betont dagegen mit Recht, diese Wendung enthalte die Botschaft Jesu für alle Völker.

[23] Eine andere Position vertritt S. Brown, Mission, S.89-90: "the Central Section excludes not the Gentile mission as such but only the participation in this mission by the Matthean community". Vgl. P. Nepper-Christensen, MtEv, S.199: "Die älteste Missionsauffassung schließt ja nicht Heiden aus".

[24] Z.B. W. Grundmann, Mt, S.377, W. F. Albright/C. S. Mann, Matthew, S.187, J. Gnilka, Mt II, S.31, M. D. Goulder, Midrash and Lection, S.380, W. Trilling, Israel, S.114f, F. Hahn, Verständnis der Mission, S.110, P. Nepper-Christensen, MtEv, S.195f, G. Strecker, Weg, S.107f.

[25] Z.B. F. Hahn, Verständnis der Mission, S.110, "Das Schema 'Zuerst-Dann', wie wir es aus Markus und ebenso aus Lukas kennen, paßt auf keinen Fall.", auch W. Trilling, Israel, S.114f; H. J. Held, Mt als Interpret, S.189 "... Matthäus macht den strengen Judenchristen klar, daß der Glaube den Heiden den Weg zu Jesus öffnet." P. Nepper-

Wäre diese als eine monokulturell judenchristliche anzusehen, sollte man erwarten, daß Mt den Markustext unverändert übernimmt. Zwar sind im mk
wie im mt Zusammenhang mit den Kindern die Juden, mit den Hunden die
Heiden[27] gemeint, insbesondere aber der von Mt gestrichene Satzteil (ἄφες
πρῶτον χορτασϑῆναι τὰ τέκνα) deutet eine jüdische Priorität an, derzufolge
erst die Juden und dann die Heiden zu missionieren sind.[28] Die Auslassung
des Mt paßt also nicht zur Hypothese einer rein judenchristlichen Gemeinde[29] und auch nicht zu der These, die Mission vor Ostern gelte den Juden, danach beginne die Heidenmission. Vielmehr scheint Mt den Vorrang
der Juden- vor der Heidenmission aufheben zu wollen.

In einer rein heidenchristlichen Gemeinde wäre andererseits schwer verständlich, daß Mt die zweite Vershälfte ("es ist nicht recht, daß man den Kindern das Brot nehme und werfe es vor die Hunde", Mk 7,27; Mt 15,26) und
den folgenden Vers 27 unverändert übernommen hat. Diese Verse spiegeln ja
noch die Diskussion um die Erlaubnis zur Heidenmission, die für eine **rein**
heidenchristliche Gemeinde nicht mehr relevant wäre.

So erlaubt u.E. die Auslassung des πρῶτον-Satzes in der Mt-Version einzig
die Hypothese einer aus Juden- und Heidenchristen zusammengesetzten multikulturellen Gemeinde, die sich gleichzeitig an Juden und Heiden wendet.[30]
Die Vorrangstellung der Juden wird durch die Streichung des πρῶτον ein wenig reduziert. Jesu Zuwendung zur kanaanäischen Frau, die in Spannung zu
seinem ausdrücklich israelorientierten Sendungsverständnis steht, scheint wie
alle übrigen im letzten Abschnitt besprochenen Züge, darauf hinzuweisen,
daß die Heidenmission schon durch das Wirken Jesu selbst legitimiert werden soll. Die Absicht des Evangelisten ist offenbar, die judenchristliche
(ursprünglich exklusiv) israelorientierte Mission beizubehalten und gleichzeitig Raum für die Heidenmission zu eröffnen.

Christensen, MtEv, S.196, meint, daß die partikularistisch-judenchristliche Tendenz im
MtEv "gar nicht vorhanden ist". M. D. Goulder, Midrash and Lection, S.380, "both mis-
sions are simultaneous...".

[26] Vgl. P. Nepper-Christensen, MtEv, S.189, "der Abfassungsort des Ev kann zu einer
Lösung verhelfen...".

[27] W. Grundmann, Mt, S.377 stellt infrage, ob die Hunde auf die Heidenchristen gedeutet werden dürfen.

[28] Wenn Mt bei der Rezeption der Mk-Tradition den Satz übernommen hätte, könnte
die Priorität der Juden bei der Mission beibehalten werden. Vgl. J. Gnilka, Mt II, S.31.

[29] Zustimmend J. Gnilka, Mt II, S.201.

[30] F. Hahn, Verständnis der Mission, S.111, "Es handelt sich für Mt gewissermaßen um
zwei konzentrische Kreise, die notwendig zusammengehören...".

2. Universalistischer Missionsgedanke

In diesem Abschnitt soll nun der universalistische Missionsbefehl Jesu (Mt 28,16-20) untersucht werden. Besonders werden wir natürlich auf sein Verhältnis zum israelorientierten Befehl des 10. Kapitels zu achten haben. Die wichtigste Aufgabe wird darum sein, zu klären, ob mit dem das Evangelium abschließenden Befehl zur Völkermission der Fortgang der Judenmission ausgeschlossen wird.

a) Der universalistische Charakter des Missionsbefehls Mt 28,16-20

1. These:

Der Evangelist stellt den universalistischen Missionsbefehl an den Schluß seines Evangeliums als die letzten Worte Jesu: die Hörer sollen neben der israelorientierten die universalistische Mission praktizieren. Der universalistische Charakter kommt in der Sendung zu allen Völkern (πάντα τὰ ἔθνη), in der Jesus gegebenen alles umgreifenden Vollmacht (28,18) und der Verpflichtung auf die ganze Lehre Jesu (28,20a) zum Ausdruck.

Die redaktionelle Gestaltung des Mt-Schlusses zeigt sich deutlich an der Verwendung des Verbums μαθητεύσατε,[1] das von den Synoptikern allein Mt benutzt. Es wird mit drei Partizipien verbunden: πορευθέντες[2], βαπτίζοντες[3] und διδάσκοντες[4]. Auch das gleich viermal auftretende betonende Adjektiv πᾶς[5] in 28,18-20 weist auf Redaktion, der Text ist also von Mt stark bearbei-

---

[1] Bauer/Aland, Wörterbuch ([6]1988), S.985, das Verb erscheint nur dreimal im MtEv (13, 52; 27,57; 28,19) und noch ein weiteres Mal im NT (Apg 14, 21). Siehe auch U. Luz, Mt I, S.44 und O. S. Brooks, "Mt xxviii 16-20 and the Design of the First Gospel", JSNT 10 (1981) 2-18, hier S.3-4.

[2] Mt: 29mal, Mk: 3, Lk: 51.

[3] Mt: 7mal, Mk: 13, Lk: 10.

[4] Mt: 14mal, Mk:17, Lk:17.

[5] Dies Adjektiv verwendet Mt 129mal (Mk:68, Lk:157), vgl. J. Gnilka, Mt II, S.502; U. Luz, Mt I, S.47; G. Friedrich, "Die formale Struktur von Mt 28,18-20" ZThK 80 (1983) 137-183, hier S.173; J. Lange, Erscheinen, S.150; H. Frankemölle, Jahwebund, S.61; J. D. Kingsbury, "The Composition and Christology of Mt 28:16-20", JBL 93 (1974) 573-584, S.583.

tet.[6] Brooks legt dar, wie eng er auf den Inhalt des ganzen Evangeliums bezogen ist.[7]

Die einzelnen Wendungen des Missionsbefehls sind nun gesondert zu betrachten. Durch den Auftrag μαϑητεύσατε πάντα τὰ ἔϑνη wird die Mission durch den Auferstandenen universalistisch ausgerichtet. Das Wort ἔϑνη läßt zwei Übersetzungsmöglichkeiten zu: *Völker* - hierbei wäre Israel eingeschlossen - oder *Heiden*.[8] Die Entscheidung kann nur aufgrund einer ausführlichen Untersuchung gefällt werden, die im nächsten Abschnitt durchgeführt werden soll. Soviel kann aber hier schon gesagt werden, daß auch die zweite Übersetzung (Heiden) keine generelle Ablehnung der Judenmission bedeuten müßte, denn die israelorientierte Mission gilt nach Mt 10,23, wie im letzten Kapitel gezeigt wurde, bis zum Kommen des Menschensohnes,[9] würde also in jeden Fall neben der Heidenmission (oder als Teil der Völkermission) bis ans Ende der Welt fortgesetzt werden.

Zweitens ist die Formulierung πᾶσα ἐξουσία ἐν οὐρανῷ καὶ ἐπὶ τῆς γῆς bemerkenswert. Sie erinnert an die Versuchung Jesu vor seinem öffentlichen Auftreten. Damals wurden ihm, ebenfalls auf einem Berg,[10] "**alle** Reiche der Welt und ihre Herrlichkeit" versprochen, wenn er vor dem Satan niederfiele, was er ablehnte (Mt 4, 8ff). Jesu ἐξουσία erstreckt sich sonst im MtEv auf die Lehre (7,29; 21,23), die Sündenvergebung (9,6), die Heilung von Krankheiten und das Austreiben unreiner Geister (9,8; 10,1). Sie ist dabei auf Israel beschränkt. Bei der Erscheinung auf dem Berg ist Jesus nunmehr alle Gewalt

---

[6] So Kingsbury, Composition and Christology, S.579, mit Ausnahme der Formulierung "wohin Jesus sie beschieden hatte"; H. Frankemölle, Jahwebund, S.42-46; G. Strecker, Weg, S.208-211; J. P. Meier, "Two Disputed Questions in Mt 28:16-20", JBL 96 (1977) 408-424; J. Lange, Erscheinen, S.180f; J. Gnilka, Mt II, S.505.

[7] O. S. Brooks, Design of the First Gospel, S.2-18.

[8] Beide Übersetzungsmöglichkeiten haben oft gute Argumente für sich und es ist daher nicht einfach zu entscheiden, welche Übersetzung in einem gegebenen Text gewählt werden soll; siehe Bauer/Aland, Wörterbuch, S.440.

[9] Theoretisch entspricht die Übersetzung "Heiden" keinem reinen Universalismus. Trotzdem halten viele Wissenschaftler den die "ἔϑνη-Heiden" betreffenden Missionsbefehl für universalistisch. Z.B. W. Trilling, Israel, S.28; T. Zahn, Mt, S.721, A.9; A. Schlatter, Der Evangelist Matthäus. Seine Sprache, sein Ziel, seine Selbständigkeit, Stuttgart [3]1948, S.798; G. Bertram/K. L. Schmidt: ἔϑνος-ἐϑνικός, ThWNT II, S.362-370, hier S.366f; E. Lohmeyer, Mt, S.418, A.1; G. Strecker, Weg, S.33. 117f; Kümmel, Einleitung, S.68; W. Grundmann, Mt, S.577, A.64; J. Holtzmann, Die Synoptiker (HC 1,1), Tübingen [3]1901, S.298.

[10] Der "Berg" spielt im MtEv eine wichtige Rolle, vgl. 4,8; 5,1. 14; 8,1; 14,28; 15,29; 17,1. 9. 20; 18,12; 21,1. 21; 24,3. 16; 26,30, 28,16.

(πᾶσα ἐξουσία) gegeben,[11] was durch die Erläuterung ἐν οὐρανῷ καὶ ἐπὶ τῆς γῆς[12] (28,18) als unüberbietbar charakterisiert wird. Hierbei liegt der Ton wohl auf ἐπὶ τῆς γῆς, Jesu Vollmacht erstreckt sich nun über die ganze Welt, was durch den folgenden Missionsbefehl konkretisiert wird.[13] Das Adjektiv πᾶς erscheint also zur Charakterisierung universaler Macht vor Beginn und nach Ende des Wirkens Jesu an hervorgehobener Stelle (auf dem Berg, 4,8; 28,18) und zeigt, wie sorgfältig der Evangelist die universalistischen Aussagen redigiert hat.

Drittens ist der Lehrbefehl Jesu in 28,20a zu betrachten. Die Lehre Jesu, wie Mt sie darstellt, erwähnt niemals die Beschneidung, das Signum jüdischer Nationalität, sondern transzendiert und vertieft die jüdische Praxis. Dies läßt sich z.B. beobachten in der Bergpredigt (5-7),[14] bei der Fastenfrage (9,14-17), bei den Sabbatkonflikten (12,1-14), in der Beurteilung der Reinheit (15,1-20) und bei der Frage nach der Ehescheidung (19,1-12).[15] Bei all diesen Fragen wird deutlich, daß seine Lehre nicht ethnisch eingeschränkt, sondern universalistisch ist.

Wie oben in dem Abschnitt zur israelorientierten Thoraauslegung ausgeführt wurde, gilt nach Mt[16] die Lehre Jesu über den νόμος bis zum Ende der Welt (Mt 5,17-19).[17] Zusammenfassend läßt sich daher sagen, daß der Missionsbefehl Jesu in 28,18-20 eindeutig universalistischen Charakter hat.

---

[11] Zum atl. Hintergrund (bes. 2Chr 36,22-33; Dan 7,13-14): G. Friedrich, Strukture, S.137-162; B. J. Malina, "The Literary Structure and Form of Mt XXVIII 16-20", NTS 17 (1970) 87-103; A. Vögtle, "Das christologische und ekklesiologische Anliegen von Mt 28,18-20"; in ders, Das Evangelium und die Evangelien. Beiträge zur Evangelienforschung (KBANT), Düsseldorf 1971, S.253-272 (Dan 7,13-14); J. Lange, Erscheinen, S.349-351; H. Frankemölle, Jahwebund, S.51. 53-61 (2Chr 36,23), S.61-67 (Dan 7,13-14); J. Gnilka, Mt II, S.507-508; W. Trilling, Israel, S.21-25 (Dan 7,13-14).

[12] οὐρανός und γῆ erscheinen nur in 5,18; 6,10; 11,15; 24,35; 24,35; 28,18 gemeinsam.

[13] So mit C. Burchard, Senfkorn, Sauerteig, Schatz und Perle in Matthäus 13, SNTU 13 (1988) 5-35, hier S.16 A.42.

[14] Vgl. "er lehrte sie" in 5,2; 7,29 und "über seine Lehre" in 7,28; siehe auch O. S. Brooks, Design of the First Gospel, S.7. Bevor Mt das Staunen der Menge über Jesu vollmächtiges Lehren aus Mk 1,22 übernimmt, legt er in Kapitel 5-7 die vertiefte und universalistische Thoraauslegung Jesu vor. Vgl. auch E. Schweizer, Matthäus und seine Gemeinde, S.53; siehe auch S. 36ff.

[15] Vgl. W. Trilling, Israel, S.36-40.

[16] Vgl. Mt 4,23; 5,2. 19; 7,29; 9,35; 11,1; 13,54; 15,9; 21,23; 22,16; 26,55; 28,15. 20.

[17] Vgl. auch D. Marguerat, Jugement, S. 100-109. Charakteristisch für die mt Christologie ist nach Marguerat die Betonung der Identität des irdischen Jesus mit dem erhöhten Christus. Darum gilt die Lehre des Irdischen weiter bis zum Ende der Welt und darum

b) Die genaue Bedeutung von πάντα τὰ ἔϑνη

2. These:

Der universalistische Missionsbefehl in Mt 28,18-20 schließt Israel ein; dies läßt sich anhand der Wendung πάντα τὰ ἔϑνη in Mt 28,19 zeigen, die Juden und Heiden umfaßt.

Ob die Wendung πάντα τὰ ἔϑνη in Mt 28,19 "alle Völker" (unter Einschluß Israels) oder "alle Heiden" bezeichnet, wird in der Forschung kontrovers diskutiert.[18] Für unsere These ist dies von einiger Bedeutung. Das Substantiv ἔϑνος[19] kann im NT das jüdische Volk,[20] aber auch heidnische Völker be-

---

ist es Christus selber, der als der gegenwärtige Retter bei seiner Gemeinde ist (28,20b, diese Funktion hat sonst im Urchristentum der heilige Geist) und ihr am Ende als Richter gegenüberstehen wird.

[18] Dazu sind anzuführen: *Für die exklusive Bedeutung:* S. Brown, "The Matthean Community and the Gentile Mission", NT 22 (1980), S.193-221; D. R. A. Hare/D. J. Harrington, "Make Disciples of all the Gentiles (Mt 28:19)", CBQ 37 (1975) 359-369; J. Jeremias, Die Gleichnisse Jesu, Zürich [6]1962, S.204, 207; J. Lange, Erscheinen, S.287.291.302.305; E. Lohmeyer, "Mir ist gegeben". Eine Exegese zu Mt 28,16-20, in. W. Schmauch (Hg.), In Memoriam E. Lohmeyer, Stuttgart 1951, 22-49, hier S.36; R. Walker, Heilsgeschichte, S.108-111. *Für die inklusive Bedeutung:* G. Bornkamm, Enderwartung, S.21; P. Christian, Jesus und seine geringsten Brüder (EthSt 12), Erfurt 1975, S.22-25; H. Frankemölle, Jahwebund, S.121f; G. Friedrich, Struktur, S.179-180, A.118; J. Gnilka, Mt II, S.508f; W. Grundmann, Mt, S.577, A.64; F. Hahn, Verständnis der Mission, S.109; R. Hummel, Auseinandersetzung, S.140; Kümmel, Einleitung, S.86; E. Lohmeyer, Mt, S.418f, J. P. Meier, "Nations or Gentiles in Mt 28,19?" CBQ 39 (1977) 94-102; O. Michel, "Der Abschluß des Matthäusevangelium. Ein Beitrag zur Geschichte der Osterbotschaft", in J. Lange (Hg.), Das Matthäus-Evangelium (WdF 525), Darmstadt 1980, S.119-133, hier S.130. J. Schmid, Das Evangelium nach Matthäus (RNT 1), Regensburg [5]1965, S.352f, 391; G. Bertram/K. L. Schmidt, ἔϑνος-ἐϑνικός, S.366f; J. Schniewind, Das Evangelium nach Matthäus (NTD I,1), Göttingen [12]1968, S.251f; E. Schweizer, Das Evangelium des Matthäus (NTD 2), Göttingen 1973, S.311; G. Strecker, Weg, S.117f, 236, A.6; W. Trilling, Israel, S.26-28; A. Vögtle, Anliegen, S.259.

[19] Bauer/Aland, Wörterbuch ([6]1988), S.440; G. Bertram/K. L. Schmidt, ἔϑνος-ἐϑνικός, ThWNT II, S.362-370, versuchen zu zeigen, daß ἔϑνος im AT wie NT immer Heiden bezeichnet. Die eindeutigen Textstellen, die Juden einschließen müssen (z.B. Mk 11,17; Lk 24,47), werden zwar erwähnt (S.367), aber leider nicht diskutiert.

[20] τὸ ἔϑνος τῶν Ἰουδαίων Apg 10,22; Jos. ant. 12,6. 135; Philo Decal. 96al; τὸ ἔϑνος ἡμῶν Lk 7,5; 23,2; Joh 11,48 (-52); εἰς ἔϑνος μέγα (καὶ πολὺ) LXX Gen 12,2; 18,18.

zeichnen.[21] Oft scheinen beide Bedeutungen mitzuschwingen, je nach Interpretation kann man ἔϑνη mit "Heiden" oder "Völker" (Israel eingeschlossen) übersetzen.[22]

Die betonte Wendung πάντα τὰ ἔϑνη bezeichnet in der LXX häufig die Heiden,[23] im NT (außerhalb von Mt) einmal eindeutig Heiden (Lk 21,24), zweimal sind unzweideutig Juden mitgemeint (Mk 11,17; Lk 24,27), die übrigen Stellen im NT[24] sind in ihrer Bedeutung umstritten und nicht ohne exegetische Vorentscheidungen zu bestimmen.

Im folgenden soll nun der Befund im MtEv untersucht werden. Anders als die LXX, Philo, Josephus und andere ntl. Autoren verwendet Mt ἔϑνος nicht, wenn er sich exklusiv auf das jüdische Volk bezieht; statt dessen schreibt er λαός[25]. Zunächst muß nun gezeigt werden, daß die meisten ἔϑνος-Stellen im MtEv nicht eindeutig auf "Heiden" festzulegen sind, daß vielmehr beide Bedeutungen (Heiden und Völker) mitschwingen (1). Zweitens soll dann nachgewiesen werden, daß die betonte Wendung πάντα τὰ ἔϑνη, die außer im Missionsbefehl (28,19) noch in der Endzeitrede und im Gleichnis vom Weltgericht erscheint (24,9.14; 25,32), höchstwahrscheinlich Juden und Heiden einschließt (2).

---

[21] τὸ ἔϑνος τῆς Σαμαρείας Apg 8,9; Jos. ant. 18,85; ἔϑνη ἑπτὰ ἐν γῇ χανάαν Apg 13,19-30; LXX Dtn 7,1; τὸ ἔϑνος Juden eingeschlossen: Apg 14,5; 21,21; 26,17; Röm 3,29; 9,24; 15,10f; τὸ ἔϑνος Juden ausschließend: Jos. ant 13,196.

[22] S.u. die Untersuchung der Textstellen im MtEv, S. 100f.

[23] Z.B. Gen 18,18; Ex 23,27; Lev 20,24. 26; Dtn 2,25; 28,10; Jos 4,24; 23,3f 1Sam 8,20; 1Chr 14,17; 18.11: 2Chr 32.23: 33.9: Ps 9.18: 58 (59). 6.9; Jo 4,2. 11f; Hag 2,7; Sach 7,14; 14,18f; Mal 2,9; 3,12; Jes 2,2; 29,7f; 40,17; 52,10; 61,11; 66,18. 20; Jer 3,17; 43 (36),2; Ez 39, 21. 23; Dan 3,7. G. Friedrich, Struktur, S.180, A.118. G. Bertram/K. L. Schmidt, ἔϑνος-ἐϑνικός, S.362-366. Dazu: 1Makk 5,38, in Qumran 1QM 4,12; 6,6.

[24] Die Wendung kommt insgesamt 21 bzw. 22mal vor; K. Aland, Vollständige Konkordanz, nimmt Mt 6,32 (par Lk 12,30) hinzu (dann 22mal). Mt: 4; die im Text genannten drei Stellen und zusätzlich: Mk 13,10; Lk 12,30; Apg 14,16; 15,17; Röm 1,5; 15,11; 16,26; Gal 3,8; 2Tim 4,17; Apk 12,5; 14,8; 15,4; 18,3. 23.

[25] Mt verwendet λαός 14mal, um das jüdische Volk zu bezeichnen (1,21; 2,4. 6; 4,16. 23; 13,15; 15,8; 21,23; 26,3. 5. 47; 27,1. 25. 64). Bei Mk bezeichnet λαός (nur 2 Belege) das jüdische Volk, während λαός bei Lk (36mal) manchmal die Heiden miteinschließt (Lk 2,10. 31. 32; 7,17). Vgl. zu λαός den Abschnitt "Israelorientierter Gerichtsgedanke".

(1) ἔθνος:

Es gibt einige Textstellen[26] im MtEv, an denen die ἔθνη wohl eindeutig als Heiden zu identifizieren sind: 4,15; 10,5; 12.18.21; 20,19. Daneben finden sich aber einige Stellen (6,32; 20,25; 21,43; 10,18), die die Interpretation nahelegen, hier seien Heiden und Juden gemeinsam angesprochen:

i) In 6,32 lehrt Jesus die Jünger, sich nicht wie die ἔθνη um die Lebenshaltung zu sorgen. J. P. Meier[27] und D. R. A. Hare/D. J. Harrington[28] nehmen an, mit ἔθνη seien Heiden gemeint. Dagegen kann man einwenden, daß auch Juden, wie alle Menschen, sich um ihren Lebensunterhalt kümmern müssen. Entscheidend ist allein, ob man als Jude oder Heide an Gott glaubt und auf Gottes Sorge vertraut. Somit ist in Mt 6,32 die Übersetzung "Völker" für ἔθνη möglich.

ii) In Mt 20,25 sind die Übersetzungen "Herrscher der Heiden" oder "Herrscher der Völker" gleichwertig.[29] Unter den Jüngern soll die Rangordnung der Welt nicht gelten, auf der Bedeutung von ἔθνη (Heiden oder alle Völker) liegt keine Betonung.

iii) Im Gleichnis von den bösen Weingärtnern kann sich ἔθνος in Mt 21,43 aufgrund des Kontextes auf keine ethnische Größe beziehen, sondern meint das neue Gottesvolk, zu dem auch Juden gehören können, wenn sie gute Früchte bringen.[30]

iv) Die Wendung ἔθνος ἐπὶ ἔθνος in 24,7[31] kann Israel kaum ausschließen, weil sich keine Nation aus den Kriegen der Endzeit heraushalten kann. Die endzeitlichen Phänomene in 24,4ff beziehen sich zudem auf den jüdischen Krieg bzw. auf die Tempelzerstörung, wie aus 24,2f hervorgeht, wo Jesus die Zerstörung des Tempels voraussagt.[32] Dabei ist auch der mt Einschub in das Gleichnis vom Hochzeitsmahl zu berücksichtigen (22,7), ein allegorischer

---

[26] In diesem Abschnitt werden nur die Stellen behandelt, an denen das Substantiv ἔθνος vorliegt; die anderen Wörter dieses Stammes ἐθνικός (Adjektiv) und ἐθνικῶς (Adverb) wurden bereits besprochen, siehe S. 65ff.

[27] J. P. Meier, "Nations or Gentiles in Mt 28,19?", CBQ 39 (1977) 94-102, hier, S.95-96.

[28] D. R. A. Hare/D. J. Harrington, "Make Disciples of all the Gentiles (Matthew 28:19)", CBQ 37 (1975) 359-369, hier S.362-363. Dazu G. Bertram/K. L. Schmidt, ἔθνος-ἐθνικός, S.367f, J. Gnilka, Mt I, S.249f.

[29] J. P. Meier, Nations or Gentiles, S.95. Vgl. G. Strecker, Weg, S.169f. 190.

[30] Vgl. J. P. Meier, Nations or Gentiles, S.97-98; auch G. Strecker, Weg, S.169f. 190; siehe auch den Abschnitt "Israelorientierter Gerichtsgedanke" für die weitere Diskussion.

[31] Auch Mk 13,8; Lk 21,10. Der Singular kommt im MtEv nur hier (24,7) und 21,43 vor.

Zug, der wohl direkt auf die Zertörung Jerusalems anspielt. Es ist also schwer vorstellbar, daß die Wendung ἔϑνος ἐπὶ ἔϑνος in 24,7 Israel ausschließen sollte.³³

Es zeigt sich also, daß sich in den letzten Kapiteln des MtEv immerhin drei Stellen (20,25; 21,43; 24,7) finden, an denen sich die Übersetzung "Volk" bzw. "Völker" nahelegt oder vom Sinn direkt gefordert ist. Dies gilt es zu beachten, wenn wir nun zur Untersuchung der Belege übergehen, an denen die Wendung πάντα τὰ ἔϑνη vorliegt, denn die in Frage kommenden Stellen erscheinen ebenfalls am Ende des Evangeliums (24,9.14; 25,32).

(2) πάντα τὰ ἔϑνη:

Wie oben bereits erwähnt, finden sich in der LXX viele Belege für die Wendung πάντα τὰ ἔϑνη, die dort die nicht auserwählten Völker bezeichnet. Schon Lk und Mk aber bringen je ein Beispiel für die universale Deutung dieser Wendung (Mk 11,17; Lk 24,47). Bevor untersucht werden kann, wie Mt den Ausdruck verwendet, muß ein kurzer Blick auf Mt 6,32 par Lk 12,30 geworfen werden. In dem von Lk gebotenen Text ταῦτα γὰρ πάντα τὰ ἔϑνη... ἐπιζητοῦσιν kann man πάντα auf ταῦτα zurückbeziehen und übersetzen: "nach diesem allem streben die Heiden/Völker". Es ist aber auch möglich πάντα τὰ ἔϑνη als zusammengehörige Wendung zu betrachten, in diesem Fall wird man also übersetzen: "nach diesem streben alle Heiden/Völker". Der bei Mt vorliegende Text³⁴ (πάντα γὰρ ταῦτα τὰ ἔϑνη ἐπιζητοῦσιν) läßt jedoch den Bezug des πάντα auf τὰ ἔϑνη nicht zu. Die zu untersuchende Formel πάντα τὰ ἔϑνη findet sich also nur am Ende des MtEv in 24,9. 14; 25,32 und 28.19.

---

³² Vgl. J. P. Meier, Nations or Gentiles, S.98; J. Lange, Erscheinen, S.285.

³³ D. R. A. Hare/D. J. Harrington, Make Disciples, S.362, stimmen dieser Interpretation sogar trotz ihrer sonst gegenteiligen Auslegungstendenz zu; dagegen J. Lange, Erscheinen, S.285: "Auf das Israel ist nicht reflektiert"! Er nennt aber keine Gründe für seine Auffassung; wahrscheinlich denkt er an die atl. Vorlagen des apokalyptischen Wortes (Jes 19,2; 2Chr 16,6); an diesen Stellen ist Israel natürlich nicht mitgemeint.

³⁴ Die vom mt Text abweichenden Wendung πάντα γὰρ ταῦτα τὰ ἔϑνη (Mt 6,32) bieten die HSS: א N Δ Θ f¹³ 892 1241 al lat syᶜ Cl Bas. Sie ist wohl als Parallele zu Lk 12,30 anzusehen. P. Hoffmann, "Der Q-Text der Sprüche vom Sorgen. Mt 6,25-33/Lk 12,22-31. Eine Rekonstruktionsversuch", in L. Schenke (Hg.), Studien zum Matthäusevangelium (FS W. Pesch), Stuttgart 1988, S.127-155, zieht die Wendung ταῦτα γὰρ πάντα τὰ ἔϑνη bei Lk (12,30) als Redaktion vor; hier S.149f.

(a) Mt 24,9

Die oben besprochene Stelle 24,7[35], an der Juden offensichtlich mit unter den Begriff ἔθνος fallen, gibt einen ersten Hinweis darauf, daß πάντα τὰ ἔθνη in 24,9.14 ebenfalls Juden und Heiden umgreift. Allerdings hat Mt in 24,9 τῶν ἐθνῶν redaktionell hinter μισούμενα ὑπὸ πάντων hinzugefügt,[36] deshalb zögert man zu entscheiden,[37] ob Israel einbegriffen ist oder nicht vielmehr durch den redaktionellen Eingriff ausgeschlossen werden soll. Dies ist indes wenig wahrscheinlich: die Geschichte des Urchristentums zeigt, daß die Jünger und die Gemeinden auch von Juden verfolgt wurden (Apg 4,1-3; 5,17f; 8,1f; 1.Thess 2,14-16 u.ö.). Mt ist dies bewußt (Mt 5,11; 10,23; 23,34ff). Die Voraussage in 24,9 dürfte deshalb Juden einschließen.

Diese Überlegung wird durch zwei textimmanente Argumente gestützt: Mt bearbeitet den Text über die Verfolgungen Mk 13,9-13 zweimal, in 24,9-13 und in der Aussendungsrede 10,17-22.

Dort heißt es erstens in 10,17f von den Ausgesandten, daß sie εἰς συνέδρια καὶ ἐν ταῖς συναγωγαῖς αὐτῶν übergeben und gegeißelt werden und dann vor den Herrschern und den Völkern zeugen. Daß also Juden an der Verfolgung der Jünger teilgenommen haben, wird von Mt vorausgesetzt.

Zweitens werden nach 10,21f die Ausgesandten von allen (ὑπὸ πάντων) gehaßt, diese Formulierung kann niemanden ausschließen, im Zusammenhang ist auch an die nächsten Verwandten und Gemeindemitglieder (wenigstens teilweise also an Juden) gedacht.

Nimmt man alle diese Hinweise zusammen, kann es keinen Zweifel daran geben, daß in 24,9 die Juden mit zu den Völkern zu rechnen sind, die die Christen hassen.

---

[35] Siehe S. 100f.

[36] Der Satz, καὶ ἔσεσθε μισούμενα ὑπὸ πάντων (τῶν ἐθνῶν nur bei Mt) διὰ τὸ ὄνομά μου, lautet in den drei Evv (Mt 24,9; Mk 13,13; Lk 21,17) trotz der redaktionellen Bearbeitung gleich.

[37] J. P. Meier, Nations or Gentiles, S.96-97. 99; D. R. A. Hare/D. J. Harrington, Make Disciples 362, 366; J. Lange, Erscheinen, S.286-287, fällen ihre Übersetzungsentscheidung für 24,9 aufgrund von 24,14.

(b) Mt 24,14

T. Zahn[38], W. Trilling[39] und J. P. Meier[40] nehmen an, in Mt 24,14 seien alle Völker (einschließlich Israel) gemeint; die gegenteilige Auffassung bei D. R. A. Hare/D. J. Harrington, J. Lange[41] und R. Walker[42] stützt sich auf das paulinische Schema "erst Juden, dann Heiden" (z.B Rm 1,16), das auch Mt zugrundeliegen soll (10,5. 17-18). Dabei ist also vorausgesetzt, daß den Juden das Evangelium zuvor gepredigt worden ist. Doch läßt der Kontext u. E. diesen Schluß nicht zu. Ist es schon äußerst unwahrscheinlich, daß die Wendung ἐν ὅλῃ τῇ οἰκουμένῃ die Juden - in Palästina und der ganzen Diaspora - auschließen sollte,[43] so zeigt der Vergleich mit der Aussendungsrede erneut, daß Mt wohl auch an die Juden denkt:

$$24{,}14{:}\ εἰς\ μαρτυρίον \qquad\qquad πᾶσιν\ τοῖς\ ἔϑνεσιν$$
$$10{,}18{:}\ εἰς\ μαρτυρίον\ αὐτοῖς\ καὶ \qquad τοῖς\ ἔϑνεσιν$$

Hierbei bezieht sich αὐτοῖς (10,18) auf die Herrscher und wohl auch auf die Verfolger (teilweise Juden), die die Apostel vor die Heiden bringen.[44] Ferner ist auf zwei bereits im letzten Abschnitt erarbeitete Ergebnisse zurückzugreifen: es ist problematisch, das Schema "erst Juden, dann Heiden" auf das MtEv anzuwenden, denn Mt hat in 15,26 das Wort πρῶτον weggelassen, um dieses Schema zu vermeiden. Ferner ist an den israelorientierten Missionsbe-

---

[38] T. Zahn, Mt, S.666, A.7,"... πᾶσιν τοῖς ἔϑνεσιν bezeichnet hier wie Vers 9 ... ebensowenig die Heiden mit Ausschluß Israels, sondern die gesamte in Völker geteilte Menschheit mit Einschluß Israels."

[39] W. Trilling, Israel, S.28, er folgt der Stellungsnahme T. Zahns.

[40] J. P. Meier, Nations or Gentiles, S.98, er schließt sich der Stellungnahme T. Zahns und W. Trillings an.

[41] D. R. A. Hare/D. J. Harrington, Make Disciples, S.366; J. Lange, Erscheinen, S.290-291.

[42] R. Walker, Heilsgeschichte, S.83-86; H. Schlier, "Die Entscheidung für die Heidenmission in der Urchristenheit" in ders., Die Zeit der Kirche. Exegetische Aufsätze und Vorträge, Freiburg, [2]1959, S.90-107, hier S.90: "Heidenmission gibt es nur unter der Voraussetzung, daß Israel den Messias Jesus verworfen hat..."; vgl. R. Walker, Heilsgeschichte, S.84.

[43] R. Walker, Heilsgeschichte, S.85, "Der geographische Begriff οἰκουμένη, der natürlich 'Palästina' in sich schließen kann, wird durch das personale Objekt πᾶσιν τοῖς ἔϑνεσιω eindeutig als 'heidnische' Ökumene charakterisiert".

[44] Daß die Juden die Gesandten Gottes töten, ist ein alter Topos, der z.B. auch Mt 23,34f zugrundeliegt. Die 10,17f dargestellte Abfolge von der Verfolgung durch jüdische

fehl zu erinnern (10,5), der bis zur Parusie weitergilt, wie der Präsensimperativ παρεύεσθε im Kontrast zu den beiden Aoristimperativen ἀπέλθητε und εἰσέλθητε zeigt.

Aber auch der unmittelbare Kontext von 24,14 weist darauf hin, daß πάντα τὰ ἔθνη Juden einschließt. Denn ab V.15 ist eindeutig von Juden(-christen) in Judäa die Rede. Sie gehören zu den ἐκλεκτοί (V.22. 24). Diese sind andererseits weltweit verstreut (V.31).

Sowohl für 24,9 als auch für 24,14 kann somit als gesichert gelten, daß πάντα τὰ ἔθνη alle Völker unter Einschluß Israels bezeichnet.

(c) Mt 25,32

Im Gleichnis vom Weltgericht sammelt der Menschensohn πάντα τὰ ἔθνη vor seinem Thron (Mt 25,31f). J. Lange und D. R. A. Hare/D. J. Harrington meinen, Israel sei von diesem Gericht ausgeschlossen. Sie begründen diese Auffassung zum einen damit, daß im näheren Kontext (24,4-14)[45] zweimal die Formulierung πάντα τὰ ἔθνη verwendet werde, die Israel ausschließe;[46] dies Argument wurde im letzten Abschnitt bereits widerlegt. Zum andern nehmen sie an, es gebe je ein getrenntes Endgericht über Israel[47] und über die Heiden. Dagegen lassen sich folgende Gründe anführen:

i) Das Gleichnis vom Weltgericht läßt an keiner Stelle vermuten, daß es neben dem dort berichteten noch ein zweites Gericht vor dem Menschensohn gäbe. Auch aus Mt 24,30f und 25,31ff läßt sich nicht auf zwei verschiedene Gerichtsverfahren des Menschensohn schließen.[48] Im Gegenteil, bezeichnet die in Mt 24,30 erscheinende Wendung πᾶσαι αἱ φυλαὶ τῆς γῆς alle Volksstämme der Erde.[49] Der Evangelist übernimmt diesen Ausdruck wie Apk 1,7 aus Gen 12,3; 28,14. Nichts weist darauf hin, daß er zwischen πάντα τὰ ἔθνη und πᾶσαι αἱ φυλαὶ τῆς γῆς einen Bedeutungsunterschied in der Weise macht, daß die erste Wendung "Heiden", die zweite "alle Völker" bezeichnen solle. Schon in der LXX können beide Formulierungen synonym verwendet werden

---

Instanzen hin zur Anklage vor den heidnischen Machthabern liegt auch dem Prozeß Jesu zugrunde.

[45] Diese Wendung kommt im MtEv insgesamt nur viermal vor (24,9. 14; 25,32; 28,19).

[46] J. Lange, Erscheinen, S.298-299.

[47] D. R. A. Hare/D. J. Harrington, Make Disciples, S.363-366, meinen ferner, daß die Gerichteten keinen Kontakt mit Jesus hätten (25,37).

[48] G. Strecker, Weg, S.115, "Damit steht Israel in der Reihe aller übrigen Völker, die das Kommen des Weltrichters erwarten (24,30), ohne daß ihm noch eine Vorrangstellung zuerkannt ist." Vgl. dazu S. 143ff.

(vgl. Gen 12,3; 28,14 mit 18,18). Im NT macht sich dies Paulus zunutze, wenn er in Gal 3,8 die Verheißungen von Gen 12,3 und 18,18 kombiniert und schreibt: ἐνευλογηθήσονται ἐν σοὶ πάντα τὰ ἔθνη statt ... πᾶσαι αἱ φυλαὶ τῆς γῆς. Auch bei Mt werden daher beide Wendungen synonym sein.

ii) Die Formulierung ἐν ἡμέρᾳ κρίσεως (Mt 11,22) setzt nur ein Gericht voraus. Als Kriterium nennt Jesus am Ende der Bergpredigt das Tun seiner Worte bzw. des väterlichen Willens (Mt 7,21f.24ff).[50] Auch Mt 19,28 bietet keinen anderen Maßstab, obwohl dort nur Israel erwähnt ist. Es besteht also nur ein universales Kriterium für alle Menschen.[51]

iii) Die Schilderung der Ankunft des Menschensohnes zum Gericht in Mt 25,31f erinnert stark an 16,27, auch dort kommt der Menschensohn in Herrlichkeit mit seinen Engeln. Er beurteilt jeden (ἕκαστος) nach seinen Werken, wendet also ein universales Kriterium ohne ethnische Einschränkung an. "Jeder" meint hier eindeutig alle Menschen: Juden und Heiden.

iv) Die zum Gericht versammelten πάντα τὰ ἔθνη werden in Mt 25,32 "Schafe und Böcke" genannt. Die πρόβατα[52] werden als Bild bereits mehrfach vorher im MtEv verwendet, z.B. für Israel (Mt 9,36 par Mk 6,34; Mt 10,6; 15,24), für die Jünger Jesu (also Juden: 10,16; 26,31 par Mk 14,27), für die Mitglieder der Gemeinde (verlorene oder nicht verlorene: 18,12-14 par Lk 15,4ff). Es ist also zu vermuten, daß in 25,32 mindestens ein Teil der πρόβατα (und damit der ἔθνη) Juden sind.

v) Die Gerechten erben in 25,34 die βασιλεία, die vor Grundlegung der Welt für sie bereitet ist. Ursprünglich sind die Juden die Erben der βασιλεία (8,10; 21,43). Das Verbum κληρονομέω[53] wendet sich im NT niemals direkt gegen die Juden, sondern immer gegen eine in bestimmter Weise unqualifizierte Gruppe (1Kor 6,9f; 15,50; Gal 5,21). Bei Mt erben die Sanftmütigen die Erde (Mt 5,5) und die Nachfolger Jesu das ewige Leben (Mt 19,29 par Mk 10,17; Lk 18,18), beide Gruppen sind nicht ethnisch begrenzt, sondern zeichnen sich durch eine bestimmte positive Qualifikation aus (gleiches gilt für Gal 4,30 und 1Petr 3,9).

---

[49] Bauer/Aland, Wörterbuch (⁶1988), S.1732.

[50] Vgl. auch Mt 3,7f, die Söhne Abrahams haben keinen Vorteil im Gericht.

[51] J. P. Meier, Nations or Gentiles, S.100. Vgl. dazu unten S. 146ff.

[52] Mt: 11mal; Mk: 2; Lk: 2.

[53] Das Verbum kommt im NT 18mal vor (Mt 5,5; 19,29; 25,34; Mk 10,17; Lk 10,25; 18,18; 1Kor 6,9.10; 15,50(zweimal); Gal 4,30; 5,21; Heb 1,4.14; 6,12; 12,17; 1Pet 3,9; Apk 21,7). Seine beiden Substantive (κληρονομία und κληρονόμος) sprechen im Gleichnis

Zusammenfassend läßt sich festhalten, daß es nur ein Endgericht und in ihm ein Kriterium für alle Menschen gibt, πάντα τὰ ἔϑνη in Mt 25,32 muß die Juden als Volk einschließen. Die "verlorenen Schafe Israels" (Mt 10,6) und die "Erben" des Reiches (8,10) gehören mit zu "allen Völkern", unter denen der Weltenrichter die Schafe von den Böcken trennt, um sie das Reich erben zu lassen.[54]

(3) πάντα τὰ ἔϑνη bei Josephus

Die Untersuchung der Wendung πάντα τὰ ἔϑνη im MtEv ergab, daß sie nicht im Sinne des traditionellen Sprachgebrauchs der LXX eingeschränkt ist. Mt ist nicht der einzige, der πάντα τὰ ἔϑνη im umfassenden, Israel einschließenden Sinn verwendet.[55] Josephus, der ἔϑνος in seinem Werk insgesamt 401mal bietet,[56] benutzt viermal die Formulierung πάντα τὰ ἔϑνη,[57] und zumindest eine dieser Stellen kann, wie bei Mt, auf alle Völker bezogen werden, wobei Israel eingeschlossen ist.[58]

In Contra Apionem 1,172 erwähnt der Dichter Cherilius das jüdische Volk als Teilnehmer am Kriegszug des Xerxes: καταριϑμησάμενος γὰρ πάντα τὰ ἔϑνη τελευταῖον καὶ τὸ ἡμέτερον ἐνέταξε λέγων. Hier kann unmöglich ein einzelnes Volk ausgeschlossen sein. Zur Verdeutlichung seiner Auffassung, daß Israel in den übrigen Völkern einbegriffen ist, hat Josephus die Formulierung τελευταῖον καὶ τὸ ἡμέτερον ἐνέταξε λέγων (am Ende trug er auch unser Volk ein bzw. reihte es ein) nach der Wendung πάντα τὰ ἔϑνη hinzugefügt. Da im selben Satz bereits vorher von den Juden als unserem ἔϑνος die Rede ist, dürfte dies ἔϑνος in der Tat zu den πάντα τὰ ἔϑνη zählen und nicht etwa

---

von den Winzern (Mt 21,38; Mk 12,7; Lk 20,14) nicht gegen das ganze jüdische Volk, sondern nur gegen die jüdischen Führer.

[54] Zu diesem Ergebnis kommt auch D. Marguerat, Jugement, S. 502-508: "La conclusion s'impose: συναχϑήσονται πάντα τὰ ἔϑνη désigne ici le rassemblement judiciaire de l'humanité entière, tous les hommes sans exception, croyants et incroyans. Ni Israël, ni l'Eglise ne manquent à cette convocation." (S.506).

[55] Dagegen meint S. HreKio, "Understanding and Translating 'Nation' in Mt 28,19", Bible Translator 41 (1990) 230-238, daß Mt 28,19 die einzige Ausnahme für die einschließende Bedeutung des ἔϑνος ist: "... to include the Jews in *ethnos* is not the rule but rather the exception", hier S.236.

[56] Vgl. K. H. Rengstorf (ed.), A Complete Concordance to Flavius Josephus, Vol II, Leiden: E. J. Brill, 1975, S.15-18. Josephus verwendet das Wort λαός 291mal. Zu ἔϑνος siehe Vol III, S.13-15.

[57] Ant 7,151; 11,215; 12,269 und Ap 1,172.

[58] Bei zwei weiteren Stellen ist es zwar nicht ausgeschlossen, aber unwahrscheinlich, daß der inklusive Sprachgebrauch vorliegt: Ant 12,269 und Ant 7,151.

additiv hinzukommen. Darauf weist vor allem das Verb ἐντάσσειν, das "einreihen" bedeutet,[59] es sei denn, man bezieht das "Einreihen" nicht auf die vorher genannten πάντα τὰ ἔθνη, sondern auf die im folgenden zitierte Aufzählung von Völkern. Aber auch dann käme das ἔθνος der Juden *als* ἔθνος neben "alle ἔθνη" zu stehen. Da Josephus in contra Apionem eindeutig an eine heidnische Leserschaft deutet, könnte er an dieser Stelle - entgegen seinem sonstigen Sprachgebrauch - die Juden aus der Perspektive von Heiden als ein "Volk" neben anderen "Völkern" verstehen.

Auch die weitergehende Darstellung (contra Apionem 1,173f) macht deutlich, daß Josephus den Bericht des Cherilius als Beleg dafür interpretiert, daß das jüdische Volk in der Aufzählung aller Völker enthalten ist. Diese Interpretation weist darauf hin, daß Josephus wie Mt ganz bewußt πάντα τὰ ἔθνη im Kontrast zu dem einfachen Wort ἔθνος (ohne das betonende Adjektiv πᾶς) in der Israel einschließenden Bedeutung "alle Völker" verwenden kann.

(4) Folgerungen

Es wurde bereits darauf hingewiesen, daß im sonstigen NT die Bedeutung der Wendung häufig umstritten ist.[60] Ferner ist nochmals an die beiden Stellen zu erinnern, an denen der inklusive Gebrauch vorliegt: Mk 11,17 (auch die Juden beten natürlich im Haus Gottes) und Lk 24,47. Diese letzte Stelle ist von besonderem Interesse, weil sie formal und inhaltlich eine enge Parallele zu Mt 28,19 darstellt, handelt es sich doch um einen Befehl zur Predigt, vom Auferstandenen gesprochen: κηρυχθῆναι... εἰς πάντα τὰ ἔθνη ἀρξάμενοι ἀπὸ Ἰερουσαλήμ (Lk 24,47). Ἀρξάμενοι ἀπὸ Ἰερουσαλήμ ist hier als "anfangend mit

---

[59] Vgl. die beiden weiteren Belege bei Jos ant 14,319 und 18,374: "Die Griechen und Syrer in Seleukia lebten ebenfalls meist in Streit und Hader, wobei jedoch die Griechen immer im Vorteil bleiben. Als aber jetzt die jüdische Ankömmlinge bei ihnen wohnten, stieg die Macht der Syrer, weil die Juden, die als tapfere Männer und stets bereite Helfer in Kriegsfällen bekannt waren, zu ihnen hielten (φιλοκινδύνων τε ἀνδρῶν καὶ πο⁻ λεμεῖν προθύμως ἐντεταγμένων)" (ant 18,374).

[60] Wie z.B. in Apg 15,17: J. Munck, The Acts of the Apostle (AncB 31), New York 1967, S.138, übersetzt hier "Gentile"; R. Pesch, Die Apostelgeschichte II (EKK 5), Benzig/Basel/Wien 1982, S.70 und S.80, und G. Schneider, Die Apostelgeschichte (HThk 5), Freiburg 1982, S.172 und S.183, hingegen übersetzen "Völker", beziehen die Stelle in ihrer Auslegung aber auf die Heiden. Vielleicht ist den genannten Autoren die Implikation ihrer Übersetzung nicht bewußt. Bei seinen Missionsreisen ging Paulus zunächst in die Synagoge der Juden (Apg 9,20; 13,5.14; 14,1; 17,10.17; 18,4; 19,8). Daß die von Paulus gegründeten Gemeinden rein heidnisch sein sollten, ist daher kaum anzunehmen.

Jerusalem" zu verstehen, nicht etwa als "ausgehend von Jerusalem", wie die sonstige Verwendung dieser Verbindung zeigt.[61]

Ein letztes Argument gegen die Inklusivität von Mt 28,18-20 ist noch zu besprechen. Das Nebeneinander von παρὰ Ἰουδαίας (28,15) und πάντα τὰ ἔθνη (28,19) wird manchmal so gedeutet, als seien "die Juden" von der Mission ausgeschlossen: Sie seien das ungläubige Geschlecht (γενεὰ πονηρά), das das Zeichen des Jona erhalte (12,38-40). Aber gerade dies Nebeneinander von Juden und ἔθνη weist eher auf das Gegenteil. Denn es heißt nicht, daß das Gerücht über den "Leichendiebstahl" unter "*den* Juden" kursierte, sondern nur "unter Juden", d.h. nicht unter allen Juden. Damit wird vielleicht angedeutet, daß es auch unter den Juden Christen gibt, die dem glauben, dem alle Macht im Himmel und auf Erde gegeben ist. Darüber hinaus bezieht sich der Schluß des Evangeliums nicht nur auf die Perikope vom Jonazeichen zurück, sondern auch auf die Verheißung an die Jünger, daß sie Israel auf zwölf Thronen richten werden. Die Vollmacht, die Jesus in Mt 19,27-30 den "Zwölfen" verheißt, ist grundsätzlich in der Vollmacht zur "Unterwerfung" aller aller Völker unter die Lehre Jesu in 28,18-20 enthalten. Ebenso umfaßt die in der Versuchungsgeschichte abgelehnte irdische Macht über die Welt auch die Macht über Israel - entsprechend muß die universale Macht des Auferstandenen wirklich Macht über "*alles*" im Himmel und auf Erden sein!

Werten wir nun alle Ergebnisse in Hinsicht auf Mt 28,19 aus, so können wir mit großer Wahrscheinlichkeit annehmen, daß der Missionsbefehl allen Völkern unter Einschluß Israels gilt. Die redaktionelle Wendung πάντα τὰ ἔθνη (28,19) wird von Mt stets in ihrer inklusiven Bedeutung verwendet (24,9.14; 25,32), für diesen Sprachgebrauch gibt es außerdem einige neutestamentliche Analogien und einen außerchristlichen Beleg (Josephus). Gegen den Sprachgebrauch der LXX, in der πάντα τὰ ἔθνη Heiden (ohne Israel) bezeichnet, scheint sich diese Verwendung am Ende des ersten Jahrhunderts ausgebildet zu haben. Mt (und vielleicht Josephus) gehören zu den Autoren, die sie bewußt reflektiert verwenden.

---

[61] Die Wendung ἄρχομαι ἀπό, findet sich neben Lk 24,47 noch zehnmal im NT und wird ausnahmslos in inklusiver Bedeutung ("beginnend bei", "anfangend mit") verwendet. Die nächste Parallele zu Lk 24,47 ist Lk 23,5: Jesus lehrt im ganzen jüdischen Land ἀρξάμενος ἀπὸ τῆς Γαλιλαίας ἕως ὧδε. Bis in die Formulierung hinein vergleichbar ist Apg 10,37. Neben der lokalen Bedeutung gibt es die temporale in Mt 4,17; 16,21; Apg 1,22. Am häufigsten wird durch ἄρχομαι ἀπό der Beginn einer Handlung bezeichnet, wobei der Anfang unbedingt dazugehört ("anfangend bei"): Mt 20,8; Lk 24,27; Joh 8,9; Apg 8,35; 1Petr 4,17.

B. Der Aufbau der multikulturellen Gemeinde

Das Nebeneinander eines israelorientierten und universalistischen Missions-befehls im Text des MtEv läßt auf ein Nebeneinander einer Mission unter Juden und Heiden in der mt Gemeinde schließen. Wenn man nicht davon ausgeht, daß die Judenmission ganz ergebnislos war, müßte eine solche "Doppelmission" zu einer sozial zusammengesetzten Gemeinde aus Juden und Heiden führen. Betrachtet man nun die Verkündigung Jesu im MtEv als ein Modell für die missionarische Verkündigung der mt Gemeinde, so kann man auch die im MtEv von seiner Verkündigung und seinen Worten ange-sprochenen Menschen als Repräsentanten der mt Gemeinde auffassen. Das soll im folgenden am sogenannten Tatenzyklus (Mt 8,1-9,34) gezeigt werden. Daß er eine Einheit bildet, ist allgemein anerkannt.

1. Der Tatenzyklus: Mt 8,1-9,34

Mt 4,23 und 9,35 bilden einen redaktionellen Rahmen, in dem die Kapitel 5-7 von Jesu Worten, 8-9[1] von seinen Taten berichten.[2] Die folgenden Untersu-chungen wollen zeigen, daß die Kapitel 8-9 stark vom Thema der Ekklesiolo-gie[3] beherrscht werden, dies gilt sowohl für die Nachfolgeperikopen,[4] die sich

---

[1] Redaktionelle Zusammenstellungen von Wundererzählungen finden sich einmal bei Mt (8-9); zweimal bei Mk (1,21-45 und 4,35-5,43); dreimal bei Lk (4,31-5,26; 7,1-17 und 8,22-56).

[2] C. Burger, "Jesu Taten nach Mt 8 und 9", ZThK 70 (1973) 272-287, hier S.272-273; B. Gerhardsson, The Mighty Acts of Jesus According to Matthew, Lund 1979, S.22-24; J. Gnilka, Mt I, S.350; W. Grundmann, Mt, S.111; H. J. Held, Mt als Interpret, S.234. 237; J. D. Kingsbury, "Observations on the 'Miracle Chapter' of Mt 8-9", CBQ 40 (1978) 559-573, hier S.566-567; J. Schniewind, Mt, S.36. J. Moiser, "The Structure of Mt 8-9: A Suggestion", ZNW 76 (1985) 117-118, schlägt eine Strukturanalyse der Kapitel 8-9 vor, nach der diese demselben Muster wie 5-7 folgen.

[3] C. Burger, Jesu Taten, S.283. Die Betonung christologischer Aussagen in 8-9 ist insbe-sondere von H. J. Held herausgearbeitet worden (Jesus wird gezeigt als der Erfüller der atl. Weissagung, als der machtvoll handelnde Gottesknecht, als der Herr und Helfer seiner Gemeinde, als der, der seinen Jüngern Anteil an seiner Vollmacht gibt), in H. J. Held, Mt als Interpret, S.159-168. 243-262, bes. S.240; vgl. auch J. D. Kingsbury, Obser-vations, S.562-566; W. Grundmann, Mt, S.245f. Doch übersieht H. J. Held nach P. J. O'Donnell (A Literary Analysis of Mt 8: Jesus' First Gentile Mission, The Iliff School of These, Iliff 1979, S.4-5) wegen der Konzentration auf theologische Themen die

auf die Gemeinde des Mt beziehen,[5] wie auch für die Wundergeschichten. Wir schließen uns damit der Meinung Burgers an: "Das Gesamtthema dieser Komposition (Mt 8-9) ist die Kirche Jesu Christi."[6] Dabei soll insbesondere gezeigt werden, daß diese Kirche als eine Kirche aus Juden und Heiden dargestellt wird.

Zunächst geben wir einen Überblick über Aufbau und Struktur von Kap 8-9: Die Perikopen sind immer in Gruppen, oft in Paaren angeordnet, von denen zwei das Thema "Juden und Heiden", zwei die "Nachfolge" behandeln, und die abschließenden Perikopen die Thematik von "Glaube und Heilungen" aufgreifen.

Thema: Juden/Heiden

Die Zuwendung Jesu zu einem Juden: Der Aussätzige (8,1-4)
Die Zuwendung Jesu zu einem Heiden: Der Hauptmann von Kapernaum (8,5-13)
(Die Schwiegermutter des Petrus und Heilung vieler 8,14-17)

Thema: Die Entstehung der Gemeinde durch Nachfolge

Die Schwierigkeiten beim Entschluß zur Nachfolge: Nachfolgesprüche (8,18-22)
Die Schwierigkeiten durch äußere Verfolgung: Sturmstillung (8,23-27)

Zusammenhänge und Entwicklungen innerhalb der Kapitel 8-9. Obwohl O'Donnell mit dieser Kritik weitgehend recht hat (H. J. Held, Mt als Interpret, S.252-257 auch 258-262, erwähnt allerdings an einzelnen Stellen durchaus die Gemeinde im Verhältnis zum χύριος), betrachtet er selbst statt des ganzen Komplexes 8,1-9,34 nur das 8. Kapitel und kommt zu dem Ergebnis, Mt beschreibe hier die Heidenmission (O'Donnell, Literary Analysis, S.204).

[4] J. Gnilka, Mt I, S.309.

[5] H. J. Held, Mt als Interpret, S.252-257.

[6] C. Burger, Jesu Taten, S.287.

Thema: Juden/Heiden

Die Ablehnung Jesu durch die Heiden: Der Besessene von Gadara (8,28-34)
Die Ablehnung Jesu durch die jüdischen Führer: Der Gelähmte (9,1-8)

Thema: Die Nachfolger Jesu und Kritik an ihnen

Die Kritik an den Nachfolgern wegen ihrer Tischgemeinschaft mit Zöllnern und Sündern (9,9-13)
Die Kritik an den Nachfolgern wegen ihrer Fastenpraxis (9,14-18)

Thema: Glauben und Heilungen

Die Heilung der blutflüssigen Frau (aufgrund ihres Glaubens) und die Erweckung der Tochter des Jairus (9,18-26)
Die Heilung zweier Blinden (aufgrund ihres Glaubens) und eines Stummen (9,27-34)

Mt hat Kap. 8-9 bewußt komponiert: Diese Komposition 8,1-9,34 läßt in mehrfacher Hinsicht Rückschlüsse auf die mt Gemeinde zu. Folgende **Thesen** sollen in diesem Kapitel bewiesen werden:

Zweimal hat Mt redaktionell Perikopen zusammengestellt, die dasselbe Thema behandeln (Jesu Zuwendung in einer Heilung, 8,1-4.5-13 und Ablehnung Jesu aufgrund einer Heilung 8,28-34; 9,1-8). Dabei sind einmal Juden (8,1-4; 9,1-8) und das andere Mal Heiden (8,5-13.28-34) die Partner Jesu. Hier spiegelt sich die alltägliche Erfahrung einer aus Juden- und Heidenchristen zusammengesetzten Gemeinde: Sie erfährt Zustimmung wie Ablehnung von Juden und Heiden.

Die Perikopen von den Schwierigkeiten der Nachfolge (8,18-22.23-27) sind transparent für die Probleme der mt Gemeinde; besonders gilt dies für die äußeren Verfolgungen, die sie erfährt und die sich in der mt Redaktion der Sturmstillungsperikope niederschlagen.

Zöllnergastmahl und Fastenfrage (9,9-13.14-18) spiegeln wahrscheinlich die Kritik der Umwelt an der Tischgemeinschaft von Juden und Heiden in der Gemeinde und an ihrer vom Judentum abweichenden Fastenpraxis.

Die abschließenden Wundergeschichten schließlich (9,18-26.27-34, auch schon 8,1-13) betonen aufs stärkste die Bedeutung des Glaubens, der allein Jesu Zuwendung ermöglicht sowie soziale und ethnische Unterschiede irrelevant macht. Auch hier liegt die Vermutung nahe, daß die Konzentration des Mt auf den Glauben Ausdruck seiner interkulturellen Theologie ist, durch die er Menschen unterschiedlichster Herkunft in eine christliche Gemeinde integrieren möchte.

a) Die Zuwendung Jesu zu einem Juden und einem Heiden (8,1-13)

Viele Exegeten[7] stimmen darin überein, daß die drei Wundergeschichten zu Beginn des 8. Kapitels (Heilung eines Aussätzigen, 8,1-4; Hauptmann von Kapernaum, 8,5-13 und die Heilung der Schwiegermutter des Petrus, 8,14f) eine Einheit bilden, die durch das Jesajazitat in Mt 8,17 (Jes 53,4) abgeschlossen wird. Jesus wird durch die drei Wunder und das deutende Zitat als der heilende Gottesknecht erwiesen.[8] Es soll im folgenden gezeigt werden, daß innerhalb dieser Dreiergruppe die Perikopen vom Aussätzigen und vom Hauptmann besonders eng zusammengehören und daß ihre Botschaft auf die Situation der multikulturellen mt Gemeinde Bezug nimmt. Mt berichtet diese beiden Heilungen direkt im Anschluß an die Bergpredigt, wobei eine große Menge vorausgesetzt ist, die Jesus folgt (8,1). Die Heilung der Schwiegermutter des Petrus findet dagegen im Haus, unter Ausschluß der Öffentlichkeit, statt. Von der kranken Frau wird von ihrer Heilung keinerlei Aktivität berichtet, das Interesse liegt allein auf Jesu Handeln; in den ersten beiden Perikopen sind die Hilfesuchenden dagegen vor der Heilung aktiv. Der Schwer-

---

[7] Wie z.B. W. G. Thompson, "Reflections on the Composition of Mt 8:1-9,34", CBQ 33 (1971) 365-388; C. Burger, Jesu Taten, S. 272-287; J. D. Kingsbury, Observations, S.559-573; O'Donnell, Literary Analysis; dagegen H. J. Held, Mt als Interpret, S.234-240, vgl. auch J. Moiser, Structure, S.117.

[8] W. G. Thompson, Reflections, S.369, "Matthew demonstrates to his community that Jesus fulfills the mission of the Servant of JHWH"; C. Burger, Jesu Taten, S.274, Jesus ist der barmherzige Helfer; O'Donnell, Literary Analysis, S.99-100.102 nimmt wegen dieses Zitates an, daß die Israelmission Jesu zu Ende gehe; D. J. Moo, "Jesus and the Authority of the Mosaic Law", JSNT 20 (1984) 3-49, glaubt, daß Jesus in diesen drei Perikopen eine neue Lehre anbiete.

punkt liegt auf den Dialogen zwischen Jesus und ihnen,[9] wobei die Bitten der Hilfesuchenden jeweils ähnlich formuliert sind.[10]

1: Mt 8,1 καταβάντος δὲ αὐτοῦ (Gen. abs.)... ἠκολούθησαν αὐτῷ
   Mt 8,5 εἰσελθόντος δὲ αὐτοῦ (Gen. abs.)... προσῆλθεν αὐτῷ

2: Mt 8,2 προσελθών... λέγων, κύριε
   Mt 8,5f παρακαλῶν... λέγων, κύριε

3: Mt 8,4 Ὕπαγε
   Mt 8,13 Ὕπαγε

Die beiden Perikopen sind offensichtlich bewußt als die ersten berichteten Wunder des MtEv zusammengestellt worden. Dies zeigt die folgende Übersicht der Umstellungen des Mt gegenüber Mk und Q:[11]

Mk	Mt	*Q
─Schwiegermutter (1,29-34)	Bergpredigt (Kap. 5-7)	←── Feldrede (Lk 6,20-49)
Aussätziger (1,40-45)	──→ Aussätziger (8,1-4)	
	Hauptmann (8,5-13)	←── Hauptmann (Lk 7,1-10)
└──────→	Schwiegermutter und Zitat (8,14-17)	

Für Redaktion spricht neben der Zusammenstellung der Wunder und der parallelen Gestaltung der Dialoge auch die inhaltliche Komplementarität der beiden Wunder: ein jüdischer Aussätziger und ein heidnischer Hauptmann werden geheilt, ethnisch und sozial verkörpern sie unübersehbare Gegensätze. Die Zusammenstellung dieser beiden Perikopen aus Mk und Q steht darum wohl im Dienst der interkulturellen Theologie des Mt, wie im folgenden ausgeführt werden soll.

---

[9] O'Donnell, Literary Analysis, S.62, nimmt an, daß die Dialoge in der ersten Perikope im Zentrum stehen; vgl. J. D. Kingsbury, Observations, S.571.

[10] Vgl. die Analyse W. G. Thompsons, Reflections, S.370.

[11] W. G. Kümmel, Einleitung, S.33 und S.39.

Dem Aussätzigen befiehlt Jesus nach der Heilung, sich dem Priester zu zeigen und die von Mose befohlene Gabe zu opfern.[12] Während die mk Fassung den Gedanken nahe legt, der Geheilte habe dies Gebot nicht erfüllt - zumindest übertritt er in Mk 4,45 das Schweigegebot Jesu -, läßt Mt diesen Zug weg. Der Leser des MtEv soll damit rechnen, daß Jesu Anweisung befolgt wird. Der Evangelist demonstriert auf diese Weise, daß Jesus die jüdische Tradition akzeptiert und für gültig hält.[13] Die Bitte des heidnischen Hauptmanns erfüllt Jesus wegen seines großen Glaubens (8,10. 13). Während Lk nach H. J. Held "in seiner Einleitung mehr an der Person der Hauptmanns interessiert ist als an seinem Glauben, wie er in seinen Worten (Lk 7,7b. 8) zum Ausdruck kommt",[14] hebt Mt das Thema des Glaubens besonders hervor.[15] Dies zeigt sich insbesondere an dem ursprünglich nicht zur Perikope gehörenden Logion Mt 8,11f[16] und an der Formulierung ὡς ἐπίστευσας γενηθήτω σοι (8,13). Die Verheißung und die Drohung in 8,11f sind nicht einfach gegen das Volk Israel gerichtet, dagegen spricht schon, daß die jüdischen Erzväter Abraham, Isaak und Jakob im Himmel zu Tisch sitzen. Vielmehr wird gegen ein jüdisch-partikularistisches Heilsverständnis polemisiert,[17] nach welchem die Juden annehmen, daß sie als das auserwählte Volk zuerst im Himmel zu Tisch sitzen dürfen.

Ähnlich ist auch die Zusammenstellung der drei Wundergeschichten Mt 8,1-15 motiviert: "Der Aussätzige, der Heide und die Frau haben keine Aussicht, als vollberechtigte Mitglieder am jüdischen Synagogengottesdienst teilzunehmen."[18] Gerade ihnen aber wendet sich Jesus zu. Mt 8,11f sagt im Kontext der beiden Heilungsgeschichten (8,1-4. 5-13) aus, daß die Zugehörigkeit zum jüdischen Volk keine Voraussetzung mehr für die Teilhabe am Reich ist;

---

[12] J. Gnilka, Mt I, S.297, zeigt, daß Jesu Aufforderung, sich dem Priester zu zeigen, in Zusammenhang mit Mt 5,17f gesehen werden muß (Jesus ist gekommen, um das Gesetz zu erfüllen, nicht ein Jota soll vergehen).

[13] R. H. Fuller, Interpreting the Miracles, London 1977, S.78; vgl. J. Moiser, Structure, S.118.

[14] H. J. Held, Mt als Interpret, S.185.

[15] Ibid., S.168-171 und 182-189; G. Barth, Gesetzesverständnis, S.105; J. D. Kingsbury, Observations, S.568; O'Donnell, Literary Analysis, S.2.

[16] J. Gnilka, Mt I, S.300; U. Wegner, Der Hauptmann von Kafarnaum (Mt 7,28a; 8,5-10.13 par Lk 7,1-10). Ein Beitrag zur Q-Forschung (WUNT 2,14), Tübingen 1985, S.3-5; H. J. Held, Mt als Interpret, S.186; D. Zeller, "Das Logion Mt 8,11f/Lk 13,28f und das Motiv der 'Völkerwallfahrt'", BZ 15 (1971) 222-237, hier S.222-223.

[17] H. J. Held, Mt als Interpret, S.185: Jesus spricht nicht direkt den Hauptmann, sondern die Nachfolgenden an (Mt 8,10).

[18] C. Burger, Jesu Taten, S.284.

stattdessen entscheidet allein der Glaube darüber, wer im Himmelreich zu Tisch sitzen darf. Der jüdische Aussätzige, der zu Jesus kommt[19] und vor ihm niederfällt[20] sowie der heidnische Hauptmann sind Beispiele dieses Glaubens[21], mit denen sich jüdische und heidnische Gemeindeglieder gleichermaßen identifizieren können.

Als Ergebnis dieses Abschnitte können wir somit festhalten: Mt stellt an den Anfang der Kapitel 8-9 bewußt zwei Wundergeschichten, in denen zunächst ein Jude, dann ein Heide die Zuwendung Jesu aufgrund ihres Glaubens erfahren. Beide repräsentieren jeweils einen Teil der Mitglieder der multikulturellen Gemeinde des Mt.[22]

b) Die Schwierigkeiten der Nachfolge (8,18-27)

Zwischen den beiden ersten berichteten Zuwendungen zu Jesus (8,1-13) und den beiden Ablehnungen (8,23-9,8) bietet Mt einen ersten Teil der Nachfolgegeschichten (8,18-27), der sich nochmals in zwei Unterabschnitte gliedert. Den ersten (8,18-22) übernimmt Mt aus Q, um ihm den zweiten (8,23-27) aus Mk zuzuordnen.[23] Auch der zweite Anschnitt mit dem Thema "Nachfolge" (9,9-17) ist zweigliedrig, allen vier Perikopen gemeinsam sind folgende ähnliche Formulierungen:[24]

---

[19] J. R. Edwards, "The Use of προσέρχομαι in the Gospel of Mt", JBL 106 (1987) 64-75, zeigt, daß allein das Verbum προσέρχομαι bei Mt bereits die Bedeutung von "sich Gott dem Herrn nahen" hat.

[20] Das Verbum προσκυνέω kommt bei Mt 13mal (Mk:2, Lk:3) vor.

[21] Siehe die Erörterung des Verhältnisses von Glauben und Werken in Abschnitt "Universalistischer Gerichtsgedanke".

[22] Auch die Perikope von der Heilung der Schwiegermutter des Petrus (8,14f) kann man im Kontext von Mt 8-9 als repräsentativ für eine Form der Nachfolge durch den Dienst in der Gemeinde ansehen.

[23] Vgl. J. Gnilka, Mt I, S.314 auch H. J. Held, Mt als Interpret, S.50.

[24] Vgl. W. G. Thompson, Reflections, S.377, der weitere Indizien nennt.

Mt 8,18-22: ἕτερος δὲ τῶν μαθητῶν αὐτοῦ (8,21)   ἀκολουθήσω (8,19)

                                                        ἀκολούθει (8,22)

Mt 8,23-27: οἱ μαθηταὶ αὐτοῦ (8,23)   ἠκολούθησαν (8,23)

Mt 9,9-13: ἄντρωπον(9,9)   ἀκολούθει (9,9)

                                                        ἠκολούθησεν (9,9)

                    ταῖς μαθηταῖς αὐτοῦ (9,11)

Mt 9,14-17: οἱ δὲ μαθηταί σου (9,14)

Mt 8,18-22 gibt zwei Nachfolgedialoge wieder, die Parallelstelle Lk 9,57-62 bietet drei.[25] Möglicherweise hat Mt den dritten Dialog weggelassen, um die Symmetrie zu wahren.[26] Im ersten Dialog betont Jesus die Entbehrungen eines heimatlosen Wanderers (8,20). Das zweite Gespräch (8,21f) weist auf die Schwierigkeiten hin, die der Nachfolger in seiner Umwelt zu erwarten hat, denn im Judentum galt es als Pflichtgebot, "sich mit einem Toten zu befassen".[27]

Indem Mt die Worte Jesu zitiert, macht er seiner Gemeinde deutlich, daß man die "Kosten" der Nachfolge "überschlagen" soll, bevor man an Jesus glaubt bzw. in die Gemeinde eintritt.[28] Dieses Verständnis von Nachfolge unterscheidet sich von dem des zeitgenössischen Judentums.[29]

G. Bornkamm hat überzeugend nachgewiesen, daß sich die Sturmstillung in der mt Fassung (8,23-27) auf die Verfolgungen bezieht, die die Gemeinde durch ihre feindliche Umwelt erfährt.[30] Dies wird an den Änderungen des Mt

---

[25] Ob der dritte, Elija-Tradition verarbeitende Dialog (vgl. 1Kön 19,19f) auf Q oder das Lk-Sondergut zurückgeht, ist umstritten; vgl. J. Gnilka, Mt I, S.310, A.3; M. D. Goulder, Midrash and Lection in Mt, S.323.

[26] Dies erscheint J. Gnilka, Mt I, unsicher (S.310), ist u. E. aber deshalb sehr wahrscheinlich, weil in Mt 8-9 fast alle Perikopen zu Paaren gruppiert sind. (Ausnahme ist 8,1-4.5-13.14-17, wo jedoch die ersten beiden Perikopen deutlich ein Paar bilden).

[27] J. Gnilka, Mt I, S.312. G. Schwarz, ἄφες τοὺς νεκροὺς θάψαι τοὺς ἑαυτῶν νεκρούς, ZNW 72 (1981), S.273, fragt sich, "ob es nicht möglich sei, den vorliegenden griechischen Wortlaut (νεκρούς) auf eine Fehlübersetzung des zugrundeliegenden aramäischen Textes (מיתיא) zurückzuführen", dagegen H. G. Klemm, "Das Wort von der Selbstbestattung der Toten", NTS 16 (1969/70) 60-75, "Das imperativische Bildwort... stellt sich auch noch gegen die früheste christliche Praxis und bezeugt dadurch seine unverwechselbare Herkunft", S.75.

[28] W. G. Thompson, Reflections, S.373; J. D. Kingsbury, Observations, S.568 und 572.

[29] J. D. Kingsbury, Observations, S.568; J. Gnilka, Mt I, S.311f.

[30] G. Bornkamm, "Die Sturmstillung im Matthäusevangelium", in G. Bornkamm- G. Barth- H. J. Held, Überlieferung und Auslegung im Matthäusevangelium (WMANT 1),

im Vergleich zum MkEv deutlich: Jesus, der als erster in das Boot steigt, ist der Herr seiner Gemeinde, die durch das Boot symbolisiert wird (8,23); die Jünger "folgen" ihm ins Boot nach (8,23); der Sturm bezieht sich auf die äußeren Verfolgungen (8,24),[31] die Bitte "Herr, hilf, wir kommen um" auf die bedrängte Situation der Gemeinde (8,25); der Kleinglaube schließlich wird einigen Mitgliedern der Gemeinde zum Vorwurf gemacht (8,26).[32]

Es zeigt sich also, daß Mt in 8,18-27 zwei Perikopen mit dem Thema "Nachfolge" zusammenstellt, um es von zwei Seiten zu beleuchten. Mt 8,18-22 beschreibt die inneren Schwierigkeiten, die sich für den Nachfolgenden ergeben, er muß das gewohnte, sichere Leben samt seinen stützenden Normen aufgeben; 8,23-27 schildert die äußeren Bedrohungen der Gemeinde durch ihre feindlich gesinnte Umwelt.

c) Die Ablehnung Jesu durch die Heiden und die jüdischen Führer (8,28-9,8)

Die beiden Perikopen vom Gadarener (8,28-34) und Gichtbrüchigen (9,1-8) gehören zusammen[33] und bilden kompositionell einen thematisch einheitli-

---

Neukirchen 1960, S.48-53. (=J. Lange (Hg.), Das Matthäus-Evangelium (WdF 525), Darmstadt 1980, S.112-118.), S.48-53.

[31] Man kann versuchen, diese "Verfolgungen" näher zu bestimmen. Der Begriff σεισμοί (vgl. Mt 24,7) könnte speziell Verfolgungen in der Endzeit meinen, da "Erdbeben" ein Merkmal der Endzeit sind. Es könnten aber auch summarisch alle Verfolgungen der Kirche gemeint sein, die als ganze dabei nicht untergeht, auch wenn manches einzelne Gemeinde-Schiff scheitert.

[32] Ibid.; vgl. C. Burger, Jesu Taten, S.279-280; auch E. Schweizer, Gemeinde und Gemeindeordnung, S.44-55.

[33] Dagegen nehmen H. J. Held, Mt als Interpret (S.234-237) und W. G. Thompson, Reflections (S.371-378) an, daß Mt 8,18-9,17 eine Einheit mit dem Thema "Nachfolge" bildet, obwohl die beiden mittleren Perikopen (Die Heilung zweier Besessener in Gadara, 8,28-34 und die Heilung eines Gelähmten, 9,1-8) nicht dazu passen. J. D. Kingsbury, Observations, S.562 folgt C. Burger, Jesu Taten, S.285 und trennt Mt 8,18-9,17 wegen der geographischen Angaben in zwei Teile: Mt 8,18-34 gehöre ganz zum Thema "Nachfolge", weil sich die Ablehnung Jesu in Gadara auf die in 8,20 ausgesprochene Warnung beziehe, in 8,28-34 wird also demonstriert, daß der Menschensohn nichts hat, wo er sein Haupt hinlegen kann. Der Schauplatz des zweiten Teils (9,1ff) ist wieder Kapernaum. O'Donnell, Literary Analysis, S.83f und S.206, möchte in Mt 8 eine indirekte Heidenmission entdecken, Mt 9,1-17 gehöre zum Thema "Ablehnung Jesu", weil ihn trotz der in Mt 8 berichteten Wundertaten in seiner Heimat Kapernaum niemand willkommen heiße. Er nimmt an, daß Mt 4,23-25 und Mt 8,1-4 zur Israelmission Jesu gehören, S.65 und S.204.

chen Abschnitt, der von Jesu Ablehnung unter Heiden (8,28-34) und Juden (9,1-8) handelt. Daß Mt beide Perikopen bewußt zusammengestellt hat, geht daraus hervor, daß er die zweite durch den von ihm gebildeten Übergangsvers einleitet: "Und er stieg in ein Boot und fuhr hinüber und kam in seine Stadt" (9,1). Die Erwähnung der ἰδία πόλις (9,1) ist bewußter Kontrast zur heidnischen πόλις (8,33), deren Bewohner Jesus auf eine diplomatische Weise (durch Bitten) des Landes verweisen. Ablehnung erfährt Jesus somit in zwei "Städten", einer fremden Stadt und seiner Heimatstadt.

Der Text von Mt 8,28-34 ist gegenüber Mk stark gekürzt, dies erklärt R. Pesch durch das Anliegen des Evangelisten, "alle Aufmerksamkeit auf Jesus, den Gottessohn, als Herrn über die Dämonen"[34] zu lenken. Ähnlich argumentiert F. Annen: "Alles, was dazu nichts beiträgt, ist weggelassen".[35] Doch können diese Überlegungen nur unzulänglich erklären,[36] warum Mt die Ablehnung Jesu durch die Heiden in Gadara aus Mk übernommen hat.[37] Dieser Zug erscheint gerade neben den christologischen Aussagen der Perikope umso rätselhafter, als Mt gegen Mk den Hinweis auf eine Verkündigung des Geheilten im heidnischen Land (vgl. Mk 5,18-20) gestrichen hat. Dadurch wird die Ablehnung Jesu noch mehr betont.[38]

Mt fügt hinter die gegenüber Mk 5,7 leicht verkürzte Anrede der Dämonen (υἱὲ τοῦ θεοῦ) deren abwehrende Klage: ἦλθες ὧδε πρὸ καιροῦ βασανίσαι ἡμᾶς (8,29) hinzu. Sie könnte sich auf das jüngste Gericht beziehen, in dem die Dämonen bestraft werden, dies geschähe durch die Austreibung nun "vor der Zeit".[39] Möglicherweise will Mt aber auch andeuten, daß Jesus "vor der Zeit" ins Heidenland gekommen ist, denn die Heidenmission begann ausdrücklich ja erst nach Ostern. Trotzdem aber heilte Jesus die beiden Besessenen.[40]

---

[34] R. Pesch, Der Besessene von Gerasa. Mt 8,28-34 (SBS 56), Stuttgart 1972, S.56; vgl. H. J. Held, Mt als Interpret, S.162-165; F. Annen, Heil für die Heiden. Zur Bedeutung und Geschichte der Tradition vom besessenen Gerasener, Mk 5,1-15 parr (FTS 20), Frankfurt 1976, S.208.

[35] F. Annen, Heil, S.208.

[36] G. Strecker, Weg, S.123; vgl. R. Pesch, Der Besessene, S.53; H. J. Held, Mt als Interpret, S.256-257.

[37] J. Gnilka, Mt I, S.323.

[38] H. J. Held, Mt als Interpret, S.162-165; F. Annen, Heil, S.208f; R. Pesch, Der Besessene, S.56.

[39] Vgl. den Hinweis auf Jesu Sündenvergebung in der folgenden Perikope 9,2.5f.

[40] Vgl. oben den Abschnitt "Israelorientierter Missionsgedanke", in dem gezeigt wurde, daß Mt versucht, die Heidenmission schon im Leben Jesu zu verankern, S. 87ff.

Die Zurückweisung Jesu durch die Heiden im Zentrum der Komposition 8,1-9,34 ist auch als Kontrast zum Vorbild des gläubigen heidnischen Hauptmanns (8,5-13)[41] nicht zu übersehen. Die Intention des Mt läßt sich u. E. durch den Vergleich mit der folgenden Perikope (der Heilung eines Gelähmten, 9,1-8) und mit ihrem "Gegenbild" (dem gläubigen Heiden, 8,5-13) erheben.[42]

In der Perikope von der Heilung eines Gelähmten (9,1-8)[43] berichtet Mt nämlich erstmals von der feindseligen Haltung der jüdischen Autoritäten Jesus gegenüber. Diese ist hier noch ganz verborgen (ἐν ἑαυταῖς 9,3), sie steigert sich im Verlauf des Ev bis hin zum Todesbeschluß.[44] Sie steht im übrigen schon hier in Kontrast zur positiven Einstellung der Menge (Mt 9,8).

Zusammenfassend können wir feststellen: Gerahmt von jeweils zwei Nachfolgeperikopen (8,18-27; 9,9-17) finden sich in der Mitte der Kap. 8-9 die beiden ersten Berichte von einer Ablehnung Jesu (8,28-34: 9,1-8). Diese hat Mt einander bewußt zugeordnet, der erste schildert die abweisende Reaktion der Heiden, der zweite die Kritik an Jesus in seiner jüdischen Heimat durch religiöse Autoritäten. Die bewußte Zuordnung der beiden Perikopen zeigt sich in der Gegenüberstellung der heidnischen Stadt (8,33f) und der πόλις Jesu (9,1). In der einen wie der anderen trifft er auf Ablehnung.[45] Die Spannung zwischen dem Glauben des Hauptmanns und der Zurückweisung Jesu durch die Gadarener spiegelt die konkrete Situation der multikulturellen mt Gemeinde. Einerseits werden sowohl Juden als auch Heiden in die Gemeinde aufgenommen, andererseits veranschaulichen die beiden Wundergeschichten (8,28-9,8) indirekt die Ablehnung, die die Gemeinde durch Juden wie Heiden erfährt.

---

[41] J. Gnilka, Mt I, S.323.

[42] Interessanterweise stellt Mt eine Beziehung zwischen den beiden Wundern 8,5-13 und 9,1-8 her, indem er vom Sohn/Knecht des Hauptmanns redaktionell aussagt, er sei gelähmt (παραλυτικός).

[43] Zur Deutung und Auslegung dieser Perikope, siehe H. Greeven, "Die Heilung des Gelähmten nach Matthäus" (1955), in J. Lange (Hg.), Das Matthäus-Evangelium (WdF 525), Darmstadt 1980, S.205-222.

[44] Mt 7,29; 8,19; 9,3 (εἶπαν ἐν ἑαυτοῖς); 9,11 (ἔλεγον); 9,34; 12,2. 24.38; 15,1; 16,1 (πειράζοντες); 19,3; 21,15. 23. 45f (ζητοῦντες αὐτὸν κρατῆσαι); 22,15 (αὐτὸν παγιδε‾ύσωσιν); 22,23. 34f (πειράζων αὐτόν); 22,41; 23,1ff; 26,4 (τὸν Ιησοῦν δόλῳ κρατήσωσιν καὶ ἀποκτείνωσιν); 26,14. 47. 57. Vgl. W. G. Thompson, Reflections, S.376f, A.34; auch R. Hummel, Auseinandersetzung, S.12-17; O'Donnell, Literary Analysis, S.206, Mt 9,1-17 gehört zum Thema "Ablehnung".

[45] Vgl. auch Mt 13,54. 57.

d) Die Kritik an Jesus und seinen Nachfolgern

Der zweite Teil der Nachfolgegeschichten (9,9-17) bietet zwei konkrete Beispiele (aus Mk) für die Kritik der Umwelt an Jesus und seinen Nachfolgern.
Die Berufung des Matthäus (9,9-13)[46] leitet das Mahl mit den Zöllnern und
Sündern ein. Daraus, daß sich die Pharisäer mit ihrer Kritik an die Jünger
und nicht an Jesus selbst wenden, kann man mit Gnilka schließen, daß hier
eine für die Gemeinde noch aktuelle Frage angeschnitten wird, nämlich "die
in der Mt-Gemeinde geübte Tischgemeinschaft von ehemaligen Juden und
Heiden, die von der Synagoge kritisiert wurde."[47] Das paränetische Schlußwort Jesu[48] spricht nicht nur seine Zuhörer und die Leser des Ev an,[49] die
Kritik aus ihrer Umwelt erfahren, sondern stellt generell ein partikularistisch-
jüdisches Heilsverständnis in Frage.[50]

Die Fastenfrage (Mt 9,14-17) betrifft eine im zeitgenössischen Judentum
stark ausgeprägte religiöse Praxis.[51] In der Antwort Jesu hat Mt den ὅσον
χρόνον-Satz und die Formulierung ἐν ἐκείνῃ τῇ ἡμέρᾳ weggelassen (Mk 2,19b.
20b). Gnilka[52] vermutet, daß der Grund hierfür in der Ausrichtung des Textes auf die mt Gemeinde liegt. Diese befindet sich in Spannung zu ihrer Umwelt, wobei es nicht um eine Entgegensetzung von Fasten oder Nichtfasten
geht, sondern um zwei verschiedene Fastenintentionen,[53] wie die Erläuterun-
gen in 9,16f nahelegen.

Der zweite Teil der Nachfolgegeschichten, die Mt mit leichten Veränderungen aus Mk übernimmt, spiegelt somit die Kritik der Umwelt am Verhalten
der Gemeinde. Beide Perikopen (9,9-13.14-17) betreffen den im Judentum
sehr sensiblen Bereich der Speiseregeln. Durch Tischgemeinschaft mit Menschen von zweifelhaftem Ruf (seien sie Juden oder Heiden) und durch eine

---

[46] R. Pesch, "Levi-Matthäus", ZNW 59 (1968) 40-56, zeigt deutlich, daß der berufene
Matthäus nicht mit dem Autor des MtEv identifiziert werden kann. Siehe J. Gnilka, Mt
I, S.330f für die weitere Erörterung dieser Frage.

[47] J. Gnilka, Mt I, S.332; vgl. auch Gal 2,11ff, wo die Brisanz dieser Frage (hier innerhalb der Gemeinde) deutlich wird.

[48] Zur Bedeutung der Zitate von Hos 6,6 in Mt 9,13; 12,7, siehe D. Hill, "On the Use
and Meaning of Hosea 6,6 in Matthew's Gospel", NTS 24 (1978) 107-119.

[49] Vgl. J. D. Kingsbury, Observations, S.573

[50] J. Gnilka, Mt I, S.333f.

[51] Ibid., S.336.

[52] Ibid., S.335.

[53] Ibid., S.337.

abweichende Fastenpraxis gerieten die urchristlichen Gemeinden in Spannungen zu ihrer Umwelt.

Alle vier Nachfolgeperikopen (8,18-22. 23-27: 9,9-13. 14-17) betreffen somit je einen Ausschnitt der zahlreichen Schwierigkeiten, mit denen die Nachfolger Jesu konfrontiert wurden und die auch die mt Gemeinde zu bewältigen hat.

e) Der Glaube als neue Voraussetzung für die Zugehörigkeit zum Gottesreich (9,18-34)

Der Tatenzyklus Mt 8-9 wird durch vier weitere Wundergeschichten abgeschlossen,[54] die sich zu zwei Abschnitten gruppieren lassen (9,18-26. 27-34). Ihnen gemeinsam ist das Thema des Glaubens, das schon 8,1-13 angesprochen wurde[55] und nun breiter ausgeführt wird. Die Doppelperikope 9,18-26 übernimmt Mt aus Mk 5,21-43, allerdings kürzt er sie stark und parallelisiert durch einige Änderungen die beiden Heilungen mit den bereits berichteten des 8. Kapitels[56]:

8,2-3   με καθαρίσαι...   καθαρίσθητι... καὶ ἐκαρίσθη
9,21-22 σωθήσομαι...   σέσωκέν σε... καί ἐσώθη

8,8b ἀλλὰ μόνον εἰπὲ λόγῳ, καὶ ἰαθήσεται ὁ παῖς μου
9,18b ἀλλὰ ἐλθὼν ἐπίθες τὴν χεῖρά σου ἐπ' αὐτήν, καὶ ζήσεται

Die mt Gestaltung der Perikope hebt besonders das Glaubensthema[57] hervor, denn Mt will nicht nur erzählen, sondern unmittelbar belehren.[58]

Charakteristisch für Mt ist die Verwendung des Wortes προσεκύνει in 9,18, das die Huldigung vor Gott bezeichnet.[59] Im MkEv liegt die Tochter im Ster-

---

[54] Manche nehmen drei statt vier Wundergeschichten an, siehe die Darstellung bei J. Gnilka, Mt I, S.348-351.

[55] Vgl. W. G. Thompson, Reflections, S.380.

[56] Ibid., S.383-384; auch H. J. Held, Mt als Interpret, S.222-227.

[57] J. Gnilka, Mt I, S.340.

[58] H. J. Held, Mt als Interpret, S.206.

[59] Das Verbum προσκυνέω kommt bei Mt 13mal (Mk:2, Lk:3) vor: Mt verwendet es besonders vor dem neugeborenen (2,2. 8. 11) und dem zukünftigen (18,26) König, vor dem Sohn Gottes beim Bekenntnis der Jünger Jesu (14,33), vor dem Auferstandenen (28,9. 17) und vor dem Satan in der Versuchung Jesu (4,9f), in der Jesus sagt, man solle allein vor Gott niederfallen. Sonst verwendet Mt es bei der Äußerung großer Bitten (8,2; 9,18; 15,25; 20,20), die Bittsteller fallen vor Jesus nieder, wie man vor Gott niederfällt. Siehe die Erörterung des Verhältnisses von Glauben und Werken S. 143ff.

ben, bei Mt ist sie schon gestorben, wodurch der große Glaube des Vorstehers[60] hervorgehoben wird. "Glaube" bezieht sich hier eindeutig auf die Möglichkeit der Rettung seiner Tochter,[61] ebenso verhält es sich bei der blutflüssigen Frau, die Rettung[62] erhofft und aufgrund ihres Glaubens auch erlangt (σώζω dreimal in 9,21f). Gegen eine Deutung von 9,20-22 als magische Handlung wendet M. Hutter ein, "daß es Mt in seiner Darstellung der Heilung der blutflüssigen Frau nicht um die Schilderung des Wunders geht, sondern um den Glauben der Frau."[63]

Der ἀρχισυνάγωγος, der in Mk 5,22. 35 eindeutig ein Jude ist, wird von Mt durch das allgemeinere Substantiv ἄρχων ersetzt (9,18. 23).[64] Durch diese bewußte Änderung läßt Mt die Herkunft des ἄρχων offen. Dies ermöglicht die Deutung auf Juden oder Heiden[65] und verstärkt die These, daß die mt Gemeinde aus Juden- und Heidenchristen besteht, obwohl diese vier Perikopen (9,18-34) nicht direkt das Thema von Juden und Heiden behandeln. Von besonderem Interesse ist in dieser Doppelperikope das Nebeneinander des Vorstehers und der an chronischem Blutfluß erkrankten und dadurch unreinen Frau. Unabhängig von ihrem verschiedenen sozialen Status erfahren sie beide Jesu Zuwendung dank ihres Glaubens.

In der Blindenheilung 9,27-31 spielt das Glaubensthema ebenfalls die zentrale Rolle.[66] Jesus fragt die beiden Blinden, die ihn als "Davidssohn" anrufen, direkt nach ihrem Glauben[67]: πιστεύετε ὅτι δύναμαι τοῦτο ποιῆσαι (9,28). Dementsprechend geschieht die Heilung unter der Zusage Jesu: κατὰ τὴν πίστιν ὑμῶν γενηθήτω ὑμῖν (9,29). Die letzte Heilung bringt ein anderes Thema zur Geltung, das allerdings bei den vorangehenden Perikope schon

---

[60] Andererseits wird hier wohl auf die Täuferanfrage in 11,5 vorbereitet, wo die Erweckung vom Tod berichtet wird.

[61] J. Gnilka, Mt I, S.342.

[62] Vgl. W. G. Thompson, Reflections, S.381; H. J. Held, Mt als Interpret, S.205f.

[63] M. Hutter, "Ein altorientalischer Bittgestus in Mt 9,20-22", ZNW 75 (1984) S.135.

[64] Dagegen vermuten W. F. Albright/C. S. Mann, Matthew, daß die Leser den Vorsteher als den Synagogenversteher verstehen, S.111.

[65] Als jüdischer ἄρχων: Lk 8,41 (par Mk 5,22; Mt 9,18); 12,58; 14,1; 18,18; 23,13. 35; 24,20; Joh 3,1; 7,26. 48; 12,42; Apg 3,17; 4,5. 8; 13,27; 14,2 (D etc.). 5; 23,5; Jos Ant 20,11. Als heidnischer: Apg 16,19; 1Kl 32,2; 60,2. 4; MartPol 17,2; Diodorus Siculus 18,65,6. Als unbestimmter: Mt 20,25; Apg 4,26; Röm 13,3; Tit 1,9.

[66] Vgl. Mt 20,29-34; Mk 10,46-52; Lk 18,35-43.

[67] Vgl. J. Moiser, Structure, S.118; A. Suhl, "Der Davidssohn im Matthäusevangelium", ZNW 59 (1968) 57-81, faßt zusammen, "daß es Mt in seiner planmäßigen und zielstrebigen Verwendung des Davidssohn-Titels um die besondere Erkenntnis der gnädigen Zuwendung Gottes in Jesus geht", S.81.

mitschwingt. J. Gnilka bemerkt zu Recht, daß die Reaktion auf die Heilung des stummen Dämonischen (9,32-34) fast wichtiger erscheint als die Wundertat selbst.[68] Das Volk wundert sich über sie und sagt: "So etwas ist noch nie in Israel gesehen worden!" (9,33), womit der ganze Zyklus von Wundergeschichten abgeschlossen wird.

Die von Mt redaktionell hinzugefügte Wendung ἐν τῷ Ἰσραήλ in 9,33[69] (vgl. Mk 2,12) blickt wohl voraus auf die folgende Aussendungsrede über die Mission in Israel (9,35-10,42).[70] Die Antwort Jesu auf die Anfrage des Täufers Johannes (11,5) ist vermutlich der Grund dafür, daß Mt bestimmte Wundergeschichten in 8-9 gesammelt hat, und erklärt insbesondere die Änderung der Krankheit der Tochter im MkEv zu ihrem Tod im MtEv (9,18).[71] Auch die Pharisäer bestätigen die Bedeutung des Wunders indirekt durch ihre polemische Deutung des Vorgangs, Jesus treibe die Dämonen durch ihren Fürsten aus (9,34), ein Vorwurf, der 12,22ff nochmals erhoben und dort von Jesus beantwortet wird. Kompositionelle Bedeutung haben auch die Schlüsse der vorangehenden Perikopen 9,8[72]; 9,26 und 9,31: Die Kunde von Jesus verbreitet sich εἰς ὅλην τὴν γῆν ἐκείνην. Mit solchen Verbreitungsnotizen bereitet Mt einerseits die folgenden Kapitel vor und erinnert andererseits an 4,15f.24.

Zusammenfassend läßt sich festhalten: Das Glaubensthema erwies sich als zentral für die Wundergeschichten zu Beginn (8,1-13) wie am Ende des Abschnittes 8,1-9,34. Der Glaube stellt die neue Voraussetzung für die Zugehörigkeit zum Reich (d.h. für Mt die Mitgliedschaft in seiner Gemeinde) dar. Jesus wendet sich den Glaubenden unabhängig von Volks- oder Schichtenzugehörigkeit und Geschlecht zu: Juden und Heiden, angesehene Menschen wie der Hauptmann oder der Vorsteher und solche mit niedrigem Sozialprestige wie der Aussätzige, die Zöllner und Sünder, die drei Frauen bieten ein

---

[68] J. Gnilka, Mt I, S.346.

[69] Das Wort Ἰσραήλ kommt bei Mt 12mal (Mk:, Lk:12) vor. Es fällt auf, daß die Wendung (ἐν τῷ Ἰσραήλ) nur noch in 8,10 vorliegt (schon in Q) und hier Größe des Glaubens des Hauptmanns illustriert. Darum könnte man vermuten, daß sich die Akklamation des Volkes nicht nur auf das Ergebnis der Heilung bezieht, sondern auch auf den Glauben, durch den man Jesu (und damit Gottes) Zuwendung erfährt.

[70] H. J. Held, Mt als Interpret, S.238, meint, daß Mt "eine enge sachliche Verbindung der Sendung der Jünger in Kap. 10 mit der in den vorangegangenen Kap. geschilderten Tätigkeit Jesu beabsichtigt hat."

[71] Vgl. H. J. Held, Mt als Interpret, S.239.

[72] Vgl. Mt 9,8. Ob die Pluralwendung τοῖς ἀνθρώποις in 9,8 (normale) Menschen oder den Menschen(sohn) bezeichnet, ist umstritten; W. Schenk, "Den Menschen Mt 9,8", ZNW 54 (1963) 272-275, bietet eine ausführliche Diskussion.

vielfältiges Angebot an Identifikationsmodellen für die Leser. Mt hat die Perikopen durch eine bewußte Redaktionstätigkeit zusammengestellt. Besonders deutlich ließ sich dies für die Heilungen eines jüdischen Aussätzigen und
eines heidnischen Hauptmanns in 8,1-13 und für die Ablehnung Jesu durch
Heiden und die jüdischen Führer in 8,28-9,8 nachweisen. In den Nachfolgeperikopen fanden sich ebenfalls Anspielungen auf die Situation der mt Gemeinde. Somit scheint die Feststellung berechtigt, daß die gesamte Komposition 8,1-9,34 transparent für die soziale Zusammensetzung der mt Gemeinde
ist.

Diese Zusammensetzung ist Ergebnis einer "doppelten" Mission an Juden
und Heiden. Das MtEv stellt Jesu Predigt (z.B. in der Bergpredigt) als eine
Verkündigung für beide dar. Der Tatenzyklus, der auf die Bergpredigt folgt,
schildert indirekt auch Ergebnis und Wirkung dieser Verkündigung: angesprochen werden sowohl Juden wie Heiden. Unter beiden stößt die Botschaft
allerdings auch auf Kritik. Aber durch den Glauben werden Menschen aus
beiden Kreisen in die Gemeinde integriert.

Dabei stellt sich natürlich die Frage, wie das ganze Potential von Kritik be-
wältigt wird, das zwischen zwei kulturell verschiedenen Gruppen latent vorhanden ist und immer wieder zu akuten Spannungen führt. Innerhalb der mt
Theologie spielt als Ausdruck, aber auch als Bewältigung solcher Spannungen
der Gerichtsgedanke eine große Rolle. Ihm wenden wir uns im nun folgenden
vierten Hauptabschnitt zu.

IV. GERICHT

A. Die interkulturelle Theologie

Der Gerichtsgedanke begegnet im MtEv in unterschiedlicher Ausprägung.[1] Einige Texte beziehen sich deutlich nur auf Israel, andere sprechen von einem Gericht, bei dem alle Menschen (πάντα τὰ ἔθνη) vor dem Weltenrichter versammelt werden (25,31ff).

Im folgenden soll gezeigt werden, daß die Annahme einer aus Juden- und Heidenchristen zusammengesetzten Gemeinde die unterschiedlichen Fassungen des Gerichtsgedankens als Teil eines theologisch kohärenten Entwurfes erklären kann.

1. Israelorientiertes Gericht

Das Gericht über Israel wird im MtEv in zwei verschiedenen Dimensionen thematisiert. Mehrere Texte des Evangeliums beziehen sich auf ein *innergeschichtliches Gericht*, das im Jahr 70 mit dem jüdischen Krieg vollzogen wurde und auf das Mt schon zurückblickt. Daneben erwartet Mt aber auch für Israel das *eschatologische Gericht*, hier kritisiert der Evangelist eine Heilsgewißheit Israels, die sich auf seinen heilsgeschichtlichen Status gründet, das von Gott auserwählte Volk zu sein.

1. These:

Die oft schroffen antijüdischen Aussagen[2] des MtEv stehen zu einem großen Teil im Rahmen der Ansage des Gerichtes über Israel. Sie gelten nicht dem

---

[1] D. Marguerat, Jugement, S.13, bezeichnet das Gericht als "thème fondamental" des Evangelisten. Von 148 Perikopen des MtEv beziehen 60 dieses Thema ein (zum Vergleich: Mk 10 von 92 und Lk 28 von 146). Die eschatologische Perspektive ist im ganzen Evangelium gegenwärtig, alle 6 großen Reden und auch viele kleine Lehrgespräche werden durch Gerichtsankündigungen abgeschlossen. Diese Kompositionsregel ("cette règle de composition") hat Mt nach Marguerat (S.37) von Q inspiriert in sein Evangelium übernommen.

[2] Die Antijudaismen des Neuen Testamentes sind seit einiger Zeit Gegenstand intensiver neutestamentlicher Forschung. Wir verweisen hier nur auf die Debatte zwischen D. Flusser und U. Wilckens, die sich anläßlich der Übersetzung und Kommentierung des

ganzen Volk Israel, sondern nur seinen Führern und ergehen nicht zeitlich unbegrenzt über die Juden aller Zeiten, sondern betreffen nur die Generation Jesu und deren Nachkommen. Mit der Tempelzerstörung ist nach Mt das innergeschichtliche Gericht über Israel abgeschlossen, von nun an wird Israel den anderen Völkern gleichgestellt.

a) Die Kritik an den Führern des Volkes

(1) Der Gegensatz zwischen den jüdischen Führern und dem Volk

In der Darstellung des MtEv werden die Jesus feindlich gesinnten jüdischen Autoritäten durchgängig dem ὄχλος entgegengesetzt, bei dem Jesus Anklang findet. Die Israelkritik trifft nur die jüdischen Führer.

Schon die scharfe Gerichtspredigt des Täufers (3,7-12) gilt nach Mt den Pharisäern und Sadduzäern (anders Lk!), während von den Volksscharen[3] nur berichtet wird, daß sie ihre Sünden bekannten und sich taufen ließen (3,5-6). Man kann vielleicht auch in 2,3f schon Kritik an den Hohenpriestern und Schriftgelehrten Jerusalems sehen, da sie im Einverständnis mit dem grausamen König Herodes gezeichnet werden und deshalb möglicherweise als mitverantwortlich für den Kindermord gedacht sind (2,16-18). Sie wissen von den Sterndeutern, daß diese den neugeborenen "König der Juden" (2,2) suchen und verraten Herodes den Ort, an dem der "Christus" geboren werden soll (2,4f).[4] Beide Titel spielen in der Passionsgeschichte als Anklagepunkte eine entscheidende Rolle ("Christus" 27,17.22; "König der Juden" 27,37). Möglicherweise enthält schon die Versammlung (2,4)[5] der jüdischen Autoritäten vor Herodes eine Anspielung auf die spätere Passion in Jerusalem.

Neuen Testamentes (Hamburg/Köln/Zürich 1970) durch U. Wilckens ergeben hat. In ihr spielen insbesondere auch die mt Antijudaismen eine Rolle: D. Flusser, "Ulrich Wilckens und die Juden", EvTh 34 (1974) 236-243; U. Wilckens, "Das Neue Testament und die Juden. Antwort an David Flusser", EvTh 34 (1974) 602-611; R. Rendtorff, "Die neutestamentliche Wissenschaft und die Juden. Zur Diskussion zwischen David Flusser und Ulrich Wilckens", EvTh 36 (1976) 191-200.

[3] Daß die Volksscharen aus Jersualem, aus ganz Judäa, aus der gesamten Gegend des Jordan kommen, ohne daß heidnische Städte erwähnt werden, deutet auf die jüdische Herkunft der Menge hin.

[4] Sie beabsichtigen natürlich nicht, dem neugeborenen König selbst zu huldigen.

[5] R. Brown, The Birth of the Messiah. A Commentary on the Infancy Narratives in Matthew and Luke, New York 1977, S.183, A.14, meint, daß συνάγω sich auf συναγωγή beziehen kann. Mt verwendet das Verbum für die jüdischen Führer nur in 2,4; 22,34. 41; 26,3. 57; 27,62; 28,12. Vgl. U. Luz, Mt I, S.119-120; W. Grundmann, Mt, S.78.

Im weiteren Verlauf des Evangeliums treten die jüdischen Führer (Schriftgelehrte, Pharisäer, Sadduzäer, Hohepriester und Älteste des Volkes) immer als Gegenspieler Jesu auf.[6] Sie "versuchen" ihn (16,1; 19,3; 22,34f). Jesus sagt mehrfach voraus, daß er unter den jüdischen Führern leiden wird (16,21; 17,22; 20,18). Den Rahmen der Anklage gegen diese Führung bildet das Wirken Jesu im Tempel nach seinem Einzug in Jerusalem (21,1ff): Jesus wird nach seiner Vollmacht gefragt (21,23-27), nach der Steuer (22,15-22); nach der Auferstehung (22,23-33) und nach dem höchsten Gebot (22,34-40).[7] Jesus seinerseits befragt seine Gegner über den Davidssohn (22,41-46), woraufhin sie keine weiteren Fragen mehr zu stellen wagen. Unmittelbar danach klagt Jesus die Schriftgelehrten und Pharisäer in einer großen Rede an (23,1-39). Das Gericht gegen die Führer ist damit deutlich thematisiert. Nach der Rede endet auch Jesu Wirken im Tempel (24,1).

Drei Gleichnisse müssen in diesem Zusammenhang erwähnt werden, die im MtEv stärker als bei Mk und bei Lk gegen die jüdischen Autoritäten gerichtet sind: die Gleichnisse von den ungleichen Söhnen (21,28-32), von den bösen Weingärtnern (21,33-46) und vom Hochzeitsmahl (22,1-14), die Mt eng miteinander verbindet, wodurch sie sich gegenseitig interpretieren.[8] Die Gleichnisse stammen aus verschiedenen Traditionen: das Gleichnis von den ungleichen Söhnen (21,28-32) aus dem mt Sondergut[9], das Gleichnis von den bösen Weingärtnern, (21,33-46) aus Mk und schließlich das Gleichnis vom königlichen Hochzeitsmahl (22,1-14, par Lk 14,15-24) aus Q.[10] Sie alle lehrt Jesus nach Darstellung des Mt im Tempel von Jerusalem im Gespräch mit den jü-

---

[6] So z.B. 3,7; 9,3-4. 11. 14. 34; 12,2. 14. 24. 38; 15,1. 12; undeutlich ist nur 8,19.

[7] E. Schweizer, "Matthäus 21-25" in P. Hoffmann (Hg.), Orientierung an Jesus. Zur Theologie der Synoptiker (FS J. Schmild), Freiburg/Basel/Wien 1973, S.364-371, sieht die Reihenfolge: Befragung - Schuldigsprechung - Strafzumesssung - Urteilsvollstreckung in Mt 21,23-22,14, S.366. G. Strecker, Weg, S.112, A.1, "der redaktionelle Kontext 21,12-23,39 verbindet mit einer 'polemischen' Ausrichtung paränetische Elemente...".

[8] Nach dem Vergleich zwischen der Mt- und Lk-Fassung schließt E. Linnemann, "Überlegungen zur Parabel vom großen Abendmahl Lk 14,15-24/Mt 22,1-14", ZNW 51 (1960) 246-255, "daß die ursprüngliche Fassung der Parabel bei Lukas liegt", S.254. Mt hat das Gleichnis vom Hochzeitsmahl also wohl überarbeitet, um seine Theologie zur Geltung zu bringen.

[9] Ob Mt 21,32 und Lk 7,28-29 aus derselben Überlieferung stammen, ist schwierig zu beurteilen.

[10] Der zweite Teil des Gleichnisses in Mt 22,11-14 erscheint nur bei Mt.

dischen Führern. Sie bilden eine "Parabel-Trilogie, die eine sich steigernde Anklagerede gegen die Hierarchen darstellt."[11]

(a) Mt 21,28-32 (Das Gleichnis von den ungleichen Söhnen)

Das erste Gleichnis gibt ein grundsätzliches universales Kriterium des Gerichtes an: das Tun des Willens Gottes ist allein entscheidend für das Erlangen des Reiches Gottes.[12]

Auffallend ist ein Zug, der die Gleichnisebene transzendiert: der zweite Sohn[13] nennt seinen Vater χύριε.[14] Wenn χύριε als Anrede in der Endzeit gebraucht wird (nur 7,21. 22; 21,30; 25,11. 37. 44), dann meist[15] von denjenigen, die Jesus zwar kennen, aber keine Werke vorzuweisen haben und deswegen im Endgericht nicht bestehen. So deutet der Evangelist durch die Anrede des zweiten Sohnes an, daß dieser zu den Menschen gehört, die ihren Worten nicht die entsprechenden Taten folgen lassen.[16]

Die Wendung ἐν ὁδῷ δικαιοσύνης in 21,32 verweist auf die Botschaft des Täufers zurück (3,2), die Jesus zu Beginn seines Wirkens übernommen hat (4,17).[17] Das Gleichnis betont, daß einzig das Tun des Willens Gottes den Zugang zum Reich Gottes eröffnet. Die Frage: "wer von den beiden hat des Vaters Wille getan?" (21,31) fordert nicht nur die in der Perikope angeredeten Hörer, die Hohenpriester und Ältesten des Volkes, heraus, sondern auch alle diejenigen, die das Gleichnis später hören oder lesen.[18] Die jüdischen Führer aber werden von Jesus direkt angegriffen: weil sie trotz der Predigt

---

[11] J. Gnilka, Mt II, S.233.

[12] Vgl. den Abschnitt über den "universalistischen Gerichtsgedanken".

[13] In B Θ f[13] 700 al sa[mss] bo; Hier[mss] ist die Rolle der beiden Söhne in 21,29-31 umgekehrt. Vgl. J. Gnilka, Mt II, S.218-219.

[14] Das Wort χύριος erscheint nach [26]NTG im MtEv 80mal (Mk 18, Lk 104). Die Nominalform χύριος kommt im MtEv 34mal vor: 7,21[*]. 22[*]; 8,2. 6. 8. 21. 25; 9,28; 11,25; 13,37; 14,28. 30; 15,22. 25. 27; 16,22; 17,4. 15; 18,21; 20,30. 31. 33; 21,30; 25,11[*]. 20. 22. 24. 37. 40; 26,22; 27,63. In 7,21. 22; 25,11 wird dieses Wort verdoppelt χύριε, χύριε gebraucht. Zu zählen sind also insgesamt 31 Belegstellen. In Mt 13,51; 18,26; 21,29 haben einige Zeugen die Anrede χύριε.

[15] Eine Ausnahme bildet nur 25,37, wo die Rede als Parallele 25,44 gegenübersteht.

[16] Ähnlich J. Gnilka, Mt II, S.221: Im Brennpunkt stehen Anspruch Gottes und Antwort des Menschen.

[17] Vgl. J. Gnilka, Mt II, S.222.

[18] W. F. Albright/C. S. Mann, Mt, S.264, "...leaving open the question as to whether his hearers do, or do not, enter the final inheritance of the Father's Kingdom." Snodgrass, S.89.

des Gotteswillen durch Johannes keine Buße getan haben, werden Zöllner und Prostituierte eher ins Reich Gottes gelangen als sie (21,32).

(b) Mt 21,33-46 (Das Gleichnis von den bösen Weingärtnern)

Im Gleichnis von den bösen Weingärtnern (Mt 21,33-46 parr Mk 12,1-12, Lk 20,9-19)[19] findet sich bei Mt ein im synoptischen Vergleich singulärer Vers, mit dem Israel öffentlich heftig angeklagt und bedroht wird: "Das Reich Gottes wird von euch genommen und einem Volk gegeben werden, das seine Früchte bringt" (21,43). Angeklagt sind die Weingärtner. Da der Weinberg eine traditionelle Metapher für Israel ist (vgl. Jes 5,1-7), sind mit den Weingärtnern entweder alle Juden gemeint[20] oder nur die jüdischen Führer. Letzeres ist wahrscheinlicher, denn als Reaktion auf die Erzählung des Gleichnisses berichten alle drei Evv übereinstimmend, den jüdischen Führern (Hohenpriestern und Pharisäern) sei bewußt, daß Jesus das Gleichnis auf sie gemünzt habe (21,45 parr).[21] Dabei werden sie vom Volk unterschieden, das Jesus "für einen Propheten hielt" (21,46). Der Sohn des Weinbergbesitzers, den die Pächter getötet haben, ist Jesus selbst,[22] der sich damit indirekt als Sohn Gottes bezeichnet.

Der eingeschobene Vers 43 unterbricht den Kontext von 21,42. 44.46,[23] ist aber andererseits durch die Wendung διὰ τοῦτο λέγω ὑμῖν[24] auf den voran-

---

[19] Zur ursprünglichen Form des Gleichnisses: J. D. Crossan, "The Parable of the Wicked Husbandmen", JBL 90 (1971) 451-465. M. Lowe "From the Parable of the Vineyard to a Pre-Synoptic Source", NTS 28 (1982) 257-263. J. A. T. Robinson, "The Parable of the Wicked Husbandmen: A Test of Synoptic Relationship" NTS 21 (1974/75) 443-461, meint, "the Version of Thomas is most primitive", S.451; J. E. & R. R. Newell, "The Parable of the wicked Tenants", NT 14 (1972) 226-237, stimmen zu, S.229. - Auffällig ist ferner im Vergleich mit Mk 12,8, daß der Sohn bei Mt und bei Lk (20,15) außerhalb der Stadt getötet wird; vgl. J. D. Crossan, Wicked Husbandmen, S.453. W. Trilling, Israel, S.63-64.

[20] W. F. Albright/C. S. Mann, Mt, S.264; J. Gnilka, Mt II, S.231-232.

[21] Dagegen, W. G. Kümmel, Einleitung, S.213-214, die Weingärtner repräsentieren sowohl die schlechten Führer des Volkes als auch das böse Volk selbst.

[22] Dagegen M. Lowe, Parable, der argumentiert, daß sich der Sohn auf den Täufer Johannes beziehe; auch Newell, die Gärtner symbolisierten die Zeloten, S.226, denn Jesus kritisiere nicht ihr Ziel, sondern ihre Methode, S.236. J. D. Crossan, Wicked Husbandmen, S.453, die erste Gruppe von Knechten bezieht sich auf die frühen Propheten, die zweite auf die späteren.

[23] W. F. Albright/C. S. Mann, Mt, S.265.

[24] Vgl. W. Trilling, Israel, S.58.

gehenden Vers bezogen. Er gehört also wohl zur mt Komposition,[25] abgesehen von dem Ausdruck βασιλεία τοῦ ϑεοῦ[26], der anstelle des mt βασιλεία τῶν οὐρανῶν steht.[27] Weiter fällt der Gebrauch des Begriffes ἔϑνος im Singular auf.[28] Für das Volk Israel verwendet Mt sonst durchgehend die Bezeichnung λαός.[29] Nun soll das Reich Gottes dem Volk Israel weggenommen und einem anderen ἔϑνος gegeben werden. Hiermit ist nicht irgendein nahe bei Israel liegendes Volk gemeint,[30] sondern die Gruppe, die ihre Früchte bringt, d.h. für Mt wohl die christliche Gemeinde.[31]

Das Frucht-Bringen muß im Zusammenhang mit der Predigt des Täufers (3,1-12) und mit der Warnung vor den Pseudopropheten (7,15-23)[32] verstanden werden, es bezieht sich auf die Werke der Menschen. Nach dem vorliegenden Text haben nicht die einzelnen Juden, sondern die jüdischen Führer keine Früchte gebracht. Aus diesem Grund wird das Reich Gottes von dem Volk genommen.[33] Das von seinen Führern falsch geleitete Israel hat also nach 21,43 seine heilsgeschichtliche Priorität verloren und kann sich im Endgericht nicht mehr darauf berufen; doch bedeutet diese Tatsache kein Verdammungsurteil über alle Juden.

In der markinischen Vorlage (Mk 11,27ff) folgt das Gleichnis von den bösen Weingärtnern unmittelbar der Frage nach Jesu Vollmacht. Dazwischen hat Mt das Gleichnis von den ungleichen Söhnen eingeschoben (21,28-31). In beiden Gleichnissen steht die sehr seltene Wendung βασιλεία τοῦ ϑεοῦ

---

[25] W. Trilling, Israel, S.58, führt noch einige stilistische Gründe an. Den Vers hat Mt dann eingeschoben, G. Strecker, Weg, S.111.

[26] Vgl. W. Trilling, Israel, S.58-59.

[27] Diese Wendung erscheint 32mal.

[28] Im Singular nur noch 24,7 (par Mk 13,8).

[29] Das Wort erscheint 14/15mal (1,21; 2,4. 6; 4,16. 23; 9,35*; 13,15; 15,8; 21,23; 26,3. 5. 47; 27,1. 25. 64). Allerdings ist in 4,16 nicht ganz deutlich, ob nur das jüdische Volk gemeint ist. H. Frankemölle, Jahwebund, S.199-220, bietet eine ausführliche Analyse.

[30] W. Trilling, Israel, S.61. Dagegen J. Jülicher, Die Gleichnisreden Jesu II, Tübingen ²1910, S.403f, gemeint sei mit "den 'anderen' nicht ein anderes 'Volk', sondern 'das Israel der Zukunft'".

[31] W. Trilling, Israel, S.62; J. Gnilka, MtEv II, S.230. K. Snodgrass, The Parable of the Wicked Tenants. An Inquiry into Parable Interpretation (WUNT 27), Tübingen 1983, S.90, und Grundry, Mt, S.430, meinen, daß ἔϑνος die Kirche bezeichnet; trotzdem meint Snodgrass dann, "The Parable is a caustic attack on the authorities of established religion and not an argument for the replacement of Israel by the Church", S.149.

[32] Vgl. dazu 12,33-37.

[33] G. Strecker, Weg, S.111, das Futur hat historischen Sinn; vgl. auch H. Frankemölle, Jahwebund, S.253.

(21,31. 43), die nur hier im mt Sondergut erscheint,[34] die anderen beiden sicheren Stellen[35] stammen aus der Tradition (Mt 12,28 par Lk 11,20 und Mt 19,24 par Mk 10,25; Lk 18,25).

Da Mt sonst bevorzugt den Ausdruck βασιλεία τῶν οὐρανῶν verwendet (32mal im MtEv), ist diese abweichende Wendung im mt Sondergut[36] in 21,31. 43 unübersehbar und hat offensichtlich die Funktion, die beiden Gleichnisse eng miteinander zu verbinden. Darum muß die Frage, nach welchem Kriterium Israel gerichtet wird, auch im Rückgriff auf das Gleichnis von den beiden Söhnen beantwortet werden.

(c) Mt 22,1-14 (Das Gleichnis vom Hochzeitsmahl)

Anders als bei Lk, der das Gleichnis vom Hochzeitsmahl im Rahmen eines privaten Gastmahls als Tischgespräch überliefert, richtet es sich bei Mt kritisch gegen die jüdischen Führer, denen auch schon im vorangehenden Gleichnis das Gericht angekündigt wurde (21,41-45). Sie sind "jene Mörder" (22,7), um derentwillen der König (=Gott) seine Heere ausschickt und die Stadt zerstören läßt. Da 22,7 u. E. auf die Zerstörung Jerusalems im Jahr 70 zurückschaut, erschließt sich auch die Drohung an die bösen Weingärtner von 21,41.43: die Eroberung der Stadt ist nach Ansicht des Mt der Vollzug des angedrohten Gerichtes gewesen,[37] was im nächsten Kapitel noch ausführlich gezeigt werden wird.[38]

(2) Die positive Haltung des Volkes Jesus gegenüber

Im Gegensatz zu den jüdischen Führern verhalten sich die ὄχλαι nach Mt dem Wirken Jesu gegenüber positiv: sie folgen Jesus oft (4,25; 8,1; 12,15; 14,13ff; 15,30ff; 19,2; 20,29), hören sein Wort (9,36; 11,7; 12,46; 13,2; 15,10; 23,1),

---

[34] Vgl. G. Strecker, Weg, S.17. A.5. K. Snodgrass, The Wicked Tenants, S.93.

[35] Nach [26]NTG wäre 6,33 die fünfte Textstelle, falls das Genitiv-Attribut τοῦ θεοῦ zum ursprünglichen Text gehörte. U. E. ist aber die Lesart ohne das Attribut τοῦ θεοῦ trotz der knappen Bezeugung (א B k l sa bo Eus; A C D enthalten diesen mt Text nicht) als lectio brevior ursprünglich. U. Luz, Mt I, stimmt zu, siehe seine Übersetzung auf S.364.

[36] G. Strecker, Weg, S.166; nennt es "Redaktionsgut"; der Evangelist verwendet aber beide Ausdrücke, "ohne sachlich zu differenzieren", S.17.

[37] R. Hummel, Auseinandersetzung, S.82-94 betrachtet die Tempelzerstörung als Strafgericht für die Ablehnung der nachösterlichen Botschaft und als eschatologisches Ereignis; G. Strecker, Weg, S.112: "... die Zerstörung Jerusalems in Jahre 70 ... ist das Strafgericht, das das jüdische Volk als Folge seines Ungehorsams trifft." Vgl. J. Gnilka, Mt II, S.198.

[38] Vgl. S. 132ff.

wundern sich über seine Lehre und seine Wundermacht (7,28; 9,8. 33; 12,23; 22,33), heißen ihn beim Einzug in Jerusalem willkommen (21,8f), erkennen ihn als Propheten (21,11. 46) und stehen als schützende Macht zwischen den jüdischen Führern und Jesus (21,26. 46).[39]

Die Passionsgeschichte scheint dieser Deutung im ersten Blick zu widersprechen, denn hier stehen die ὄχλα auf Seiten der Gegner Jesu. Doch lassen sich bei näherem Hinsehen einige Züge erkennen, durch die Mt die ὄχλα der Passionsgeschichte von den Volksmengen im übrigen Evangelium abhebt. So treten nach der Erwähnung der ὄχλα als Zuhörer der Pharisäerrede (23,1) diese erst bei der Verhaftung Jesu wieder auf (26,47) und werden hier ausdrücklich als von den Hohenpriestern und Ältesten des Volkes geschickt bezeichnet. Ebenso betont Mt in 27,20, daß die Menge, die die Kreuzigung Jesu fordert, von den Hohenpriestern und Ältesten überredet wurde. Besonders bezeichnend ist, daß Mt an der für die Mitverantwortung der Menge wichtigsten Stelle, an der alle Beteiligten dem Pilatus antworten: "Sein Blut komme über uns und unsere Kinder" (27,25), nicht das Wort ὄχλος verwendet, sondern λαός.[40]

Durch diese Veränderung betont Mt, daß nicht nur das aus einfachen Menschen bestehende Volk (der ὄχλος), sondern das *ganze* Volk (πᾶς ὁ λαός), d.h. die Führer des Volkes (Hohepriester und Älteste) und der ὄχλος auf Jesu Hinrichtung bestehen.[41] Auf dem Hintergrund von Mt 27,20ff wird dabei

---

[39] Mt 13 zeigt die ὄχλα in nicht ganz so hellem Licht. Hier vollzieht sich eine Scheidung zwischen dem Volk, das zwar die Predigt Jesu vom Reich Gottes, die Bergpredigt usw. hörte und ihm nachfolgte und den Jüngern, denen die "Geheimnisse des Himmelreiches" (13,11) vorbehalten bleiben. Nach C. Burchard, Matthäus 13, S.10 ist die "Gleichnisrede ... nicht die Fortsetzung der Predigt mit anderen Mitteln, sondern der dramatisierte Abbruch der Kommunikation." Aber das Nichtverstehen des Volkes liegt doch auf einer ganz anderen Ebene als die aktive Feindschaft der Führer des Volkes wie Mt sie schildert.

[40] Das Wort λαός bezeichnet bei Mt das jüdische Volk. Vgl. den Abschnitt "Universalistischer Missionsgedanke".

[41] In Mt 26,3 und 26,47 werden die "Hohepriester und Ältesten" mit dem Begriff λαός verbunden. Sie sind Teil des λαός. Mt kann hier nicht von "Hohenpriestern und Ältesten" des ὄχλος sprechen. Er würde sie dann zu einen Teil der Menge einfacher Menschen machen bzw. sie zu eng mit dem niederen Volk assoziieren. Die jüdischen Führer unter dem λαός, die sich von den mit Pilatus sprechenden Führern unterscheiden dürften (z.B. 8,19f; 9,11. 14), scheinen in 27,64 die Adressaten der "Lüge" sein, daß Jesus auferstanden sei.

eindeutig den Führern die Verantwortung für die Entscheidung gegen Jesus zugeschrieben.[42]

b) Das schon geschehene Gericht

Die Schuldübernahme der Juden vor Pilatus τὸ αἷμα αὐτοῦ ἐφ' ἡμᾶς καὶ ἐπὶ τὰ τέχνα ἡμῶν (27,25) wurde häufig so ausgelegt, daß die Juden hier ein immerwährendes blutiges Gericht über sich selbst und alle ihre Nachkommen herbeirufen. Diese Deutung gehört wohl zu den schlimmsten antijudaistischen Gedanken im christlichen Erbe, sie ist allerdings nach R.Kampling[43] erst ab dem 4.Jh.n.Chr. nachweisbar. Vom Evangelisten ist sie nicht intendiert, vielmehr ist die Aussage in Mt 27,25 als ein vaticinium ex eventu zu verstehen: Mt deutet die blutigen Ereignisse des jüdischen Krieges und insbesondere die Zerstörung Jerusalems als Strafe für die Ablehnung Jesu. Diese Deutung beruht auf zwei Annahmen, die im folgenden belegt werden müssen: daß die Gerichtsworte im MtEv tatsächlich schon auf die Vollstreckung des angedrohten Gerichtes zurückblicken und daß die Formulierung "sein Blut komme über uns und unsere Kinder" auf die Sprecher und ihre unmittelbaren Nachkommen zu beziehen ist.

(1) Rückblicke auf das Gericht in Mt 21,43 und 22,7

Die These, Mt blicke auf ein schon geschehenes Gericht über Israel zurück, läßt sich anhand der beiden eng verbundenen Gleichnisse von den bösen Weingärtnern und vom Hochzeitsmahl verifizieren. In beide Gleichnisse hat Mt charakteristische redaktionelle Einschübe vorgenommen. So wird in 21,43 den jüdischen Führern direkt gesagt: "das Reich Gottes wird von euch genommen werden", womit sie zugleich als solche, die keine Früchte bringen, gekennzeichnet sind. Der Einschub in das Gleichnis vom Hochzeitsmahl "der König aber wurde zornig und schickte seine Heere aus, ließ jene Mörder umbringen und ihre Stadt verbrennen" (22,7) bedeutet, daß das Gericht über Is-

---

[42] Eine andere Deutung bietet T. B. Cargal, "'His Blood be upon us and upon our Children': A Matthean Double Entendre?", NTS 37 (1991) 101-112; er meint, das Wort λαός in Mt 27,25 sei in bewußter Parallele zu Dtn 21,8 (LXX) gewählt worden, hier S.111f.

[43] R. Kampling, Das Blut Christi und die Juden. Mt 27,25 bei den lateinischsprachigen christlichen Autoren bis zu Leo dem Großen, Münster 1984, S.8-9; auch K. H. Schelkle, "Die 'Selbstverfluchung' Israels nach Mt 27,23-25", in W. P. Eckert u.a. (Hg.), Antijudaismus im Neuen Testament? (ACJD 2), München 1967, S.148-156, hier S.155. K.

rael, insbesondere über seine Führer, in der Zerstörung Jerusalems und des Tempels schon geschehen ist.[44]

Diese Deutung von Mt 22,7 wird häufig angezweifelt. So möchte man in dem Missionsbefehl des Auferstandenen (28,19-20) einen Widerspruch zu der These des schon im Jahr 70 geschehenen Gerichts finden,[45] da aus 22,8 (τότε λέγει κτλ.) eindeutig hervorgehe, daß erst nach dem Strafgericht die Heidenmission einsetzt. Darum halten einige 22,7 für einen Topos,[46] das Verbrennen der Stadt ist nach Sand Übernahme der alttestamentlichen Gerichtsterminologie.[47]

Das Problem löst sich, wenn die Intention der Niederschrift des MtEv beachtet wird, es werden ja mit dem Missionsbefehl nicht die damaligen Jünger Jesu, sondern die Christen in der Gemeinde angesprochen.

Für die Annahme, daß das Gericht über Israel im Jahr 70 schon geschehen ist, lassen sich noch weitere Argumente anführen: Die Formulierung τοὺς φονεῖς ἐκείνους καί τὴν πόλιν αὐτῶν in 22,7 ist aufschlußreich. Das Substantiv φονεῖς kommt nur an dieser Stelle im MtEv vor und wird noch durch das Demonstrativpronomen ἐκείνους konkretisiert. Die Verbform φονεύω erscheint in alttestamentlichen Zitaten des fünften Gebots (5,21; 19,18) und zweimal in einem Weheruf über die Pharisäer und Schriftgelehrten (23,31. 35),[48] die als Söhne der Prophetenmörder bezeichnet werden und die Zacharias, den Sohn Barachias,[49] getötet haben sollen. Im selben Kontext (23,34) wird weiter angekündigt, daß sie (christliche) Propheten, Weise und Schriftgelehrte töten und auch kreuzigen werden. Das MtEv zeichnet also durch seine Wortwahl die jüdischen Führer als "Mörder der Gerechten" in der Vergangenheit und Gegenwart Jesu.

Haacker, "'Sein Blut über uns'. Erwägungen zu Mt 27,25", Kirche und Israel 1 (1986) 47-50, hier S.47.

[44] So z.B. G. Strecker, Weg, S.35.110 u.ö.; P. Vielhauer, Geschichte, S.365; W. G. Kümmel, Einleitung, S.90.

[45] R. Gundry, Mt, S.436-437.

[46] Z.B. R. Gundry, Mt, S.436-437; W. Grundmann, Mt, S.469; A. Sand, Mt, S.438; K. H. Rengstorf, "Die Stadt der Mörder (Mt 22,7)", in W. Eltester (Hg.), Judentum, Urchristentum, Kirche (FS J. Jeremias), Berlin 1960, S.106-129, besonders S.125-129.

[47] A. Sand, Mt, S.438. Vgl. Lev 26,31; Jos 6,5. 16. 20; 2Kön 23,27; Jes 1,7. 9; Nach J. Gnilka, Mt II, S.239, verkennt man damit "die historischen und theologischen Folgen, die sich für die frühe Christenheit aus der Zerstörung Jerusalem ergaben."

[48] Während das häufige Verb ἀποκτείνω 13mal vorkommt.

[49] Zacharias könnte der in Zach 1,1, in 2Chr 24,20f oder in Jos bell. 4,334-344 genannte Mann sein; vgl. J. Gnilka, Mt II, S.301; G. Strecker, Weg, S.114, A.5.

In 22,7 sind "jene Mörder" die zuerst Eingeladenen, die die Knechte töteten. Derselbe Zug fand sich in 21,35-39, dort wurden die Knechte und der Sohn von den bösen Weingärtnern getötet, wobei 21,46 keinen Zweifel daran läßt, wer hier gemeint ist: die Hohenpriester und Pharisäer erkennen selbst, "daß er von ihnen sprach". Da beide Gleichnisse eng aufeinander bezogen sind und sich an dieselbe Gruppe richten, kann wohl kaum Zweifel daran bestehen, daß "jene Mörder" in 22,7 die jüdischen Führer sind.

"Die Stadt dieser Mörder" ist im Kontext des Gleichnisses die Stadt des Königs (also Gottes Stadt). In 5,35[50] wurde Jerusalem ebenfalls als die "Stadt des großen Königs" bezeichnet. Zur Zeit der Abfassung des MtEv ist Jerusalem bereits zerstört, wie 22,7 deutlich zeigt, die "Mörder" sind entweder gestorben oder haben durch den jüdischen Krieg ihre Führungsposition verloren.

Ein weiterer Hinweis auf das bereits geschehene Gericht über Israel findet sich in 23,35f. Hier wird den Pharisäern und Schriftgelehrten angedroht, daß all das auf Erden vergossene gerechte Blut über sie (ἐφ᾽ ὑμᾶς 23,35) kommen wird bzw. über diese Generation (ἐπὶ τὴν γενεὰν ταύτην 23,36).

Unmittelbar an die Gerichtsworte der Pharisäerrede schließt Mt dann die Weissagung der Tempelzerstörung an (24,1f), vermutlich hat er die Perikope vom Scherflein der Witwe aus der Mk-Vorlage weggelassen, um die beiden Gerichtsworte in einen engen Zusammenhang zu bringen.

Zusammenfassend läßt sich also sagen, daß das Gericht über Israel - angedroht in 21,43; 23,33ff und 24,1f und dargestellt durch den Zorn des Königs in 22,7 - zur Zeit der Abfassung des MtEv bereits geschehen ist.[51]

(2) Das Gerichtswort Mt 27,25

Ob die im letzten Absatz vorgeschlagene Exegese berechtigt ist, hängt auch mit der Bedeutung der Wendung τὸ αἷμα αὐτοῦ ἐφ᾽ ἡμᾶς καὶ ἐπὶ τὰ τέκνα ἡμῶν (27,25)[52] zusammen. Ist dies wörtlich aufzufassen, so daß nur die zwei Generationen der Zeitgenossen Jesu und ihrer Kinder davon betroffen sind, oder sind alle Nachkommen der Juden ohne zeitliche Begrenzung gemeint?

---

[50] Vgl. R. Gundry, Mt, S.436.

[51] Terminologisch anders, sachlich aber ähnlich urteilt D. Marguerat, Jugement, S. 317: mit der Jahr 70 habe sich das eschatologische (!) Gericht über Israel ereignet.

[52] K. H. Schelkle, Selbstverfluchung, S.148-156, lehnt es ab, "den Ruf als Selbstverfluchung der Juden zu bezeichnen", S.149. Dagegen J. Gnilka, S.459; W. Grundmann, Mt, S.555.

Das Wort τέχνον kommt im MtEv 14mal vor.[53] In den meisten Fällen bezieht es sich auf Kinder im unmittelbaren Sinn des Wortes, allerdings mit drei schwerwiegenden Ausnahmen: 2,18 (Rahel beweint ihre Kinder), 3,9 (dem Abraham Kinder erwecken) und 23,37 (Jerusalem, deine Kinder). Doch diese drei Stellen bilden insofern eine Ausnahme, als in ihnen nicht die Kinder "normaler Menschen", sondern die Nachkommen von Repräsentanten der Heilsgeschichte (Abraham, Rahel, Jerusalem) als deren τέχνα bezeichnet werden. Die metaphorische Deutung ist in diesen Fällen also durch den Kontext klar angezeigt, in Mt 27,25 ist dies nicht der Fall, hier werden also nur die Kinder im ursprünglichen Sinn des Wortes gemeint sein.[54]

Zusammenfassend läßt sich festhalten, daß sich die Israelkritik bzw. der Antijudaismus des MtEv in allererster Linie gegen die jüdischen Autoritäten richtet, und daß sie auf die Zeitgenossen Jesu und deren Nachkommen beschränkt ist. Das Gericht über Israel geschah in der Zerstörung des Tempels, damit ist für Mt auch Israels besondere Rolle als Volk Gottes beendet.[55] Die Einladung des Evangeliums gilt danach weiter für alle Völker einschießlich Israel.[56] Mt stellt Israel somit den anderen Völkern vor Gott gleich.[57] Besonders deutlich zeigen dies die beiden eng aufeinander bezogenen Gleichnisse von den bösen Weingärtnern und vom Hochzeitsmahl. Beide richten sich kritisch gegen die jüdischen Führer (stärker als bei Lk), beide konstatieren das Versagen gegenüber der Botschaft Jesu. Das Gleichnis vom Hochzeitsmahl zeigt durch den Einschub in 22,7, daß das Gericht über Israel schon geschehen ist. In der Gegenwart des Evangelisten werden alle Menschen eingeladen (die "Mörder" sind tot), aber auch unter diesen sind unwürdige Menschen (ohne Hochzeitsgewand).

---

[53] 2,18; 3,9; 7,2. 11; 10,21(2x); 15,26; 18,25; 19,28; 21,28(2x); 22,24, 23,37; 27,25.

[54] Um die Nachkommenschaft eindeutig zu bezeichnen, verwendet Mt in 23,31 υἱός, ebenso verwendet Paulus σπέρμα, z.B. Röm 1,3; 4,13; 9,7. 8; 11,1; 16,18; 2Kor 11,22; Gal 3,16. 19. 29.

[55] H. Frankemölle, Jahwebund, S.210; R. Kampling, Blut Christi, S.5.

[56] Vgl. dazu die Ausführungen im Kapitel "Universalistischer Missionsgedanke" (III.2).

[57] Man sollte beachten, daß Jerusalem nach der Kreuzigung Jesu von Mt positiver bewertet wird als von den anderen Evangelisten. Jerusalem wird die "Heilige Stadt" genannt (27,53) und Mt berichtet von der Auferweckung und Erscheinung entschlafener Heiliger (27,52), wodurch eine Verbindung mit dem "Alten Bund" hergestellt wird; W. Grundmann, Mt, S.562, A.11, vermutet, daß an Johannes den Täufer gedacht ist.

c) Kritik an Heidenchristen im Rahmen der Gerichtsansage an Israel

2. These:

Im Rahmen der Gerichtsdrohung gegenüber Israel findet sich indirekt auch Kritik an den Heidenchristen. Der mt Schluß des Gleichnisses vom Hochzeitsmahl macht deutlich, daß die Heiden zwar eingeladen sind, daß sie aber, wenn sie keine Frucht bringen (kein hochzeitliches Gewand haben), genauso verurteilt werden wie das ungehorsame Israel.

Das Gleichnis vom königlichen Hochzeitsmahl hat der Evangelist aus Q an die beiden Gleichnisse von den ungleichen Brüdern (Sondergut) und von den bösen Weingärtnern (Mk) angefügt. Der erste Teil (22,1-10) handelt wie die beiden vorangehenden Gleichnisse (21,28-46) vom Gericht über Israel.[58] Die Parallelüberlieferung in Lk 14,15-24 ist sprachlich völlig anders gestaltet,[59] inhaltlich zeigen sich aber große Ähnlichkeiten.[60]

Die mt Fassung weist weitgehende strukturelle Parallelen zum Gleichnis von den bösen Weingärtnern auf. Dem dort hinzugefügten Vers "Das Reich Gottes wird von euch genommen und einem Volk gegeben werden, das seine Früchte bringt" (21,43) entspricht im Gleichnis vom Hochzeitsmahl die Feststellung: "Die Hochzeit ist zwar bereit, aber die Geladenen waren es nicht wert. Darum gehet hinaus auf die Straße und ladet zur Hochzeit ein, wen ihr findet." (22,8f).

Die zweimalige Sendung der Knechte wird in beiden Gleichnissen mit exakt denselben Formulierungen beschrieben: ἀπέστειλεν τοὺς δούλους αὐτοῦ in 21,43 und 22,3 und: πάλιν ἀπέστειλεν ἄλλους δούλους in 21,36 und 22,4.[61] Diese wörtliche Übereinstimmung zwischen den beiden benachbarten Gleichnissen ist enger als zwischen den jeweiligen synoptischen Parallelüberlieferungen (Mt 21,33-46 parr Mk 12,1-12; Lk 20,9-19; Mt 22,1-10 par Lk

---

[58] Vgl. J. Gnilka, Mt II, S.242f.

[59] W. F. Albright/C. S. Mann, Mt, S.270.

[60] J. Gnilka, Mt II, S.235, rechnet "mit einer gemeinsamen literarischen Vorlage." J. Jeremias, Die Gleichnisse Jesu, Zürich [6]1962, nennt das Gleichnis "doppelt überliefert", S.61. Es findet sich auch in ThEv Logion 64.

[61] J. Gnilka, Mt II, S.234, stellt mehrere wörtliche Übereinstimmungen zwischen den beiden Gleichnissen fest: ἀπέκτειναν in 21,35 und 22,6; ἀπολέσει/ἀπώλεσεν in 21,41 und 22,7; die Erwähnung des Sohnes in 21,37 und 22,2; die Erwähnung der βασιλεία in 21,43 und 22,2 trotz verschiedener Ausdrücke; der Ausblick auf das endzeitliche Gericht in 21,44 und 22,13.

14,15-24).[62] Der Tod der Knechte weist in beiden Gleichnissen auf das Schicksal der alttestamentlichen Propheten.

Die Eingeladenen[63] kommen wegen anderweitiger Beschäftigungen nicht zum Hochzeitsmahl (22,5), bringen sogar die einladenden Knechte um (22,6) und werden deshalb bestraft (22,7).[64] Hiermit ist, wie oben ausgeführt, das Gericht über Israel beschrieben, insbesondere über die hauptsächlich angesprochenen Hohenpriester und Ältesten des Volkes. Sie haben ihre Verpflichtung als Geladene des Königs nicht erfüllt. Soweit entspricht die Aussage den beiden vorausgehenden Gleichnissen, die dasselbe in anderen Bildern aussagen: Israel hat den Willen des Vaters nicht getan bzw. die geforderten Früchte nicht gebracht. Während das Gleichnis von den bösen Weingärtnern mit der Andeutung in 21,43 schließt, daß ein anderes Volk - d.h. die Kirche aus Juden und Heidenchristen - das Reich Gottes erlangen wird, führt das Gleichnis vom Hochzeitsmahl diesen Gedanken aus.

Nachdem die zuerst Geladenen (die Juden) abgelehnt haben und ihre Stadt zerstört ist, werden nun alle anderen eingeladen. Es ist deutlich, daß hiermit die Heidenmission gemeint ist. Der zweite Teil des Gleichnisses (22,11-14) hat keine Parallele mehr bei Lk.[65] Um die beiden Gleichnisteile miteinander zu verknüpfen, erwähnt Mt am Ende des ersten Teils (22,10), daß Böse und Gute (πονηρούς τε καὶ ἀγαθούς) hereinkommen (anders Lk 14,23).[66] Hier klingt schon an, was in den folgenden Versen ausgeführt wird: auch die Heidenchristen unterstehen dem Gericht.[67] Der König findet einen der Gäste ohne Hochzeitskleid und läßt ihn in die Finsternis hinauswerfen (22,11-13).[68]

---

[62] Z.B. ἀπέστειλεν τοὺς δούλους αὐτοῦ in Mt 22,3 gegenüber ἀπέστειλεν τόν δοῦλον αὐτοῦ in Lk 14,17.

[63] J. Gnilka, Mt II, S.238-239. Die Gelandenen οἱ κεκλημένα beziehen sich in 22,3. 8 auf Israel.

[64] Der Zorn des Königs entlädt sich wahrscheinlich in der Zerstörung des Tempels in Jerusalem. Vgl. J. Gnilka, Mt II, S.239; R. Gundry, Mt, S.437. Dagegen K. H. Rengstorf, "Die Stadt der Mörder, S.125.

[65] Ob dieser Teil des Gleichnisses aus einem rabbinischen Gleichnis (bSchab 153a) stammt, ist fraglich. Vgl. J. Gnilka, Mt II, S.236.

[66] Es ist wahrscheinlich, daß diese Zusammensetzung der Gemeinde aus Bösen und Guten auf die Gemeindesituation anspielt, die auch im Gleichnis vom Unkraut (13,24-30. 36-43) vorausgesetzt ist. Vgl. J. Gnilka, Mt II, S.244.

[67] Diesen Gedanken betont D. Marguerat, Jugement, S.325-331: Israel und Kirche haben ein paralleles Schicksal: "elles sont toutes deux constituées par la grâce de l'appel et menacées par la réalité du jugement divine." (S.331).

[68] Vgl. äth. Hen 108,5; Ps 35,16; 37,12; 112,10.

Die Deutungen dieses Kleides sind zahlreich.[69] Der Kontext der drei Gleichnisse wie auch das MtEv in seiner Gesamtheit lassen aber eigentlich nur eine Interpretation zu: das Kleid bezieht sich auf das Frucht-Bringen,[70] d.h. auf das Tun des Willens Gottes. Das abschließende Logion "Denn viele sind berufen, wenige aber auserwählt" (22,14) bezieht sich auf beide Gleichnisteile, gilt für Juden wie Heiden gleichermaßen.[71]

Das Gleichnis vom Hochzeitsmahl spiegelt etwas von der sozialen Realität der mt Gemeinde wider: sie hat Juden und Heiden eingeladen, Juden- und Heidenchristen zählen zu ihren Mitgliedern. Sie ist ein *corpus mixtum*, in dem Böse und Gute beieinander sitzen (22,10). Das Urteil über die endgültige Teilhabe am Himmelreich bleibt Gott überlassen, der Juden- wie Heidenchristen aufgrund ihrer Werke beurteilen wird.

d) Das Gericht aufgrund der Werke

3. These:

Das MtEv spricht in unterschiedlicher Weise von einem innergeschichtlichen Gericht über Israel und vom eschatologischen Gericht über Israel (das über Israel zusammen mit allen anderen Völkern ergeht). Ein durchgehender Grundgedanke ist dabei, daß Israel nicht allein aufgrund seiner heilsgeschichtlichen Priorität als auserwähltes Volk in die "Herrschaft der Himmel" aufgenommen werden darf: Israel wird wie die Heiden nach seinen Werken gerichtet.

(1) Mt 3,7-12 (Täuferpredigt)
Der Täufer droht allen Menschen, die keine Früchte der Buße (καρπὸς ἄξιος τῆς μετανοίας) bringen, das Gericht, den kommenden Zorn (μέλλούσα ὀργή) an (3,7f).[72] Sie sind wie Bäume, die keine Früchte bringen[73] und denen des-

---

[69] Das Kleid wurde z.B. gedeutet auf das Leben aus dem Glauben, die Rechtfertigung aus dem Glauben, das endzeitliche Heil (Jes 61,10), die Erfüllung des Gesetzes (äth Hen 62,15), die Werke der Gerechtigkeit; vgl. J. Gnilka, S.241.

[70] So auch D. Marguerat, Jugement, S.341f.

[71] Vgl. U. Wilckens, "Gottes geringste Brüder - zu Mt 25,31-46" in E. Ellis/E. Grässer (Hg.), Jesus und Paulus (FS W. G. Kümmel), Göttingen 1975, 363-383, hier S.368. Am Ende dieses Gleichnisses (20,16) bieten einige Textzeugen auch die Formulierung "Denn viele sind berufen, wenige aber auserwählt": C D W Θ f[1.13] M latt sy mae bo[pt].

[72] Vgl. 7,16-20; 12,33; 21,43.

[73] Vgl. Jes 10,33; J. Gnilka, Mt II, S.70.

halb schon die Axt an die Wurzel gelegt ist, deren unmittelbare völlige Ver-
nichtung bevorsteht (3,10). Die Früchte beziehen sich nach 7,15-20 auf die
konkreten Werke der Menschen, die man erkennen kann. Der Vergleich
menschlicher Werke mit Früchten (Jes 3,10; Jer 17,7-10; Spr 1,31) bzw. der
des Menschen mit einem Baum (Ps 1,3; 92,13ff; Jer 11,19; Ez 17,5ff) ist im
AT häufig.[74] Angeklagt sind die Juden, insbesondere die Pharisäer und Sadduzäer (3,7).[75] Ihre bevorzugte Stellung als Kinder Abrahams,[76] durch die
alle Völker gesegnet werden sollen, hilft ihnen nicht, wenn sie selbst keine
Buße tun (3,8). Sie werden nach dem καρπός, d.h. nach den Werken gerichtet
und nicht aufgrund ihrer Priorität als auserwähltes Volk bevorzugt. Wieder
zeigt diese Perikope: das Gericht nach den Werken verfährt nach einem ein-
heitlichen Maßstab ohne ethnische Einschränkungen.

(2) Mt 8,11-12

In die Perikope vom Hauptmann von Kapernaum hat Mt ein Logion eingefügt, das den "Söhnen des Reiches"[77], den Israeliten[78], die Verstoßung aus
dem Himmelreich androht, während viele bislang Außenstehende mit den
Erzvätern zu Tisch sitzen werden. Explizit wird kein Grund dafür angegeben,
der Kontext legt aber nahe, anzunehmen, daß es wegen des fehlenden Glaubens geschieht. Denn dem römischen Hauptmann bescheinigt Jesus, daß er
solchen Glauben in Israel bei niemandem gefunden habe (8,10).

Wie sich der Glaube und die Werke als Zugangsbedingungen ins Reich Gottes verhalten, soll erst im Abschnitt über das universale Gericht behandelt
werden. Jedenfalls ist festzuhalten, daß nach diesem Logion Israel, sofern es
ohne Glauben ist, trotz der bisherigen heilsgeschichtlichen Sonderstellung
nicht im Himmelreich zu Tisch sitzen darf.

---

[74] J. Gnilka, Mt II, S.274-275.

[75] Die Zusammenstellung dieser beiden Gruppen findet sich auch in 16,1. 11. 12. Vgl.
W. Grundmann, Mt, S.94; R. Hummel, Auseinandersetzung, S.18-20, für die Bedeutung
dieser Zusammenstellung.

[76] W. F. Albright/C. S. Mann, Mt, S.26, zeigen, daß ein hebräisches Wortspiel zugrundeliegt ("Söhne" im Hebräischen "banim" und "Steine" "ebanim"); vgl. auch J. Gnilka, Mt
I, S.70.

[77] Die Wendung οἱ υἱοὶ τῆς βασιλείας kommt nur noch in 13,37 vor. Der Ausdruck
"Sohn" bezeichnet die Zugehörigkeit (9,15; jBer 7d. 13d; jScheq 947c), W. Grundmann,
Mt, S.253.

[78] W. Grundmann, Mt, S.251.

(3) Mt 12,38-42 (Das Zeichen des Jona)

Jesus droht dem "bösen und abtrünnigen Geschlecht" seiner Zeit, das durch die Schriftgelehrten und Pharisäer repräsentiert wird, die von Jesus ein Zeichen fordern (12,38f), die Verurteilung im Gericht an (12,41f).

Die Männer von Ninive vollzogen die geforderte Umkehr bereits aufgrund der Predigt des Jona, und die Königin vom Süden (von Sheba, 1.Kön 10,1-10) kam allein wegen der Weisheit Salomos. Deshalb werden sie - obwohl sie Heiden sind - als Richter gegen "dieses Geschlecht" auftreten, das nicht umkehrt, obwohl ihm Größeres als jenen widerfährt. Bemerkenswert ist wieder die Notwendigkeit der Umkehr (daß sie umkehrten (μετενόησαν), rettete die Bewohner Ninives: 12,41), andernfalls gibt es keine Rettung im Gericht.

(4) Mt 19,28

Auch Mt 19,28 setzt ein endzeitliches Gericht über Israel voraus,[79] Jesus verheißt seinen Nachfolgern: "Ihr, die ihr mir nachgefolgt seid, werdet bei der Wiedergeburt, wenn der Menschensohn sitzen wird auf dem Thron seiner Herrlichkeit, auch sitzen auf zwölf Thronen und richten die zwölf Stämme Israels."

Aufgrund einer wortstatistischen Untersuchung kommt J.Friedrich[80] zu dem Ergebnis, daß Mt 19,28 gegenüber der Parallelüberlieferung Lk 22,28-30 "sehr viele Spuren red. Bearbeitung aufweist".[81] Auch die Stellung des Verses im jetzigen Zusammenhang geht auf den Evangelisten zurück, der das Logion 19,28 zwischen die Frage des Petrus nach dem Lohn der Nachfolge (Mk 10,28

---

[79] P. Vielhauer, "Gottesreich und Menschensohn in der Verkündigung Jesu" in ders. Aufsätze zum Neuen Testament (TB 31), München 1965, S.55-91, hier S.67f, "die matthäische (Fassung) stellt kaum die von Q dar". Wegen stilistischer Gründe nimmt J. Friedrich, Gott im Bruder. Eine methodenkritische Untersuchung von Redaktion, Überlieferung und Tradition in Mt 25,31-46 (CThM A7), Stuttgart 1977, S.62-64, auch an, daß diese Formulierung von Mt redaktionell bearbeitet wurde. D. Gewalt, "Matthäus 25,31-46 im Erwartungshorizont heutiger Exegese", LB 3 25/26 (1973) 9-21, hier S.15, deutet den Abschnitt von TestBen 10,9 her: "und der Herr wird zuerst Israel richten wegen der Gottlosigkeit gegen ihn..., und dann wird er alle Heiden richten"; zitiert bei W. Bousset/H. Gressmann, Die Religion des Judentums im späthellenistischen Zeitalter (HNT 21), Tübingen ⁴1966, S.272; L. Cope, "Mt XXV: 31-46 'The Sheep and the Goats' Reinterpreted" NT 11 (1969) 32-44, hier S.37, "... the judgment of Israel and of the Church have been dealt with earlier in the Gospel and that the question addressed here is now the Gentiles are to be judged." Der Spruch in TestBen 10,9 läßt jedoch vermuten, daß Mt 19,28 durch Tradition beeinflußt ist.

[80] J. Friedrich, Gott im Bruder, S.53-66.

[81] Ibid., S.65.

par Mt 19,27) und Jesu Antwort darauf (Mk 10,29-31 par Mt 19-31) eingefügt hat.[82] Deswegen ist die Bedeutung des Wortes vom unmittelbaren Kontext her zu bestimmen. Im Unterschied zu den "normalen" Nachfolgern Jesu[83] haben die Jünger alles verlassen[84] und sind Jesus nachgefolgt (19,27). Auf die Frage, was ihnen dafür als Lohn gegeben wird, antwortet Jesus, daß sie an der Herrlichkeit des Menschensohns, die zwölf Stämme Israels zu richten,[85] Anteil haben werden. Außerdem sollen sie (gekürzt nach Mk 10,29f) alles Verlassene hundertfach empfangen und das ewige Leben ererben.

Bei der Vorstellung vom Richteramt der Zwölf[86] entstehen zwei Probleme: soll man den Verräter Judas zu den zwölf Jüngern zählen?[87] Und: wie kann man überhaupt noch mit den zwölf Stämmen rechnen, die ja zur Zeit Jesu nicht mehr existieren?

Das Interesse des Evangelisten liegt ganz eindeutig nicht auf dem Gericht über Israel selbst, sondern auf dem Akt des Richtens der Jünger als Lohn für ihre Nachfolge. Dem liegt die Vorstellung zugrunde, daß es verschiedene Rangstufen im Himmelreich gibt (vgl. 5,19; 20,20f)[88], deren höchste hier den Jüngern versprochen wird. Um aber das Streben nach dem höchsten Rang im Himmelreich zu verhindern, fügt Mt das Gleichnis von den Arbeitern im Weinberg aus seinem Sondergut unmittelbar an (20,1-16).[89] Gott kann seine Gnade genauso frei verschenken wie es dem Besitzer des Weinbergs

---

[82] Vgl. J. Friedrich, Gott im Bruder, S.55-56. Mt 19,28 ist in den zugrundeliegenden mk Aufriß eingeordnet worden (vgl. die Frage nach der Ehescheidung, Mt 19,1-12; Mk 10,1-12; die Segnung der Kinder, Mt 19,13-15; Mk 10;13-16; der reiche Jüngling, Mt 19,16-30; Mk 10;17-31).

[83] Wie z.B. 4,25; 5,1 7,28; 8,1. 18; 9,36; 12,5. 23. 46; 13,1. 36. 54; 14,13-14. 23; 15,30-32; 17,14; 19,2; 20,29; 21,11; 23,1; 26,5?).

[84] Zum sozialen Hintergrund, siehe G. Theißen, "'Wir haben alles verlassen' (MC. X 28). Nachfolge und soziale Entwurzelung in der jüdisch-palästinischen Gesellschaft des 1. Jahrhunderts n. Chr.", NT 19 (1977) 161-196.

[85] Das Wort κρίνοντες übersetzen viele mit "herrschen", wie z.B. E. Klostermann, Mt; G. Kümmel, Verheißung und Erfüllung ([2]1953), S.41, A.96; P. Vielhauer, Gottesreich, S.67; J. Friedrich, Gott im Bruder, S.55.

[86] Die Formulierung "ihr, die ihr mir nachgefolgt seid" kann von den zwölf Jüngern auf alle, die Jesus nachfolgen, ausgeweitet werden.

[87] J. Friedrich, Gott im Bruder, S.64; G. Strecker, Weg, S.191. P. Vielhauer, Gottesreich, S.67-71, nimmt an, daß die Zugehörigkeit des Judas zu den Zwölfen ein theologisches Postulat ist, S.71.

[88] Vgl. U. Luz, Mt I, S.238.

[89] J. Gnilka, Mt II, S.169, "19,28-20,16, eine unmittelbare und weiterführende Stellungnahme Jesu".

freisteht, allen Arbeitern denselben Lohn zu bezahlen, obwohl sie unterschiedlich lang gearbeitet haben.

Mt 19,28 setzt ein Gericht über Israel voraus, auch wenn darauf nicht der
Hauptakzent liegt. Ein Kriterium ist allerdings nicht erwähnt. Offenbar gilt
auch hier, daß die Werke entscheiden. Im Kontext ist jedenfalls das Halten
der Gebote die Voraussetzung, um ins Leben einzugehen (τήρησον τὰς
ἐντολάς, 19,17). Das Halten der Gebote bezieht sich auf das Tun des Willens
Gottes (7,21ff), wie im Abschnitt zur israelorientierten Thoraauslegung gezeigt wurde. Deutlich ist auf jeden Fall, daß Israel nicht allein aufgrund seiner
heilsgeschichtlichen Priorität als auserwähltes Volk im Endgericht bestehen
kann.

Abschließend können wir festhalten: die Vorstellung vom Gericht über Israel
erscheint im MtEv in der Gleichniskomposition Mt 21,28-22,14 und in verschiedenen Gerichtssprüchen. In diesem Rahmen findet sich zugleich auch
der Gedanke des Gerichts über Heidenchristen am Ende des letzten Gleichnisses (22,10.14). Der Maßstab, nach dem Gott richtet, ist immer derselbe: es
kommt allein darauf an, den Willen Gottes zu tun.

2. Universalistischer Gerichtsgedanke

a) Das Kommen des Gerichts am Ende der Zeiten

1. These:

Es gibt im MtEv nur ein einziges, universales Endgericht über alle Menschen (25,31-46) und nicht zwei getrennte eschatologische Gerichtsverfahren über Israel und die Heiden. Das Endgericht kommt einmalig und unerwartet am Ende der Zeit.

In der Endzeitrede (24,1-25,46) sind das Ende der Welt, das Kommen des Menschensohns und das Endgericht eng miteinander verbunden. Die einleitende Doppelfrage der Jünger[1] bezieht sich erstens auf den Zeitpunkt der Tempelstörung (πότε) und zweitens auf das Zeichen (τὸ σημεῖον)[2] für Jesu Ankunft (τῆς σῆς παρουσίας) und für das Ende der Welt (συντελείας τοῦ αἰῶνος)[3]. Die beiden zuletzt genannten Ereignisse werden dabei als ein einziger Vorgang gekennzeichnet:[4] die Parusie Jesu ist gleichzeitig die Einleitung des Endgerichts (24,30f; 25,31f); die Tempelstörung wird von den eschatologischen Ereignissen getrennt (s.u.).

(1) Das Zeichen

In der markinischen Vorlage der Endzeitrede (Mk 13,1ff) bricht mit der Tempelstörung die Endzeit an. Kriege, Hungersnöte und Erdbeben werden als "Anfang der Wehen" bezeichnet (Mk 13,7f). Die Verfolgung (Mk 13,9ff) und die große Bedrängnis (Mk 13,14-23) mit dem Aufstehen der falschen Christusse und Propheten leiten ausdrücklich das Kommen des Menschensohnes ein.

Der Autor des MtEv folgt der mk Endzeitrede eng, hat aber an zwei Stellen redaktionelle Veränderungen vorgenommen, die einen größeren zeitlichen Abstand zwischen Tempelstörung und Parusie zulassen bzw. nahelegen. So

---

[1] In Mk 13,3 fragen nur Petrus, Jabobus, Johannes und Andreas.

[2] Vgl. J. Gnilka, Mt II, S.313.

[3] Die Wendung ist typisch matthäisch, vgl. 13,39. 40. 49; 28,20; J. Gnilka, Mt II, S.311, A3.

[4] Es handelt sich in Mt 24,3 um ein καί epexegeticum, vgl. F. Blass/A. Debrunner/F. Rehkopf, Grammatik, § 442.6.

nimmt er die Frage der Jünger nach dem "Zeichen" dort wieder auf, wo er die endgültige Ankunft des Menschensohnes beschreibt: "dann wird erscheinen das Zeichen des Menschensohns am Himmel" (24,30). Dadurch werden die irdischen Phänomene von dem himmlischen Zeichen deutlich unterschieden, das wirklich entscheidende σημεῖον ist von den Ereignissen auf der Erde unabhängiger als bei Mk.[5]

Die zweite redaktionelle Veränderung ist noch deutlicher: Mt versetzt den Vers "Und es wird gepredigt werden dies Evangelium vom Reich in der ganzen Welt zum Zeugnis für alle Völker" (24,14a par Mk 13,10) an das Ende des Abschnittes über die Verfolgung der Gemeinde (Mt 24,9-14 par Mk 13,9-13). Unmittelbar daran fügt er die entscheidende redaktionelle Formulierung an: καὶ τότε ἥξει τὸ τέλος (24,14b). Damit ist die Verkündigung des Evangeliums unter allen Völkern zur Voraussetzung für das Ende der Welt gemacht, während bei Mk diese Verkündigung im Zuge der Verfolgung der Jünger sich eher von selbst vor dem Ende ergibt. Beide redaktionellen Eingriffe zeigen das Interesse des Autors, die Zerstörung des Tempels in Jerusalem und die begleitenden Kriegsereignisse nicht zum entscheidenden Zeichen für das nahe Ende dieses Äons werden zu lassen. Der Grund dafür liegt natürlich in der geschichtlichen Situation des Evangelisten, für ihn liegt die Tempelzerstörung schon einige Zeit zurück.

(2) Die Zeit

Wenn Mt sich auf die Geschehnisse bezieht, die sich in der Endzeit abspielen werden, dann spricht er in pluralischen Wendungen (ἡμέραι, 24,19.22.29). In diesen "Tagen" werden falsche Christusse (24,5.23.24.26) und Pseudopropheten (24,11.24) auftreten. Diese Zeit wird enden mit dem unerwarteten Kommen des Menschensohnes (ὥσπερ γὰρ ἡ ἀστραπή, 24,27).[6] Das Gleichnis vom Feigenbaum (24,32ff) bildet den Übergang von der Frage der Jünger nach dem Zeichen zur Frage nach dem genauen Zeitpunkt der Parusie. Die Aussage, dieses Geschlecht (ἡ γενεὰ αὕτη) werde nicht vergehen, bis dies alles geschehe (24,34), sollen die Leser natürlich auf sich selbst beziehen.

---

[5] Das Wort σημεῖον kommt in der Endzeitrede bei Mk zweimal vor: bei der Jüngerfrage nach dem Zeichen (Mk 13,4 par Mt 24,3) und bei der Erscheinung der falschen Christusse und Propheten (Mk 13,22 par Mt 24,24, hier im Plural). Mt hat es in 24,30 gegenüber Mk hinzugefügt.

[6] Dagegen J. Gnilka, Mt II, S.325, der meint, "Der Vergleichspunkt mit der Parusie liegt in dieser Evidenz (des von Osten nach Westen aufleuchtenden Blitzes), nicht im Unerwarteten, Plötzlichen." Der Blitz kommt aber selbstverständlich unerwartet und plötzlich!

Vom Zeitpunkt der Parusie spricht der Evangelist immer im Singular (ἡμέρα, 24,36.42.50; 25,13; manchmal in Verbindung mit ὥρα, 24,36.50; 25,13).[7] Selbst dem Sohn ist der Termin unbekannt, nur der Vater kennt ihn (24,36). Darum mahnt der Evangelist mit den folgenden Sprüchen (24,37-44) und Gleichnissen (24,45-25,30) zur Wachsamkeit, immer kommt der Herr zu einem unerwarteten Zeitpunkt (24,42.50; 25,13.19) und fordert Rechenschaft. Genauso erscheint auch der Menschensohn einmalig und plötzlich zum Gericht über alle Menschen (25,31). Dies wird durch die Wendung ὅταν δὲ ἔλθη im Konjunktiv Aorist im Gegensatz zu einem präsentischen Sprachgebrauch eindeutig herausgestellt.[8]

Mt 24,31 berichtet von einer Sammlung der Auserwählten durch die Engel beim Kommen des Menschensohnes. Zunächst ist es zu klären, wer die Auserwählten sind. Mt hat dieses Wort aus der mk Endzeitrede dreimal übernommen (24,22.24.31; Mk 13,20.22.27). Weiter erwähnt Mt die ἐκλεκτοί im Gleichnis vom Hochzeitsmahl. Hier stehen sie für die Christen, die nach der zweiten Einladung (nach Beginn der Heidenmission) kamen und das Gefallen des Hausherrn finden (22,14). Die Auserwählten sind also die wahren Christen, die im Endgericht bestehen und am ewigen Leben teilhaben. In 24,31 wird keinerlei Kriterium dafür angegeben, wer als "auserwählt" zu betrachten ist. Darum ist wohl davon auszugehen, daß es die wahren Christen sind, die den Willen Gottes tun (7,21ff) und die bessere Gerechtigkeit praktizieren (5,20), die alle Kriterien erfüllen, die an einen Christen gestellt werden (Bekenntnis, Glaube, Werk).[9] Diese bestehen natürlich im Endgericht. Es geht darum in 24,31 gar nicht im eigentlichen Sinne um ein Gerichtsverfahren, sondern um die Sammlung und Rettung der Gerechten aus dem Untergang aller Ungerechten (seien sie Christen, Juden oder Heiden).

Es muß diskutiert werden, ob dieser (traditionelle) Vers im Widerspruch zur Versammlung aller Menschen vor dem Menschensohn als endzeitlichem

---

[7] In den Gerichts-Sprüchen wird die Wendung ἐν ἡμέρα κρίσεως in 11,22; 12,36 auch im Singular verwendet.

[8] Grammatikalisch erlaubt diese Wendung die Deutung, daß der Menschensohn zweimal kommen wird, nicht. Eine gute Parallele findet man im Gleichnis von den bösen Weingärtnern, wo der Herr des Weinbergs (natürlich nur einmal) zurückkommt (ὅταν οὖν ἔλθη, 21,40). ὅταν + Konj. bezeichnet eine in der Zukunft liegende einmalige Handlung, BDR §382.3, vgl. dazu auch Mt 9,15 und 12,43.

[9] Diese Kriterien werden im nächsten Abschnitt ausführlich diskutiert, entscheidend ist das Werk.

Richter steht, wie sie die Perikope vom Endgericht beschreibt (25,31).[10]
Zweifellos handelt es sich um verschiedene eschatologische Konzeptionen:
bei der ersten werden nur die Auserwählten überhaupt aus dem Ende der
Welt herausgerettet, die andere Vorstellung setzt voraus, daß über ewiges
Leben und ewigen Tod im eschatologischen Gericht nach dem Untergang der
Welt entschieden wird. In direktem Widerspruch zueinander befinden sich
diese Traditionen allerdings nicht, da für beide entscheidend ist, daß letztlich
nur die "Auserwählten" (24,31) bzw. die "Gerechten" (25,37) gerettet werden.

Natürlich gibt es nur eine einzige Endzeit[11] und in ihr ein einmaliges Kommen des Menschensohnes. Darum ist auch nicht mit einem doppelten oder
zweistufigen Gericht für Christen einerseits (24,31-25,30) und Nichtchristen
andererseits (25,31-46) zu rechnen.[12] In 24,31-25,30 liegt spezielle Ge-
richtsparänese für Christen in Form von Gleichnissen vor, 25,31ff bietet eine
Beschreibung (kein Gleichnis!) des Endgerichtes, das alle Menschen in glei-
cher Weise betrifft. Es spielt daher keine Rolle, ob die Auserwählten schon
zuvor gesammelt wurden, wie 24,31 nahelegt. Beim Endgericht sind auf jeden
Fall alle Menschen versammelt und werden nach denselben Kriterien gerichtet, nach denen die Christen zuvor ausgewählt wurden. Diese Kriterien sind
nun noch gesondert zu betrachten.

b) Das Kriterium im Endgericht

2. These:

**Das universale Endgericht umfaßt Heiden, Juden und Christen. Sie alle wer-
den einzig nach ihren Werken gerichtet. Diese sind das einzige hinreichende
Kriterium, das auch zu Bekenntnis und Glaube hinzutreten muß.**

---

[10] U. Wilckens, Gottes geringste Brüder, stellt sich die Verbindung der beiden Traditionen folgendermaßen vor: "Die ἐκλεκτοί, die der Menschensohn 24,31 bei sich ver-
sammeln läßt, kommen 25,31ff zu seiner Rechten zu stehen.", S.369.

[11] Vgl. die singularische Rede von dem "Tag" oder der "Stunde".

[12] D. Gewalt, Matthäus 25,31-46, S.15, sieht Mt 24,31ff und 25,31ff in Analogie zu der
Vorstellung in TestBenj 10,9: "Und der Herr wird zuerst Israel richten wegen der
Gottlosigkeit gegen ihn.... Und dann wird er alle Heiden richten,...." Mt 25,31ff beschreibt seiner Ansicht nach also nur das Gericht über die Nichtchristen. Solch eine
zweistufige Gerichtskonzeption liegt im 1. Petrusbrief vor. Laut 1Petr 4,17-19 beginnt
das Gericht am Haus Gottes, um danach die, die dem Evangelium Gottes nicht glauben, umso härter zu treffen.

(1) Das Bekenntnis (Mt 7,21; 25,44)

Das Bekenntnis zu Jesus allein ist keine ausreichende Bedingung, um im Gericht zu bestehen. Zum Bekenntnis müssen die Werke treten. Im Gleichnis vom Endgericht kennen sowohl die Gerechten als auch die Verurteilten den Menschensohn als κύριε (25,37.44). Noch deutlicher zeigt 7,21, daß es nicht genügt, κύριε κύριε zu rufen, wenn nicht zugleich der Wille des Vaters erfüllt wird. Am Ende der Bergpredigt nennt Jesus den, der seine Worte hört und *tut*, einen klugen Mann (7,24).

Man könnte gegen diese Relativierung des "Bekenntnis" für das Heil auf 10,32-33[13] hinweisen: "Wer nun mich bekennt vor den Menschen ..." Aber das angesprochene Bekenntnis ist von der in 7,21 geschilderten Situation zu unterscheiden, da es eindeutig im Kontext der Verfolgungen der Ausgesandten (10,16ff) steht. Die Aufforderung zum Bekenntnis (10,32-33) soll den Missionaren Mut machen (vgl. 10,26.31: "darum fürchtet euch nicht"), die Verfolgungen bis zum Martyrium auf sich zu nehmen. Dann ist ihnen der himmlische Lohn gewiß und es gilt: "Wer sein Leben verliert um meinetwillen, der wird es finden" (10,39). Das Martyrium (aber nicht das Bekenntnis an sich) scheint - so betrachtet - ein sicherer Weg zum Heil zu sein, dem Tun guter Werke gleichwertig oder sogar überlegen.

(2) Der Glaube

Der Hauptmann von Kapernaum (8,5-13), die kanaanäische Frau (15,21-28) und die blutflüssige Frau (9,20-22) erfahren Jesu Zuwendung aufgrund ihres Glaubens. Wer solchen Glauben hat wie der Hauptmann, wird im Himmelreich zu Tisch sitzen (8,11). Ist also der Glaube ein weiteres Kriterium, nach dem im Endgericht geurteilt wird? Bei der Bestimmung des Verhältnisses von Glaube und Werken im MtEv[14] muß man beachten, daß der Hauptmann bei Mt selbst zu Jesus kommt, um ihn zu bitten, während das bei Lk die Ältesten der Juden für ihn tun (Lk 7,3).[15] So erreicht Mt eine enge Verbindung zwischen dem Glauben des Hauptmanns und seinem Tun. Die blutflüssige Frau gibt ihrem Glauben ebenfalls dadurch Gestalt, daß sie Jesu Gewand berührt; und auch die kanaanäische Frau schreit (15,22), fällt nieder (15,25) und bittet

---

[13] T. Zahn, Mt, S.685; G. Haufe, "Soviel ihr getan habt einem dieser meiner geringsten Brüder...", in Ruf und Antwort (FS E. Fuchs), Leipzig 1964, S.489; J. Jeremias, Gleichnisse Jesu, S.206f; U. Wilckens, Gottes geringste Bürder, S.366-367.

[14] H. Frankemölle, Jahwebund, S.295, "Die Orthopraxie ist nämlich der Maßstab im Gericht für alle, nicht der Glaube an Jesus allein (24,10-13; 25,31-46)".

[15] H. J. Held, Mt als Interpret, S.183, Mt ist nur an dem "Glauben" interessiert; aber: "Schon die Bitte ... ist ein Beweis des Glaubens."

Jesus. Das Tun ist also genauso wichtig wie der Glaube, es läßt sich bei Mt kein Gegensatz zwischen Glauben und Werken konstruieren, vielmehr konkretisiert der Glaube sich im Tun. Diese Auffassung des Mt ähnelt der von Jakobus ausdrücklich vertretenen Meinung: "so ist auch der Glaube, wenn er keine Werke aufweist, tot für sich allein." (2,17; vgl. auch 2,14.26).

So läßt sich also zusammenfassend festhalten: wer glaubt, besteht im Endgericht; jedoch ist Glaube für den Evangelisten immer mit Werken verbunden.

(3) Die Werke

Nach der Perikope vom Weltgericht sind die guten Werke der Menschen die entscheidende Voraussetzung für das Bestehen im Gericht, das am Ende der Tage, wenn der Menschensohn kommt, abgehalten wird.[16]

Das Wissen um dieses Gericht soll die Menschen in ihrem täglichen Leben zu guten Werken motivieren, dies läßt die Gleichniskomposition vor der Perikope vom großen Endgericht deutlich erkennen. In ihr wird der Zusammenhang zwischen dem Wissen um das demnächst bevorstehende Gericht und entsprechendem Handeln erzählerisch verarbeitet. Die drei Gleichnisse (24,45-25,30) schärfen ein, daß man sich immer auf das Kommen der Endzeit vorbereiten soll (24,42-44)[17], obwohl niemand den genauen Zeitpunkt kennt (24,36).[18] Der böse Knecht des ersten Gleichnisses (24,45-51 par Lk 12,42-48) sagt sich: "Mein Herr kommt noch lange nicht" (24,48). Er schlägt seine Mitknechte, ißt und trinkt mit den Betrunkenen. Im Gegensatz dazu gibt der treue und kluge Knecht den Leuten zur rechten Zeit zu essen (24,45). Der Unterschied zwischen dem guten und bösen Knecht besteht zuerst in ihrem Verhalten ihren Mitmenschen gegenüber. Dieses gründet allerdings in einer abweichenden Einstellung zur Wiederkunft ihres Herrn.

Auch das Gleichnis von den 10 Jungfrauen (25,1-13, Mt-Sondergut) bearbeitet die Frage nach der Wiederkunft Christi.[19] War der Fehler des bösen

---

16 Vgl. D. Marguerat, Jugement, S.515-520: Definitives Kriterium im Gericht ist die mt Interpretation des Gesetzes als Appell zur Liebe. Das Gesetz des eschatologischen Richters ist damit kein anderes als das, das in der Nachfolge Jesu zählt. Glaube und Werke gehören in ihm untrennbar zusammen.

17 Das Verb (Imperativform) γρηγορεῖτε erscheint hier im MtEv zum erstenmal, J. Gnilka, Mt II, S.338.

18 Vgl. 4Esr 4,52; syrBar 21,8; PsSal 17,23.

19 J. Gnilka, Mt II, S.325. K. P. Donfried, "The Allegory of the Ten Virgins (Mt 25,1-13). As a Summary of Matthean Theology", JBL 93 (1974) 415-428, untersucht die Perikope auf fünf Stufen: in ihrem eigenen inneren Kontext (25,1-13), innerhalb des Kontextes von Mt 23-25, auf dem Hintergrund des ganzen MtEv, im Zusammenhang des

Knechtes im vorigen Gleichnis, daß er gar nicht mehr mit der baldigen Rückkehr seines Herrn rechnet, so werden in diesem Gleichnis diejenigen Jungfrauen, die nicht mit der Verspätung des Bräutigams rechnen, töricht genannt. Die Absicht beider Gleichnisse ist, die Wachsamkeit zu erhöhen: "Darum wachet, denn ihr wißt weder Tag noch Stunde" (25,13).

Im Gleichnis von den anvertrauten Talenten geht es um den eigenverantwortlichen richtigen Umgang mit dem Gut des Herrn. Worauf es ankommt, demonstrieren die beiden "tüchtigen und treuen Knechte": sie handeln "im Kleinen" treu (ἐπὶ ὀλίγα ἦς πιστός 25,21.23). Der dritte Knechte wird dagegen als böser und fauler (25,26) gezeichnet.[20]

Die gemeinsame Aussage dieser drei Gleichnisse ist also, daß der Herr (bzw. Bräutigam) bei seiner Rückkehr seine Diener (bzw. die Jungfrauen) entsprechend ihren Werken belohnt.[21] Damit ist das Thema der nun folgenden Perikope vom großen Weltgericht bereits angeklungen.[22]

Allerdings ist in der Forschung umstritten, ob Mt 25,31ff tatsächlich ein universales Gericht, das alle Menschen nach denselben Kriterien beurteilt, beschreibt.[23] Manche Forscher nehmen nämlich an, die "geringsten Brüder", mit denen Jesus sich identifiziert, könnten nur seine Jünger, bzw. die Christen und keinesfalls alle Menschen sein.[24] Wenn diese Deutung stimmen sollte, wäre in 25,31ff kein universales, d.h. alle Menschen umfassendes Gericht vorauszusetzen, da nicht alle Menschen Gelegenheit haben, überhaupt Christen

---

ganzen NT und im religiösen Kontext des 1.Jh.n.Chr. Er kommt zu dem Ergebnis, daß die Perikope die mt Theologie zusammenfaßt.

[20] Einen anderen Akzent setzt J. Gnilka, Mt II, S.364: "Dem dritten Sklaven mangelt es an Glauben".

[21] G. Bornkamm, Enderwartung, S.20, sagt mit Recht: "Durchweg ist der Gerichtsgedanke in diesen Gleichnissen auf die Kirche angewandt." ; G. Strecker, Weg, S.218, nimmt sogar an, es werde "... ohne Rücksicht auf die Gemeindezugehörigkeit, allein nach dem Maßstab der guten Werke gerichtet (25,31ff)." Vgl. W. Trilling, Israel, S.124f, 213f; H. Frankemölle, Jahwebund, S.271-272.

[22] A. Sand, Gesetz und Propheten, S.107, weist mit Recht darauf hin, daß im Gleichnis vom großen Weltgericht dasselbe Kriterium wie in den vorangehenden Gleichnissen (24,45-25,30) gilt, nämlich das Tun (ποιεῖν, 25,40.45).

[23] Die Ansicht, daß mit den "geringsten Brüdern" Jesu die Juden gemeint seien, wird in der Forschung bezeichnenderweise nicht diskutiert; siehe U. Wilckens, Gottes geringste Brüder, S.363-367.

[24] Wie z. B. J. Manek, "Mit wem identifiziert sich Jesus? Eine Exegetische Rekonstruktion aus Matt. 25:31-46" in Christ and Spirit in the New Testament (FS C. F. D. Moule) Cambridge 1973, S.15-25, hier, S.22-24; J. R. Michaels, "Apostolic Hardships and Righteous Gentiles, A Study of Mt 25: 31-46", JBL 84 (1965) 27-37; hier S.28.

zu treffen.[25] Die wichtigsten Argumente für die Annahme, die "geringsten Brüder" seien Christen und es handele sich in Mt 25,31ff nicht um ein universales Gericht, werden im folgenden behandelt.

(a) Die "geringsten Brüder" Jesu (25,40)

Im Munde Jesu kommt die Wendung οἱ ἀδελφοί μου nur insgesamt dreimal im MtEv vor.[26] An den beiden anderen Stellen sind eindeutig die Jünger Jesu (28,10) bzw. die Jünger und in einem weiteren Sinne alle Christen gemeint (12,49f). Auch sonst bezeichnet nach Haufe ἀδελφός im MtEv den Mitchristen.[27] Daraus schließen zahlreiche Autoren, daß auch in Mt 25,40 an Christen zu denken sei.[28] An dieser Stelle liegt aber offenbar ein abweichender Gebrauch des Wortes "Bruder" vor. Bezeichnend ist, daß die Wendung beim zweiten Vorkommen variiert wird zu "einer dieser Geringsten"[29]. Viermal wird dagegen wiederholt, wodurch die Geringsten charakterisiert sind: sie sind hungrig, durstig, fremd, nackt, krank und im Gefängnis (25,35-36.37-39.42-43.44).[30] Auf der Bedürftigkeit allein liegt offenbar der Schwerpunkt.[31]

Der Ausdruck ἑνὶ τούτων τῶν ἐλαχίστων muß in 25,45 nicht analog zu 10,42 verstanden werden, wo es heißt: "Und wer einem dieser Geringen[32] auch nur

---

[25] Dies gilt trotz der Aufforderung von 24,14, das Evangelium der ganzen Welt zu verkündigen. Immerhin gab es viele Menschen, die vor dieser Gelegenheit schon gestorben waren.

[26] U. Wilckens, Gottes geringste Bürder, S.366.

[27] G. Haufe, "Soviel ihr getan habt einem dieser meiner geringsten Brüder...", in Ruf und Antwort (FS E. Fuchs), Leipzig 1964, S.484-493, hier S.485-488 zeigt auf, daß "Bruder" auch sonst im MtEv den Mitchristen meint. Dabei muß man aber alle Stellen ausklammern, an denen die ganz ursprüngliche Bedeutung von Blutsverwandtschaft vorliegt, wobei sowohl Juden als auch Judenchristen gemeint sein können (1,2.11; 4,18.21; 10,2; 12,46-47; 13,55; 14,3; 17,1; 19,29; 22,24-25).

[28] L. Cope, "Mt XXV: 31-46 'The Sheep and the Goats' Reinterpreted" NT 11 (1969) 32-44, hier, S.39; J. R. Michaels, Apostolic Hardships, S.27-37; nach B. J. Manek, Mit wem identifiziert sich Jesus, S.24 sind "die geringsten Brüder mit den Boten Christi" identisch; E. Brandenburger, Das Recht des Weltenrichters. Untersuchung zu Mt 25,31-46 (SBS 99), Stuttgart 1980, S.20-24, 128-131.

[29] E. Brandenburger, Das Recht des Weltenrichters, S.128.

[30] J. Friedrich, Gott im Bruder, S.248.

[31] So auch D. Marguerat, Jugement, S.508-511.

[32] In 10,42; 18,6. 10. 14 sind mit ἕνα τῶν μικρῶν τούτων die Jünger gemeint; vgl. J. Friedrich, Gott im Bruder, S.248.

einen Becher kalten Wassers zu trinken gibt, weil es ein Jünger ist ...".[33] Der Kontext beider Texte ist ganz unterschiedlich, in 10,42 handelt es sich um die Ermutigung der Missionare, in 25,45 um das Kriterium im Endgericht.[34] Es ist unwahrscheinlich, daß die christliche Ethik nur im Zusammenhang der Mission relevant würde, Situationen der Not und des Leidens gibt es immer und überall.[35] Als eine echte Parallele zu Mt 25,40.45 ist dagegen Mt 18,5 zu betrachten, dort sagt Jesus, wer ein (verwaistes) Kind aufnehme in seinem Namen, der nähme ihn selbst auf.

Wilckens meint zwar, es sei im Rahmen jüdischer Überlieferung undenkbar, "daß Gott als der Richter die Armen und Elenden, diese Geringsten unter den Menschen, als seine Brüder bezeichnet".[36] Doch ist als Parallele zu Mt 25,40 Midr. Tann. zu Dtn 15,9 heranzuziehen, wo Gott zu Israel sagt: "Meine Kinder, wenn Ihr den Armen zu essen gegeben habt, so rechne Ich es Euch so an, als ob Ihr Mir zu essen gegeben hättet."[37] Zwar werden die Armen hier nicht "Brüder" genannt, aber Gott identifiziert sich mit ihrem Geschick.

(b) πάντα τὰ ἔϑνη (25,32)

Ein weiteres Argument gegen die Annahme eines universalen Gerichtes wird meist in der Bezeichnung der zu Richtenden als πάντα τὰ ἔϑνη (25,32) gesehen, da die meisten Autoren davon ausgehen, daß ἔϑνη im MtEv durchweg "Heiden" kennzeichne.[38] Dies Argument ist durch unsere Untersuchung zum Gebrauch von ἔϑνος im MtEv[39] bereits widerlegt worden. Darüber hinaus ist

---

[33] Vgl. U. Wilckens, Gottes geringste Brüder, S.366. 371-372; J. Friedrich, Gott im Bruder, S.248-249, "Bei Mt wird οἱ μικροί dann zum Terminus technicus für die Jünger, den er red verwendet (Mt 10,42 und wohl auch 18,14), bzw. auf die Jünger umdeutet." Aber "mit ἐλάχιστα waren ursprünglich (und dh im Mund Jesu) allgemein die notleidenden, geringen, hilfebedürftigen Menschen umfaßt".

[34] Dagegen B. J. Manek, Mit wem identifiziert sich Jesus, S.19, "Im Hintergrund der Worte Jesu über die Scheidung im Endgericht steht die christliche Mission"; auch P. Nepper-Christensen, MtEv, S.198.

[35] Ermahnung zu guten Werken findet sich im MtEv häufig unabhängig von der Mission, vgl. z.B. 18,21-35; 19,16-21; 20,26f; 21,28-32; 22,34-40 u.ö.

[36] U. Wilckens, Gottes geringste Bürder, S.379.

[37] Vgl. J. Jeremias, Gleichnisse Jesu, S.205.

[38] U. Wilckens, Gottes geringste Bürder, S.365; D. Gewalt, "Matthäus 25,31-46 im Erwartungshorizont heutiger Exegese", LB 3 25/26 (1973) 9-21, hier S.15; L. Cope, "Matthew XXV: 31-46 'The Sheep and the Goats' Reinterpreted", NT 11 (1969) 32-44, hier S.37.

[39] S.o. im Abschnitt: "Universalistischer Missionsgedanke", S. 95ff.

ein Vergleich der beiden sehr ähnlichen Schilderungen der Ankunft des Menschensohnes zum Gericht in Mt 16,27 und 25,31f interessant:

16,27:	25,31:
μέλλει γὰρ	ὅταν δὲ
ὁ υἱὸς τοῦ ἀνθρώπου ἔρχεσθαι	ἔλθῃ ὁ υἱὸς τοῦ ἀνθρώπου
ἐν τῇ δόξῃ τοῦ πατρὸς αὐτοῦ	ἐν τῇ δόξῃ αὐτοῦ
μετὰ τῶν ἀγγέλων αὐτοῦ	καὶ πάντες οἱ ἄγγελοι μετ' αὐτοῦ
καὶ τότε ἀποδώσει ἑκάστῳ	... καὶ ἀφορίσει αὐτοὺς
κατὰ τὴν πρᾶξιν αὐτοῦ	ἀπ' ἀλλήλων

Die Parallelität ist offensichtlich, das Gleichnis vom Weltgericht könnte aus einer Überlieferung wie 16,27 herausgesponnen worden sein. Jeder (ἕκαστος) wird nach 16,27 seinem Handeln[40] entsprechend (κατὰ τὴν πρᾶξιν αὐτοῦ) gerichtet.[41] Ἕκαστος beschreibt alle Menschen ohne ethnische oder religiöse Grenze. Dies entspricht auch der Bedeutung, die wir für πάντα τὰ ἔθνη erhoben hatten. Es werden also alle Menschen gerichtet,[42] damit entfällt auch eine weitere Schwierigkeit, die Wilckens bei der Annahme eines nur eingeschränkten Gerichtes in 25,31ff beobachtet, nämlich die Tatsache, daß kein gesondertes Gericht über die Jünger berichtet wird.[43] Diese stehen vielmehr mit allen Menschen vor dem Richter,[44] die Pseudo-Christen, die den Willen Gottes nicht getan haben (7,21), werden vom Heil ausgeschlossen. Zur Rechten stehen dagegen die wahren Christen, die "Gesegneten des Vaters"

---

[40] Das Wort kann neben "Handeln" auch "Werk" bedeuten. In (א* f¹ 28 1424 al it vg^cl sy^c.p.h co) liest man sogar τὰ ἔργα.

[41] Vgl. dazu 1Petr 1,17, wo die Adressaten aufgefordert werden, den anzurufen, der jeden nach seinem Werk richtet (τὸν ... κρίνοντα κατὰ τὸ ἑκάστου ἔργον) und gleich darauf zur gegenseitigen Liebe aufgerufen werden, die sie als wahre Christen erweist; vgl. auch Röm 2,6.

[42] Es ist ein interessanter Zug dieser Perikope, daß Jesus als Menschensohn und zugleich als König bezeichnet wird (25,31.34). Dies begegnet weder in jüdischer noch sonst in urchristlicher Überlieferung, vgl. P. Vielhauer, Gottesreich, S.63. U. Wilckens, Gottes geringste Brüder, S.383: "Mt hat Jesus als den erhöhten Menschensohn gesehen" und nimmt an (S.374), daß die Bezeichnung des Richters als Königs zum vormatthäischen Stoff der Perikope gehört. J. A. T. Robinson, "The 'Parable' of the Sheep and the Goats", NTS 2 (1955/56) 225-237, S.229 meint dagegen, der Menschensohn als König "... must remain suspect as part of the editorial construction of the evangelist." Zur Traditionsuntersuchung siehe J. Friedrich, Gott im Bruder, S.174-219.

[43] U. Wilckens, Gottes geringste Brüder, S.367.

[44] Dadurch erledigt sich auch L. Copes Ansicht, Matthew XXV: 31-46, daß die "geringsten Brüder" nicht am Endgericht teilnehmen; S.39.

(25,34)[45], die "Gerechten" (25,37.46), womit alle Christen ohne ethnische Unterschiede gemeint sind.

Wir halten fest: Für Mt ist das Gericht über Israel und vor allem über die jüdischen Führer schon bei der Zerstörung des Tempels in Jerusalem in der Geschichte ergangen. Die Priorität Israels als auserwähltes Volk der Heilsgeschichte ist damit nach der Auffassung des Evangelisten verloren. In der Zukunft - und das heißt: aus der Perspektive seiner Gemeinde in baldiger Zukunft - werden die Juden wie alle anderen Menschen nach dem gleichen Maßstab, ihrem Werk, beurteilt werden.[46]

---

[45] Das Wort εὐλογημένος verwendet Mt für Personen sonst nur auf Jesus bezogen (21,9 und 23,39 par Mk 11.9; Lk 13,35; 19,3f; Joh 12,13).

[46] Vgl. zum ganzen auch D. Marguerat, Jugement, S.345-379 ("Israël peuple renie"). Er kommt zu einem sehr ähnlichen Ergebnis: "L'Israël empirique est ravalé désormais au rang de "toutes les nations", exposé comme elles à la mission chrétienne (28,19), appelé comme elles à se convertir à l'évangile du royaume (24,14). Le champ missionnaire de l'Eglise s'étend à la terre habitée (ἐν ὅλη τῇ οἰκουμένη 24,14), à l'humanité entière (πάντα τὰ ἔθνη 28,19). Israël n'ést pas exclu. La communauté mt elle-même, composée en majeure partie de croyants d'origine juive, en offre la preuve vivante." (S.377).

B. Die Konflikte innerhalb der multikulturellen Gemeinde

Im letzten Abschnitt wurde das eschatologische Gericht behandelt, in welchem Gute und Böse ihren Werken entsprechend voneinander geschieden werden. Dabei war vorausgesetzt, daß es auch in der Gemeinde Christen gibt, die im Endgericht nicht bestehen werden (vgl. nur 7,21ff). Schon diese Erwartung läßt auf Konflikte innerhalb der Gemeinde schließen; aus weiteren Texten des MtEv spricht deutlich das Bewußtsein, daß die Gemeinde aus "Guten und Bösen" zusammengesetzt ist (so z.B. ausdrücklich 22,10). Im folgenden Teil der Arbeit wollen wir die innergemeindlichen Konflikte näher untersuchen, welche die Gegenwart des Evangelisten prägen. Dies soll vor allem anhand des Gleichnisses vom Unkraut unter dem Weizen geschehen. Anschließend wird untersucht, welche Aspekte der mt Theologie als Reaktion auf diese Konflikte zu verstehen sind. Dabei werden uns vor allem Mahnungen zur Toleranz und zur Versöhnung beschäftigen, aber auch Texte, die das Richten innerhalb der Gemeinde verhindern (Mt 7,1-5) bzw. regeln wollen (die sog. "Ausschlußregel" 18,15-18).

1. Das Gleichnis vom Unkraut unter dem Weizen in Mt 13,24-30 und 36-40

Das Gleichnis vom Unkraut unter dem Weizen[1] und seine allegorische Deutung sollen in diesem Abschnitt darauf befragt werden, welche Hinweise auf die Zusammensetzung und Situation der Gemeinde sie zulassen.

---

[1] Im Vergleich zur Darstellung in Mk 4 ist das Gleichnis vom Unkraut unter dem Weizen entweder Mt-Sondergut (aus der Tradition oder aus seiner eigenen Komposition) oder eine Erweiterung aus dem Gleichnis von der selbstwachsenden Saat in Mk 4,26-29. *Für die Erweiterung* plädieren: R. H. Gundry, Mt, S.262. H. J. Holtzmann, Synoptiker, Tübingen [3]1901, S.248; J. D. Kingsbury, The Parables of Jesus in Matthew 13, Virginia 1969, S.64f. C. W. F. Smith, "The Mixed State of the Church in Matthew's Gospel", JBL 82 (1963) 149-168. M. D. Goulder, Midrash and Lection, S.367-369, stellt neun Gründe dar: angesichts i) der Lokation in beiden Evv, ii) der seltenen Weglassung einer Perikope in MkEv durch Mt, iii) der ähnlichen Paränese (Mt erweitert), iv) der gesamten Wörter in den beiden Evv, v) der Erweiterung durch den bei Mt häufigen Kontrast (Unkraut - Weizen), vi) der Einfügung des Feuers und der Hölle, vii) der Deutung, viii) der Gesamtsumme der Figuren, ix) der häufig im MtEv anzutreffenden Wörter. *Dagegen*: W. F. Albright/C. S. Mann, Mt, S.169.

Hierzu ist zunächst zu zeigen, daß das Gleichnis sich überhaupt mit innergemeindlichen Problemen befaßt und nicht etwa die Weltgeschichte als ganze
im Blick hat. Die ersten beiden Thesen werden zeigen, daß das Gleichnis innergemeindliche Schwierigkeiten bearbeitet, die durch die *Welt*mission, d.h.
die Aufnahme von Heiden in die Gemeinde, entstanden sind. In einem dritten Abschnitt werden hauptsächlich die Ausdrücke "Söhne der βασιλεία" und
"Söhne des Bösen" untersucht. In der letzten These werden die Ergebnisse im
Blick auf ihre Aussagen über die Gemeindesituation und -struktur zusammengefaßt und es wird eine Deutung der mit den Worten ἀνομία und
σκάνδαλα umschriebenen Probleme versucht.

a) Die Herrschaft des Menschensohns: die Gemeinde

1. These:

**Die "Herrschaft des Menschensohns" (13,41) ist die Gemeinde, nicht die
Welt als ganze. Die Verbindung "βασιλεία des Menschensohns" läßt die Deu-
tung auf die Welt weder an dieser noch an anderen Stellen (16,28; 20,21) zu.
Trotzdem ist sie auf Erden zu lokalisieren und nicht mit der "Herrschaft des
Vaters" (13,43) identisch.**

Ob die "Herrschaft des Menschensohns" mit der Gemeinde identisch ist oder
nicht, ist stark umstritten.[2] Nach J. D. Kingsbury ist die "βασιλεία des Men-

---

[2] *Dafür:* H. J. Holtzmann, Lehrbuch der Neutestamentlichen Theologie, Tübingen
[2]1911, S.577, meint, daß im MtEv die Ansicht von der Kirche von dem "Reichsgottesge-
danken Jesu schon nicht mehr zu unterscheiden" ist. T. Zahn, Mt, S.494. E.
Klostermann, Mt, S.123. W. Grundmann, Mt, S.351. J. Jeremias, Gleichnisse Jesu, S.80.
R. Schnackenburg, Gottes Herrschaft und Reich, Freiburg [4]1965, S.109; 118f und S.115:
"In Mt 13,41 ist das 'Reich des Menschensohnes' (im Unterschied zum 'Reich des
Vaters') eine Größe des gegenwärtigen Äons, offensichtlich mit der Kirche identisch" -
(Schnackenburg hat seine Meinung aber später geändert, s.u.). E. Tödt, Der Menschensohn in der synoptischen Überlieferung, Gütersloh [2]1963, S.66. G. Bornkamm, Enderwartung, S.40f. R. Hummel, Auseinandersetzung, S.147. J. C. Fenton, The Gospel of
Saint Matthew, London 1971, S.226, "Matthew distinguishes between 'the kingdom of
the Son of man' (v.41) and the kingdom of the Father: the former begins with the the
coming of Jesus and ends at the judgement, when the latter begins;..." H. Geist, Menschensohn und Gemeinde. Eine redaktionskritische Untersuchung zur Menschensohnprädikation im Matthäusevangelium (FzB 57), Würzburg 1986, S.99: "Diese 'Basileia
des Menschensohnes' umfaßt sodann - zeitlich gesehen - auch die Gegenwart der Gemeinde..." und "...schließt das universale Gericht ein". *Dagegen:* B. Weiß, Das Matthäusevangelium (KEK I/1), Göttingen [9]1898 (1883), S.263. E. Lohmeyer, Mt, S.244. W.
Trilling, Israel, S.125f: seine Herrschaft ist nicht mit der Welt identisch; aber auch nicht
"mit den Gläubigen, also der Kirche schlechthin", S.153. R. Walker, Heilsgeschichte,

schensohns" mit der "βασιλεία des Vaters bzw. Gottes" gleichzusetzen,[3] und daher nicht mit der Gemeinde identisch. Ähnlich meint W. Trilling: "Gottes jetzige Herrschaft ist realisiert in der Herrschaft Jesu Christi",[4] will diese aber nicht mit der Gemeinde einfach gleichsetzen. Diese Ansicht ist aber aufgrund der Darstellung in der Deutung des Gleichnisses (13,36-43) abzulehnen: die "Herrschaft des Menschensohns" umfaßt hier sowohl die "Söhne der βασιλεία" als auch die "Söhne des Bösen" (13,41), während sich in der "βασιλεία τοῦ πατρὸς αὐτῶν" nur die Gerechten befinden werden (13,43).

Im mythischen Weltbild des NT ist der Himmel als Wohnung Gottes, die Unterwelt als Heimat des Satans vorgestellt. Die Erde ist "Schauplatz des Wirkens übernatürlicher Mächte, Gottes und seiner Engel, des Satans und seiner Dämonen."[5] Eine schöne Veranschaulichung bietet die Beelzebub-Perikope (Mt 12,24ff). Auch das Bild vom Säen des Menschensohns und des Satans auf dem Acker der Welt ist aus dieser Weltanschauung gewonnen. Die "Herrschaft des Menschensohns", in der sich dem Menschensohn wie dem Satan unterstehende Menschen befinden, ist auf jeden Fall auf der Erde zu lokalisieren. Erst nach dem Endgericht werden die Gerechten in die "Herrschaft des Vaters" überführt. Das hier geschilderte eschatologische Geschehen erinnert stark an 1Kor 15,24,[6] wo es heißt, daß Christus am Ende die βασιλεία Gott, dem Vater, übergeben wird.[7]

S.101. J. D. Kingsbury, Parables, S.97, seine Herrschaft ist mit der Welt identisch. E. Schweizer, Mt, S.201f. H. Frankemölle, Jahwebund, S.244, A.118 und S.271, A.31. G. Künzel, Studien zum Gemeindeverständnis des Matthäusevangeliums, S.132. A. Sand, Mt, S.289; R. Schnackenburg, Mt I, S.127, liest man: "Da der Acker, auf dem die Saat des Menschensohnes ausgestreut wird, die 'Welt' ist, kann man dieses Reich nicht mit der Kirche gleichsetzen." J. Gnilka, Mt I, S.502. C. Burchard, Mt 13, S.16 mit A.44. U.Luz, Mt II, S. 341.

[3] J. D. Kingsbury, Parables, S.98.

[4] W. Trilling, Israel, S.153. Trotzdem gesteht er zu, "daß nur hier (13,41) ausdrücklich von einem Reich des Menschensohnes schon jetzt auf Erden gesprochen wird" und "daß in 13,41 mit der Herrschaft des Menschensohnes die *gegenwärtige* und nicht die zukünftige Basileia bezeichnet wird", S.152.

[5] R. Bultmann, "Neues Testament und Mythologie" in H. W. Bartsch (Hg.), Kerygma und Mythos, Hamburg 1954, S.15-48; hier S.15.

[6] Vgl. E. Schweizer, "1Kor 15,20-28 als Zeugnis paulinischer Eschatologie und ihrer Verwandtschaft mit der Verkündigung Jesu", in E. E. Ellis und E. Gräßer (Hg.), Jesus und Paulus (FS W. G. Kümmel), Göttingen 1975, S.301-314, hier S.308. J. C. Fenton, Mt, S.226, bemerkt auch die Analogie in 1Kor 15,20-28.

[7] Vergleichbar ist die Tatsache, daß auch hier Herrschaft Gottes und Herrschaft Christi unterschieden werden. Anders als in Mt 13 ist die Herrschaft Christi in 1Kor 15,24 aber universal vorgestellt.

Aus den beiden anderen Stellen, an denen von der βασιλεία des Menschensohns bzw. Jesu die Rede ist (16,28; 20,21),[8] läßt sich ebenfalls erschließen,
daß sie sich keinesfalls auf die Welt bezieht, sondern auf die irdische Gemeinde. Beide seien im folgenden kurz besprochen.

(1) Mt 16,28

Nach der ersten Leidensankündigung Jesu und der Aufforderung zur Lei-
densnachfolge bieten die Synoptiker ein Verheißungswort, das bei Mk und Lk
einigen Jüngern zusagt, daß sie die Ankunft des Reiches Gottes noch erleben
werden (Mk 9,1; Lk 9,27). Mt dagegen formuliert: "Es stehen einige hier, die
den Tod nicht schmecken werden, bis sie den Menschensohn kommen sehen
in seiner Herrschaft" (... ἴδωσιν τὸν υἱὸν τοῦ ἀνθρώπου ἐρχόμενον ἐν τῇ βασιλείᾳ
αὐτοῦ). Es ist unvorstellbar, daß hier die Welt gemeint wäre, denn es muß sich
um eine Größe handeln, die erst mit Jesu Kommen in der Welt ist. Da zur
Zeit der Abfassung des MtEv (ca. 80-90 n.Chr.) die meisten (wenn nicht alle)
derer, die diese Verheißung Jesu gehört haben, schon gestorben sein dürften
und der Evangelist mit einer weiteren Verzögerung der Parusie rechnet (vgl.
Mt 24,9-14 mit Mk 13,9-13),[9] legt sich die Vermutung nahe, daß er mit der
"βασιλεία des Menschensohns" die Gemeinde meint. Sonst wäre Jesus eine
Prophezeiung in den Mund gelegt, die nicht eintraf. Gekommen ist nicht eine
endzeitliche Herrschaft des Menschensohns, wohl aber die von Jesus gegründete Gemeinde. Dieser hat Christus nach Mt seine dauernde Präsenz
zugesagt (18,20; 28,20). Mt hätte also das "Reich Gottes" aus der mk Vorlage,
da es zu Lebzeiten der Hörer der Verheißung nicht eintraf, durch seine
irdische "Vertretung", die "βασιλεία des Menschensohns", ersetzt.

(2) Mt 20,21

Jesus versteht sich auf seinem Weg nach Jerusalem selbst als der Menschensohn, der leiden muß (20,18). Die Söhne des Zebedäus[10] und ihre Mutter
dagegen erwarten nach der Verklärung Jesu (17,1ff) und seinen Wundertaten
nun die Aufrichtung seiner Herrschaft nach dem Einzug in der Hauptstadt
Jerusalem. Darum bittet die Mutter für ihre Söhne um die Plätze zur Rech-

---

[8] Mt verwendet den Ausdruck βασιλεία sorgfältiger und komplizierter als Mk und Lk.
Dies zeigen vor allem die nur bei Mt auftretenden Wendungen: οἱ υἱοὶ τῆς βασιλείας, ἡ
βασιλεία τῶν οὐρανῶν, πάσας τὰς βασιλείας τοῦ κόσμου (4,8).

[9] Bei Mt muß das Ev zuerst an alle Völker verkündigt werden (24,14).

[10] Mt hat die beiden Namen Jakobus und Johannes in 20,20ff weggelassen.

ten und Linken Jesu[11] in seiner βασιλεία (20,21). Jesus schlägt nicht nur diese Bitte ab, sondern antwortet mit Gemeindeparänese:[12] "Wer unter euch groß sein will, der sei euer Diener; und wer unter euch der Erste sein will, der sei euer Knecht." (20,26f).[13] Damit wird die Hierachie der Welt auf den Kopf gestellt. Die Bitte um einen hohen Rang in der "βασιλεία Jesu" wird beantwortet mit der Aufforderung, einander in der Gemeinde zu dienen; es liegt darum nahe, die "βασιλεία Jesu" mit der Gemeinde zu identifizieren.[14]

Dafür, daß die "βασιλεία des Menschensohns" in der Allegorese mit der Gemeinde identisch ist, spricht auch das Gleichnis, auf das sich die Allegorese bezieht, insbesondere das Gespräch des Herrn (des Menschensohns) mit seinen Knechten, welches die paränetische Absicht des Gleichnisses deutlich macht (13,27-30), das zukünftige Gericht nicht schon jetzt durch Aussonderung der Bösen vorwegzunehmen. Das Ausreißen des Unkrauts wäre selbst als Gedanke völlig undenkbar, wenn es nicht um Mitglieder der eigenen Gemeinde ginge. Nur sie lassen sich "entfernen" (vgl. 1Kor 5,9-13). Bei einer Beziehung des Weizens und des Unkrauts auf alle Menschen ließe sich die Entfernung des Unkrauts aus dem Acker (=der Welt) nur als Tötung der Übeltäter vorstellen - ein Gedanke, der dem Urchristentum völlig fremd ist. Das Gleichnis ist also auf die Gemeinde zu beziehen, nicht auf die Menschheit. Die Allegorese betont zwar weniger die abwartende Haltung des Menschensohns, sondern malt das Gericht aus, stimmt aber darin mit dem Gleichnis überein, daß beide, Gleichnis und Allegorese, auf die Gemeinde zu deuten sind.

Sowohl die Gesamtaussage von Gleichnis und Allegorese wie auch die besprochenen Parallelen deuten also darauf hin, daß unter der "βασιλεία des Menschensohns" die Gemeinde zu verstehen ist, in der sich "Söhne der Herrschaft" und "Söhne des Bösen" finden.[15] Dem scheint vor allem eine Aussage der Allegorese zu widersprechen: "Der Acker ist die Welt" (13,38a). Gerade sie aber läßt sich im Rahmen unserer These einer aus Juden- und Heiden-

---

[11] F. V. Filson, Mt, S.216: Die Frage der Mutter setzt voraus, daß Jesus die höchsten Plätze verteilen kann.

[12] Dagegen H. Geist, Menschensohn, S.97: Diese Bitte kann "nur in streng eschatologischen Sinn verstanden werden"!

[13] Der Abschnitt 20,24-28 bezieht sich auf das innergemeindliche Problem. Vgl. J. Gnilka, Mt II, S.191.

[14] H. Geist, Menschensohn, S.102: es gehe darum, "die Basileia-Botschaft des irdischen Jesus für die nachösterliche Zeit zu aktualisieren."

[15] Nach U.Luz, Mt II, S.341 "zielt die matthäische Erklärung auf die Kirche" - und das obwohl er annimmt, die Herrschaft des Menschensohns sei die Welt.

christen zusammengesetzten Gemeinde erklären, wie der folgende Abschnitt zeigen wird.

b) Die Saat: Weltmission

2. These:

Die allegorische Deutung des Gleichnisses vom Unkraut unter dem Weizen (13,36.43) bezieht die "Saat auf den Acker" (13,24) auf die Weltmission. Diese führt dazu, daß neben "Söhnen der βασιλεία" auch "Söhne des Bösen", die ἀνομία tun, in die Gemeinde - die "βασιλεία des Menschensohns" - gelangen. Beide Gruppen erstrecken sich über die ganze Welt, umfassen also neben Heidenchristen auch Judenchristen.

Diese Darstellung entspricht der im Gleichnis vom Hochzeitsmahl geschilderten Situation (22,1-14), hier führt die zweite Einladung, die hauptsächlich an Heiden ergeht, zur Aufnahme von "Bösen und Guten" (22,10) in die Gemeinde.

In der allegorischen Auslegung des Gleichnisses vom Unkraut deutet der Evangelist den Acker, auf den gesät wird,[16] auf den κόσμος.[17] Damit wird das Gleichnis auf die Weltmission bezogen und das bedeutet: die Heidenmission ist im Blick.

Der κόσμος wird ganz zu Beginn des Wirkens Jesu zum ersten Mal erwähnt: In der Versuchung auf dem Berg zeigt der Satan Jesus alle Königreiche des κόσμος und ihre Herrlichkeit. Damit ist jedenfalls mehr gemeint als die kleinen jüdischen Fürstentümer und Provinzteile. Königreiche (Pl.!) hatte Palästina zur Zeit Jesu nicht zu bieten, es gab allenfalls ein jüdisches Königtum.[18] Vielmehr ist hier tatsächlich die gesamte bekannte Welt gemeint, darauf weist die der Versuchungsgeschichte korrespondierende Erscheinung des Auferstandenen hin (28,16-20): ihm, der das Angebot der Herrschaft über den ganzen κόσμος ausschlug und Gott allein diente (4,10), gibt Gott nun zu der Macht über die Erde auch noch die Gewalt im Himmel. Die Einsetzung in diese Herrschaft über die Erde wirkt sich darin aus, daß nunmehr alle Völker zu missionieren sind (28,18f). In der Endzeitrede (24,14) betont der

---

[16] H. J. Holtzmann, Synoptiker, S.272: Aussaat und Ernte entsprechen Jesu Abschied und Wiederkunft.

[17] Das Wort kommt bei Mt achtmal (Mk dreimal, Lk dreimal) vor.

[18] Im strengen Sinne gab es zur Zeit Jesu überhaupt kein Königreich in Palästina, erst Agrippa I. und II. waren wieder "Könige". Doch hat man den Tetrarchen Antipas im Volksmund wohl βασιλεύς genannt (vgl. Mk 6,14ff).

Evangelist die Notwendigkeit der Verkündigung des Evangeliums in der ganzen Welt (ἐν ὅλῃ τῇ οἰκουμένῃ) vor dem Kommen der Parusie. Eine weitere Bezugnahme auf die Weltmission findet sich in der Erzählung von der Salbung in Bethanien: wo immer auf der ganzen Welt (ἐν ὅλῳ τῷ κόσμῳ) das Evangelium verkündigt wird, wird man sich der Tat dieser Frau erinnern (26,13).

Der Evangelist betont also sehr deutlich, daß das Evangelium der ganzen Welt zu verkündigen ist und sich damit an Juden und Heiden richtet. Wenn die mt Gemeinde nicht in Palästina, sondern in Syrien zu lokalisieren ist, wie die meisten Wissenschaftler annehmen,[19] dann ist es äußerst wahrscheinlich, daß es in ihr auch Heidenchristen gibt. Die Wendung ἐν ταῖς συναγωγαῖς αὐτῶν[20] zeigt, daß die Gemeinde entweder schon ganz vom Judentum unabhängig ist[21] oder sich doch jedenfalls als eine selbständige, von anderen deutlich unterschiedene Synagoge versteht.[22]

---

[19] *Für Syrien* plädieren: W. D. Davies/D. C. Allison, Mt, S.138-147. F. V. Filson, Mt, S.15. J. Gnilka, Mt II, S.515. L. Goppelt, Theologie, (1975), S.545. W. Grundmann, Mt, (1968), S.43f. R. H. Gundry, Mt, S.609. W. G. Kümmel, Einleitung ([17]1973), S.90. G. Künzel, Gemeindeverständnis, S.251. U. Luz, Mt I, S.75. J. P. Meier, Law and History in Matthew's Gospel. A Redactional Study of Mt 5:17-48, Rom 1976, S.7-9. A. Sand, Mt, S.33. S. Schulz, Botschaft, S.164. E. Schweizer, Mt, S.4. C. W. F. Smith, Mixed State, S.167f. G. Strecker, Weg, S.37. B. H. Streeter, The four Gospels, London [2]1930, S.500-523, hier S.504. G. Theißen, Lokalkolorit und Zeitgeschichte in den Evangelien (NTOA 8), Freiburg (Schweiz)/Göttingen 1989, S.287, A.88. Dagegen vermuten *Jerusalem/Palästina*: W. C. Allen, A Critical and Exegetical Commentary on the Gospel According to Saint Mt (ICC), Edinburgh [3]1912, S.lxxxv. A. Schlatter, Der Evangelist Mt, S.viii-xi. J. Schniewind, Mt ([12]1968), S.8. E. Schweizer, Mt und seine Gemeinde, S.138-140.

P. Vielhauer, Geschichte, S.365, zieht den Schluß: "Der Ort der Abfassung läßt sich nicht feststellen."

[20] Diese Wendung kommt bei Mt 5mal (4,23; 9,35; 10,17; 13,54(Singular); 23,6), Mk: 2mal, Lk: 1mal vor; Gesamtzahl des Wortes συναγωγή: Mt:9, Mk:8, Lk:15.

[21] H. Frankemölle, Jahwebund, S.225: "Der Bruch zwischen beiden ist endgültig". E. Haenchen "Matthäus 23", in ders., Gott und Mensch. Gesammelte Aufsätze, Tübingen 1965, S.29-54. (=ZThK 48 (1951) 38-63.), hier S.30f.34 und 43. G. D. Kilpatrick, Origins, S.111. A. Kretzer, Die Herrschaft der Himmel und die Söhne des Reiches, S.107, A.60. J. Lange, Erscheinen, S.270, A.65. U. Luz, Mt I, S.70. R. Martin, "St. Matthew's Gospel in Recent Study", ET 80 (1969) 132-136, hier S.136. A. Sand, Gesetz und Propheten, S.27. E. Schweizer, Mt, S.5. C. W. F. Smith, Mixed State, S.161. K. Stendahl, School, S.xiii (2.Auflage). G. Strecker, Weg, S.138-142. W. Trilling, "Mt, das kirchliche Ev", bes. S.196.

[22] G. Bornkamm, Enderwartung, S.17f: die mt Gemeinde steht "noch im Verbande des Judentums"; Der Auferstandene, S.306, "in enger Beziehung". G. D. Kilpatrick, Origins,

Da die "Welt"[23] im MtEv häufiger als Missionsfeld im Blick ist,[24] wie unser Überblick gezeigt hat, ist in der Allegorese zum Gleichnis vom Unkraut jedenfalls Weltmission gemeint, wenn es heißt, daß der Same auf den Acker fällt, der die Welt ist. Darum liegt es nahe, anzunehmen, daß sich das ganze Gleichnis auf eben die Gemeindesituation bezieht, die durch die Aufnahme von Heidenchristen entstanden ist.

Bevor wir aus dem Gleichnis vom Unkraut unter dem Weizen Rückschlüsse auf die Gemeindesituation ziehen, betrachten wir, was das vom Bildmaterial sehr ähnliche vorangehende Gleichnis vom vierfachen Acker (13,3-9) und seine allegorische Deutung (13,18-23) über die Zusammensetzung der Gemeinde zu erkennen gibt.

Hier ist zunächst von den Samen die Rede, die auf den Weg fallen (13,4). Dies wird in der Allegorese auf die Menschen gedeutet, die das "Wort vom Reich" zwar hören, aber nicht verstehen (13,19). Sie sind keine Christen und gehören nicht zur Gemeinde.

Die zweite und dritte Gruppe der Hörer sind die, bei denen auf felsigen Boden und unter die Dornen gesät wurde (13,20. 22 als Ausdeutung von 13,5. 7); sie nahmen das Wort auf, fielen dann aber in Bedrängnis oder Verfolgung ab bzw. bringen keine Frucht, weil die "Sorge der Welt" oder "der betrügerische Reichtum" das Wort in ihnen erstickt. Diese Menschen waren einmal Christen. Entsprechen sie denjenigen, die einmal zur Gemeinde gehörten, jetzt aber wie "Zöllner und Heiden" betrachtet werden (vgl. 18,17)? Schließlich werden mit der vierten Gruppe (bei denen auf gutes Land gesät ist) die Christen bezeichnet, die das Wort hören und verstehen und vielfach Frucht bringen (13,23).

Das Gleichnis vom Unkraut unter dem Weizen unterscheidet nun offenbar unter diesen Christen noch einmal zwei Gruppen. Die gute Erde ($\tau\grave{\eta}\nu$ $\kappa\alpha\lambda\grave{\eta}\nu$ $\gamma\tilde{\eta}\nu$ 13,23) wird durch den Acker (13,24) ersetzt. Auf diesen sät der Sämann - $\acute{o}$ $\sigma\pi\epsilon\acute{\iota}\rho\omega\nu$ in 13,37 verweist auf 13,2 zurück - guten Samen und der Satan das

---

S.110ff; S.123: Das vom Judentum unabhängige, eigene gemeindliche Leben ist noch im Gang. Vgl. R. Hummel, Auseinandersetzung, S.22-33 und S.157-161. S. Brown, "The Matthean Community and the Gentile Mission", NT 22 (1980) 193-221, hier S.216.

[23] Mt präsentiert die Aufgabe der Nachfolger Jesu in der Welt: Sie sind das Licht der Welt (5,14). Die Welt wartet darauf, die guten Werken der Nachfolger Jesu zu sehen (5,16).

[24] W. Trilling, Israel, S.126: "In Vers 38 wird der $\kappa\acute{o}\sigma\mu o\varsigma$ mit Selbstverständlichkeit als das weite Feld der christlichen Glaubensverkündigung verwendet. ... Die ganze Welt ist das Ackerfeld der Missionare."

Unkraut. Auch auf dem guten Land also gibt es Unkraut, die "Söhne des Bösen", die durch σκάνδαλα und ἀνομία gekennzeichnet werden (13,41).

Hier spiegelt sich nun offensichtlich im Gleichnis wie in der Deutung ein ak-
tuelles Problem der urchristlichen Gemeinde.[25]

Das zeigt vor allem die Tempuswahl des Gleichnisses. Der erste Teil (13,24-
28) ist durch präteritale Tempora gekennzeichnet, er schildert die Saat, das
Aufgehen von Weizen und Unkraut und das Offenbarwerden dieses Zustan-
des. Dieser Teil beschreibt, wie es zur gegenwärtigen Situation der Gemeinde
kam. Der Umschlag ins Präsens erfolgt genau dort, wo die Gemeinde gegenwärtig steht, bei der Entscheidung, wie auf das "Unkraut" zu reagieren ist. Die
Knechte fragen: "Willst du, daß wir gehen und es ausreißen?" (13,28b), und
der Herr ermahnt sie, nichts zu unternehmen (13,29-30a). Die Scheidung von
Unkraut und Weizen bleibt der Zukunft (der Ernte) vorbehalten (ἐρῶ 13,30f
Futur); nicht die Knechte, sondern die Schnitter (13,30b nach 13,39-41 die
Engel) werden sie vollziehen.

Das Gleichnis hat einen sehr deutlichen aktuellen Bezug, der Ruf "wer Ohren
hat, der höre!" richtet sich direkt an die Gemeinde (13,43).[26] Der Konflikt,
um den es geht, ist in den Worten σκάνδαλα und ἀνομία angedeutet.

Einige Züge des Gleichnisses vom Unkraut unter dem Weizen weisen Übereinstimmungen mit dem Bild auf, das das Gleichnis vom Hochzeitsmahl von
der Gemeinde erkennen läßt. Nach der Absage und Bestrafung der Ersteinge-
ladenen (22,3-8) führt die zweite Einladung, die sich an alle, vornehmlich
aber an Heiden[27] richtet, zur Aufnahme von "Bösen und Guten" in die Gemeinde (22,10).[28] Auch hier beurteilen nicht die Knechte, sondern der König
selbst (Gott) beurteilt die Gäste. Erstaunlicherweise findet der König aber
nur einen einzigen Gast, der ausgeschlossen werden muß, weil er kein Hochzeitsgewand trägt (22,11-13). Wenn man davon ausgeht, daß 22,1-14 als ein
kohärenter Text sinnvoll zu interpretieren ist, muß man daraus schließen, daß

---

[25] A. Sand, Mt, S.285. J. B. Sheppard, A Study of the Parables Common to the Synoptic
Gospels and the Coptic Gospel of Thomas (Emory University Dissertation, 1965), Uni-
versity Microfilms International, Michigan/London 1965, S.274; dagegen J. Jeremias,
Gleichnisse Jesu, S.79ff, das Gleichnis führt zu Jesus zurück.

[26] A. Sand, Mt, S.290.

[27] R. Bultmann, "Die Erforschung der synoptischen Evangelien", in ders., Glauben und
Verstehen, Tübingen 1975, S.1-41, hier S.23: Mt hat bei der zweiten Ladung neuer Gäste "eine allegorische Weissagung der Heidenmission" angebracht.

[28] E. Schweizer, Mt, S.196f, sieht das Problem der Zusammensetzung von Guten und
Bösen innerhalb der Gemeinde typischer "für eine bestimmte Schicht der Tradition als
für Mt selbst".

nicht alle der sogenannten "Bösen", vielmehr nur ein kleiner Teil von ihnen nach dem Urteil des Königs wirklich unwürdig ist, am Hochzeitsmahl teilzunehmen und in das Reich Gottes einzugehen.[29]

Auf das Gleichnis vom Unkraut übertragen bedeutet das: es gibt zwar "Söhne des Bösen" in der Gemeinde, aber nur der Herr selbst ist in der Lage, sie zu erkennen. Diese Deutung wird durch die Besorgnis des Herrn im Gleichnis gestützt, die Knechte könnten zugleich mit dem Unkraut auch den Weizen ausreißen (13,29).

c) Die Entstehung der Selbstbezeichnung υἱοὶ τῆς βασιλείας

3. These:

Im MtEv lassen sich drei verschiedene Bedeutungen der Bezeichnung υἱοὶ τῆς βασιλείας nachweisen. Eine in Mt 8,11f vorausgesetzte Tradition verstand nur die Juden als Söhne und Erben der ß ile5. Vermutlich in der Auseinandersetzung mit dem Judentum übernahm die christliche Gemeinde den Begriff als Selbstbezeichnung; nicht die Juden, sondern die Kirche aus Juden und Heiden enthält die wahren "Söhne der βασιλεία". Auf dieser Stufe diente der Begriff zur Identitätsbildung der Gemeinde unter Abgrenzung von den Juden, die hinausgestoßen werden (8,11f).

Als es dann innerhalb der Gemeinde zu Spannungen kam (σκάνδαλα und ἀνομία), wird der Begriff erneut herangezogen und wird jetzt zur Charakterisierung innerchristlicher Unterschiede verwendet, wobei ausschließlich ethische Kriterien über die Zuweisung von (Heiden- wie Juden-) Christen zu den "Söhnen der Herrschaft" bzw. den "Söhnen des Bösen" maßgeblich sind.

In der jüdischen und urchristlichen Umwelt lassen sich analoge Vorgänge betrachten. In Qumran grenzen sich die "Söhne des Lichts" von den "Söhnen der Finsternis" ab, 2Kor 6,14ff und Belege aus dem JohEv bieten urchristliche Beispiele dafür.

Auch für die Verwendung eines ursprünglich zur Abgrenzung nach außen gerichteten Begriffes in innerchristlicher Polemik finden sich Parallelen aus der paulinischen und johanneischen Literatur.

---

[29] K. Tagawa, "People and Community in the Gospel of Matthew", S.160, bemerkt mit Recht, daß die Mitgliedschaft in der jetzigen Gemeinde das Bestehen im Jüngsten Gericht nicht garantiert.

Die beiden Wendungen υἱοὶ τῆς βασιλείας³⁰ und υἱοὶ τῆς πονηροῦ³¹ begegnen nur im MtEv. Die folgende Untersuchung will zeigen, daß der Evangelist diese Ausdrücke bzw. das sich in ihnen aussprechende Selbstverständnis aus seiner Tradition übernimmt und für seine Zwecke verändert. Dazu stellen wir im folgenden dar: den wahrscheinlichen Inhalt der Tradition, Analogien dazu aus der zeitgenössischen Umwelt, die Modifikationen der Tradition durch den Evangelisten und vergleichbare Vorgänge bei anderen urchristlichen Gruppen.

(1) Die Tradition hinter dem MtEv

Mt 8,11f läßt noch deutlich erkennen, daß υἱοὶ τῆς βασιλείας ursprünglich eine Bezeichnung für Juden war, die eine heilsgeschichtliche Gewißheit zum Ausdruck brachte. Sie drückt die selbstverständliche Zugehörigkeit zur βασιλεία aus. Möglicherweise war sie eine Selbstbezeichnung der Juden. Sie spiegelt dasselbe Selbstverständnis wider, das im Täuferlogion 4,8 den Juden zugeschrieben wird: "Wir haben Abraham zum Vater" - dies gibt ihnen Sicherheit, im eschatologischen Gericht zu bestehen und mit Abraham in der Königsherrschaft Gottes vereint zu werden.

Ein derart prädestinatorisches Selbst- und Heilsbewußtsein erfordert strukturell das Gegenbild einer vom Heil ausgeschlossenen Gruppe. Möglicherweise war υἱοὶ τοῦ πονηροῦ der entsprechende Gegenbegriff, es ist allerdings genauso gut möglich, daß dieser spezielle Terminus vom Evangelisten gebildet worden ist. Wichtig ist allein, daß die Kennzeichnung einer Gruppe (der Juden) als "Söhne der Herrschaft" gedanklich die Existenz von Menschen voraussetzt, die nicht Erben der βασιλεία sind.

(2) Analoge Selbstbezeichnungen jüdischer und urchristlicher Gruppen

Abgesehen von der Tatsache, daß sich die Juden als Volk durch die Beschneidung und das Gesetz von allen Heiden abgrenzten, kennen wir innerhalb des Judentums eine Gruppe, die ein extremes Erwählungsbewußtsein mit scharfer Abgrenzung nach außen verband: die Qumrangemeinde.³² Ihr Ziel war "alles zu lieben, was Er erwählt hat und alles zu hassen, was Er verachtet hat und ... sich von allem Bösen fernzuhalten und an allen guten Wer-

---

³⁰ Die Wendung kommt in NT nur hier (13,38) und 8,12 vor.

³¹ J. Jeremias, Gleichnisse Jesu, "auch außerhalb des Nt. nicht belegt", S.82.

³² Vgl. C. W. F. Smith, Mixed State, S.162 ff. Smith vermutet, es gebe in der mt Gemeinde ehemalige Qumranmitglieder und der Evangelist habe gegen den von ihnen

ken festzuhalten." (1QS 1,3-5).[33] Die Mitglieder der Gemeinde nannten sich selbst "Söhne des Lichts" und bereiteten sich auf den großen Krieg am Ende der Zeiten gegen die "Söhne der Finsternis", die heidnische Armee des Belial (1,1. 10)[34], vor, der alle anderen Menschen angehörten. In diesem Krieg würden alle verhaßten "Söhne der Finsternis" umkommen.

Es gibt auch urchristliche Analogien solch eines dualistischen Sprachgebrauchs zur Vergewisserung des eigenen Heilsstandes bei gleichzeitiger Abwertung aller Außenstehenden. Zum einen ist hier 2Kor 6,14ff zu nennen, dieser Text weist eine große Nähe zu der Terminologie von Qumran auf. Hier stehen die Christen als Gläubige (πιστοί) den Ungläubigen (ἄπιστα) gegenüber, und es wird die Unvereinbarkeit von δικαιοσύνη und ἀνομία, φῶς und σκότος, Christus und Beliar, dem Tempel Gottes und den Götzen betont.

Die Christen werden "Söhne und Töchter des κύριος παντοκράτωρ" (2Kor 6,18) genannt, das Pendant "Söhne und Töchter des Beliar" (o.ä.) wird zwar nicht angeführt, ist aber im dualistischen Duktus des Ganzen impliziert.

Das Johannesevangelium ist als zweite urchristliche Analogie zu erwähnen. In ihm sind "die Juden" die schwarze Folie der Gotteskindschaft der Christen (Joh 1,12f und öfter), sie haben nämlich den Teufel zum Vater (Joh 8,44). Die gesamte dualistische Terminologie des JohEv wäre hier nun zu referieren, sie sei nur angedeutet mit den Wortpaaren Licht und Finsternis (1,5; 3,19-21); Wahrheit und Lüge (8,44-46); von oben und von der Erde (3,31) usw.

(3) Die Veränderungen der Tradition im MtEv

Im MtEv lassen sich zwei Sufen der christlichen Rezeption des Ausdrucks "Söhne der Herrschaft" feststellen.

(a) Mt 8,11f

In Mt 8,11f werden die ursprünglichen υἱοὶ τῆς βασιλείας (Söhne der Herrschaft) hinausgestoßen. Allerdings wird nicht gesagt, daß dies Schicksal alle Juden trifft. Die *neuen* "Söhne der Herrschaft" kommen von Osten und Westen, hier sind in erster Linie Heiden gemeint. Der Kontext der Perikope

---

vertretenen Dualismus seinen Gedanken der Gemeinde als corpus mixtum von Guten und Bösen entwickelt.

[33] Zitiert nach A. Dupont-Sommer, Die Essenischen Schriften von Toten Meer, W. W. Müller übers., Tübingen 1960 (Paris 1959), S.80.

[34] Über die Aussagen des Kriegs berichtet "Der Krieg der Söhne des Lichtes und der Finsternis", in T. H. Gaster, The Dead Sea Scriptures, New York [3]1976, S.399-423.

zeigt, daß der Glaube das neue Kriterium für die Teilhabe am Himmelreich ist. Hier wird der Begriff "Söhne der Herrschaft" sozusagen christlich beerbt, indem den ursprünglichen Söhnen die Erbschaft bestritten wird. Die neuen Söhne sind die Gläubigen ohne ethnische Grenze.

"Söhne der Herrschaft" wird in 8,11f zwar nicht explizit als christliche Selbstbezeichnung verwendet, dies liegt aber in der Logik der Argumentation (aus 13,38 wissen wir, daß der Begriff eine christliche Selbstbezeichnung war). Es ist ferner eindeutig, daß "Söhne der Herrschaft" auch als christliche Selbstkennzeichnung die jüdische Tradition und Priorität wahrt: ein Teil Israels wird hinausgestoßen, die Heiden werden hineingenommen.

Es ist möglich, aber nicht zu beweisen, daß auf einer noch früheren Stufe - vor der Öffnung der Gemeinde für die Heiden - υἱοὶ τῆς βασιλείας eine rein judenchristliche Selbstbezeichnung war.

(b) Mt 13,38

In der Allegorese zum Gleichnis vom Unkraut unter dem Weizen ist eine weitere Stufe der Verwendung des Ausdrucks "Söhne der Herrschaft" erreicht. Einerseits ist er hier eindeutig eine christliche Selbstbezeichnung (als die er in 8,11f nur zu erschließen war). Andererseits wird er jetzt in Gegenüberstellung zu den "Söhnen des Bösen"[35] zur Charakterisierung einer innerchristlichen Gruppe verwendet.

Die "Söhne der Herrschaft" und die "Söhne des Bösen" finden sich nun nebeneinander in der βασιλεία des Menschensohns. Als Unterscheidungsmerkmal im eschatologischen Gericht werden ausschließlich ethische Kriterien angegeben. Hiermit stoßen wir auf ein Problem der Allegorese, das für zahlreiche Schwierigkeiten bei der Auslegung entscheidend ist: das Bildmaterial des Gleichnisses setzt eine Prädetermination von Unkraut und Weizen voraus, in der Allegorese dagegen sind die einander gegenüberstehenden Menschengruppen nicht von ihrer Abstammung her, sondern ethisch qualifiziert. Das zeigt sich ganz klar daran, daß im Gericht unterschieden wird zwischen den Gerechten (δίκαια) auf der einen und den σκάνδαλα bzw. denen, die ἀνομία tun, auf der anderen Seite (13,40-43).[36] Diese Beurteilung entspricht genau der im Gleichnis vom Weltgericht berichteten: auch hier erben

---

[35] Das Wort πονηρός verwendet Mt 26mal (Mk:2, Lk:13); βασιλεία Mt 55mal (Mk:20, Lk:46).

[36] Vgl. A. Sand, Mt, S.289: Zum Bild der Ernte als Gericht vgl. Jer 50 (LXX:27),16; 51,33; Hos 6,11; Joel 4,13; 4Esr 4,28-32.

die Gerechten[37] die βασιλεία (25,34. 37), die anderen dagegen das ewige Feuer (25,41), Beurteilungsgrundlage sind einzig die guten Werke.

Der Evangelist gebraucht in 13,38 wahrscheinlich bewußt die Wendung υἱοὶ τοῦ πονηροῦ statt υἱοὶ τοῦ ἐχθροῦ oder υἱοὶ τοῦ διαβόλου, was vom Gleichnis bzw. der Allegorese her naheläge (13,25: ἐχθρός; 13,39: διάβολος), um die Assoziation einer quasi natürlichen Abstammung vom Teufel/Satan zu vermeiden. Der Genitiv τοῦ πονηροῦ wird wohl unpersönlich[38] verwendet, ähnlich wie in den Ausdrücken "Söhne des Lichts/der Finsternis".[39] υἱοὶ τοῦ πονηροῦ bezeichnet also solche, die böse sind, weil sie Böses tun (nämlich ἀνομία und σκάνδαλα).[40] Das läßt die Möglichkeit der Umkehr offen, und wahrscheinlich sollen die Höllenszenarios des MtEv genau diese bewirken.

Eine weitere Beobachtung fügt sich gut in dieses Bild: Obwohl Mt sonst die Gegenüberstellung von "gut und böse" liebt,[41] findet sich in der Allegorese nicht die Antithese von "gutem" und "schlechtem" Samen.[42] Dadurch vermeidet der Autor, das "Unkraut" - von einem "bösen Samen" herstammend - genetisch zu determinieren. Natürlich liegen derartige "deterministische" Schlußfolgerungen auf der Hand, sie "wurzeln" fest in der Bildhälfte, aber der Evangelist scheint sie deutlich nicht forcieren zu wollen, schärft vielmehr das ethische Kriterium ein.

---

[37] W. F. Albright/C. S. Mann, Mt, S.170, bemerken mit Recht, daß nicht alle, die in die mt Gemeinde kommen, unbedingt zu den "Gerechten" in der Endzeit gehören müssen.

[38] Gegen J. Jeremias, Gleichnisse Jesu, S.82, A.6, der meint, der Genitiv sei maskulinisch zu verstehen.

[39] R. H. Gundry, Mt, S.272f. Es ist allerdings nicht ganz auszuschließen, daß τοῦ πονηροῦ maskulinisch zu verstehen ist. Dann wäre "der Böse" mit dem Feind/Satan identisch (vgl. auch 13,19!). Eine Analogie dazu wären die Ausdrücke τέκνα τοῦ διαβόλου (1Joh 3,10 auch Joh 8,44) und Κάϊν ἐκ τοῦ πονηροῦ ἦν (1Joh 3,12). Allerdings spricht die starke Bedeutung der Ethik und der Umkehrforderung im MtEv u.E. eher dagegen. J. Gnilka, Mt I, S. 501 meint, beide Annahmen vereinen zu können: "Als Söhne des Bösen (masc.) sind sie von der Art des Teufels, entsprechen sie seinem Ungehorsam.... Das Bild ist nicht prädestinatianisch, sondern ethisch zu deuten."

[40] A. Sand, Mt, S.289, "Die Bösen werden nicht so sehr nach ihrem schlechten Wesen, sondern vielmehr nach ihrem sündigen Tun charakterisiert."

[41] Vgl. J. D. Kingsbury, Parables, S.56; G. Baumbach, Das Verständnis des Bösen in den synoptischen Evangelien (ThA 19), Berlin 1963, S.93.

[42] Diese Entgegensetzung hätte nahegelegen, vgl. καρποὺς καλούς und καρποὺς πονηρούς zweimal in 7,17-18, καλὸν-σαπρόν zweimal in 12,33 (par Lk 6,43 negativ formuliert), πονηρὸς-ἀγαθός in 5,45; 7,11 (par Lk 11,13); 12,34; 20,15; 22,10; ἀγαθὸς-σαπρός in 7,17-18.

(4) Analoge Modifikation im urchristlichen Schrifttum

Man könnte gegen die in diesem Kapitel gegebene Interpretation einwenden, es sei doch unwahrscheinlich, daß eine Gruppe ihre eigenen Mitglieder als "Söhne des Bösen" bezeichnet, die σκάνδαλα sind und ἀνομία tun. Es sei weiter schwer vorstellbar, daß sie dabei auf Sprachformen zurückgreift, die ursprünglich ihrer Abgrenzung von der Außenwelt dienten. Genau dieser Vorgang läßt sich aber auch bei anderen urchristlichen Gruppen beobachten.

Paulus kann seine christlichen Gegner als "Diener des Satans" bezeichnen. Wie der Satan selbst als "Diener des Lichts" auftreten kann, erscheinen seine Knechte als "Diener der Gerechtigkeit", verstellen sich als "Apostel Christi" (2Kor 11,13-15). Möglicherweise liegt hier sogar dieselbe Terminologie wie 2Kor 6,14ff vor, drei der positiven Leitbegriffe, nämlich "Christus", δικαιοσύνη und φῶς tauchen auf, der Satan ist mit Beliar identisch. Allerdings müßte man 2Kor 6,14-7,1 in diesem Fall für paulinisch halten.

Auch im johanneischen Kreis findet sich Analoges. Im ersten Johannesbrief befinden sich die Gegner nicht mehr nur draußen, bei "den Juden" oder in "der Welt", sondern innerhalb der eigenen Gemeinde. 1Joh 2,18f zeigt die Umorientierung einer Gemeinde, die den Antichristen als von außen kommend erwartet hat und nun gewahr wird, daß viele Antichristen in ihrer eigenen Mitte aufgestanden sind. Dreimal setzt der Autor an, um zu erklären, daß nicht alle, die ἐξ ἡμῶν ausgegangen sind, auch wirklich ἐξ ἡμῶν sind: "Sie sind von uns ausgegangen, aber sie waren nicht von uns. Wenn sie nämlich von uns gewesen wären, wären sie bei uns geblieben. Aber es sollte offenbar werden, daß nicht alle von uns sind." In 1Joh 3,10 muß der Briefschreiber dann erklären, wie man - innerhalb der Gemeinde! - die τέκνα τοῦ θεοῦ von den τέκνα τοῦ διαβόλου unterscheiden kann.

d) Zwischenergebnis

Wir fassen zunächst die Ergebnisse der vorstehenden drei Thesen zusammen, insofern sie für Situation und Zusammensetzung der mt Gemeinde relevant sind. Das Gleichnis vom Unkraut unter dem Weizen und seine Deutung spiegeln innergemeindliche Probleme, die Gemeinde ist ein corpus permixtum aus "Söhnen der Herrschaft", die als "Gerechte" in die "Herrschaft des Vaters" eingehen werden, und "Söhnen des Bösen", die wegen ihres schlechten Verhaltens, das mit den Stichworten σκάνδαλα und ἀνομία bezeichnet wird, im Endgericht zum ewigen Feuer verurteilt werden.

Der Evangelist sieht offenbar einen Zusammenhang zwischen der Heidenmission und dem Nebeneinander von "Bösen und Guten" in der Gemeinde.

Dies geht aus der Deutung des Ackers auf die Welt hervor und hat eine deutliche Parallele im Gleichnis vom großen Hochzeitsmahl, wo die zweite Einladung, die allen Menschen (also vorrangig Heiden) gilt, zur Aufnahme von "Bösen und Guten" in die Gemeinde führte. Die beiden Gruppen können allerdings nicht einfach mit Juden- und Heidenchristen identifiziert werden, sie sind beide über die ganze Welt verbreitet. Aus Mt 8,11f läßt sich außerdem erschließen, daß der Begriff "Söhne der Herrschaft" zur Charakterisierung der Kirche aus Juden und Heiden in Abgrenzung vom Judentum verwendet wurde.

e) Die Gemeinde als corpus permixtum

4. These:

Der geschichtliche Hintergrund der Auffassung der Gemeinde als corpus permixtum dürfte folgender sein: mit der Öffnung der Gemeinde für die Heiden wurden aufgrund des unterschiedlichen kulturellen Hintergrundes die in der Gemeinde geltenden Normen strittig. In der Auseinandersetzung lautete der Vorwurf an eine Gruppe, sie tue ἀνομία; damit wird ihr Verhalten als heidnisch charakterisiert (womit nicht gesagt ist, daß sie ausschließlich aus Heiden besteht). Anderen Christen wird vorgeworfen, sie verführten ihre Mitchristen zum Abfall (σκάνδαλα).

Der Evangelist bezieht in diesem Streit dahingehend Stellung, daß er zur Toleranz mahnt. Im Endgericht wird der Herr selbst entscheiden, wer δίκαιος ist und wer zu den ἀνομία-Tätern bzw. den σκάνδαλα gehört und darum ausgeschieden wird. Würden die Menschen diese Entscheidung vorzeitig treffen, könnte es geschehen, daß Unschuldige getroffen würden (daß mit dem Unkraut zugleich auch Weizen ausgerissen wird).

(1) δίκαιος, ἀνομία-Täter und σκάνδαλα

Zwei Gruppen von Christen stehen sich in der Allegorese gegenüber. Die δίκαια (13,43), die in der Herrschaft ihres Vaters leuchten werden wie die Sonne, und die ἀνομία-Täter bzw. σκάνδαλα (13,41), die mit dem Feuerofen bedroht werden. Im folgenden soll zusammengetragen werden, welche Aussagen man über die so gekennzeichneten Christen machen kann.

(a) δίκαια

Mt verwendet δίκαια häufiger als Mk und Lk;[43] das Wort ist bei ihm ausschließlich positiv konnotiert. Das substantivierte Adjektiv steht z.B. in Parallele mit ἀγαθός (5,45) und προφήτης (13,17; 23,29), es wird als Gegensatz zu ἄδικος (5,45), ἁμαρτωλός (9,13), ἀνομία und σκάνδαλα (13,43) und πονηρός (13,49) verwendet. Im Gleichnis vom Weltgericht sind die Gerechten diejenigen, die das ewige Leben erben (25,37.46). Joseph wird als gerecht bezeichnet (1,19), die Frau des Pilatus nennt Jesus einen Gerechten (27,19).[44]

In der Allegorese zum Gleichnis vom Unkraut unter dem Weizen tauchen die Gerechten erst am Ende als Parallelbegriff zu den "Söhnen der βασιλεία" auf. Damit wird deutlich gemacht, daß die Unterscheidung zwischen den Gerechten, die ins ewige Leben eingehen und denen, deren Lohn die Hölle ist, erst am Ende der Welt vollzogen wird.[45] Der Begriff δίκαιος ist zudem eindeutiger als υἱοὶ τῆς βασιλείας, wenn die wechselvolle Geschichte des Begriffs, wie wir sie rekonstruiert haben, stimmt.

(b) ἀνομία

Im ntl. Sprachgebrauch ist ἀνομία[46] oft eine Parallele zu ἁμαρτία (Hebr 10,17; 1Joh 3,4) oder Gegensatz zu δικαιοσύνη (Röm 6,19; 2Kor 6,14; Hebr 1,9).

---

[43] Das Wort kommt bei Mt 17mal (Mk:2, Lk:1) vor, das Substantiv δικαιοσύνη 7mal (Mk:0, Lk:1). Bei der Taufe Jesu spricht er aus, alle Gerechtigkeit zu erfüllen (3,15). Die Gerechtigkeit der Zuhörer der Bergpredigt muß derjenigen der Schriftgelehrten und Pharisäer überlegen sein (5,20). Der Täufer des Johannes zeigt den Weg der Gerechtigkeit (21,32). Dadurch grenzt die mt Gemeinde sich vom Judentum ab, während das Judentum bzw. "das Rabbinat die Identität seiner Halakha mit dem Willen Gottes durch Rückführung auf Mose und den Sinai legitimiert." K. Pantle-Schieber, "Anmerkungen zur Auseinandersetzung von ἐκκλησία und Judentum im MtEv", ZNW 80 (1989) 145-162, hier S.156.

[44] Sogar Pilatus selber bezeichnet in einigen HSS Jesus als Gerechten in 27,24 (א L W Θ f[1.13] M etc.).

[45] Die Aussage, daß die Gerechten in der "Herrschaft des Vaters" leuchten werden wie die Sonne, geht über das Gleichnis hinaus, am Ende wird also die Beziehung zwischen Gleichnis und Allegorese aufgegeben. Darauf weist C. W. F. Smith, Mixed State, S.152 hin.

[46] Im NT gibt es außerhalb von Mt elf Stellen: Rm 4,7, 6,19(2); 2Kor 6,14; 2Th 2,3. 7; Tit 2,14; Heb 1,9; 10,17; 1Jh 3,4(2), darunter ist kein synoptischer Beleg. Außer 13,41 kommt das Wort bei Mt noch in 7,23; 23,28; 24,12 vor. Zur Verwendung von ἀνομία in der LXX und weiterer jüdischer Literatur vgl. J. E. Davison, "Anomia and the Question on an Antinomian Polemic in Matthew", JBL 104 (1985) 617-635, hier S.619-626.

Der Vorwurf der ἀνομία rückt diejenigen, an die er sich richtet, in die Nähe von Heiden. Er kann Heiden direkt bezeichnen oder Juden, die sich wie Heiden verhalten. Dies illustriert Paulus, wenn er schreibt, er sei den Gesetzlosen ein Gesetzloser geworden, und er könne das, weil er im Gesetz Christi lebe (ταῖς ἀνόμοις ὡς ἄνομος... ἔννομος Χριστοῦ, 1Kor 9,21). Über die Probleme, die an der Gesetzesfrage in urchristlichen Gemeinden entstehen konnten, sind wir besonders gut aus den paulinischen Gemeinden unterrichtet. Diese sind zwar nur eine entfernte Analogie, haben jedoch möglicherweise heuristischen Wert. Am deutlichsten spiegelt der Galaterbrief zwei im Christentum mögliche Strömungen in der Frage der Geltung des Gesetzes für Heidenchristen. Paulus vertritt die Auffassung, daß Heiden das Gesetz nicht halten müssen. Sie brauchen es nicht, weil sie den Geist durch die ἀκοή πίστεως und nicht ἐξ ἔργων νόμου empfangen haben (Gal 3,2). Außerdem ist Christus des Gesetzes Ziel (τέλος γὰρ νόμου Χριστός, Röm 10,4). Was immer damit genau gemeint sein mag - die Beschneidung von zu Christus bekehrten Heiden schließt es aus. Andere urchristliche Missionare dagegen dringen auf die Beschneidung von Heidenchristen, d.h. auf ihre Verpflichtung auf die Thora (Gal 5,2-4). Bei einigen der galatischen Heidenchristen hat ihre Predigt offenbar Anklang gefunden (Gal 4,9f).

Leider ist ein so deutliches Bild der Konflikte um die ἀνομία im MtEv nicht zu gewinnen. Wie B. Bacon[47] versucht G. Barth[48] das Bild des Kampfes gegen die "Antinomisten" zu erhellen.[49] Mt nennt ἀνομία-Täter einen Christen, der den Willen Gottes nicht tut (7,21. 23). Er warnt in diesem Zusammenhang insbesondere vor Pseudopropheten,[50] die als Schafe verkleidet in die Gemeinde kommen und doch gefährliche Wölfe sind (7,15ff). Wahrscheinlich

---

[47] B. Bacon, Studies in Matthew, S.348.

[48] G. Barth, Gesetzesverständnis, S.60-70 und S.149-154.

[49] Für G. Barth: R. Hummel, Auseinandersetzung, S.64-66; J. Zumstein, La Condition du croyant dans l'evangile selon Matthieu (OBO 16), Fribourg/Göttingen 1977, bes. S.171-181. A. Sand, "Die Polemik gegen 'Gesetzlosigkeit' im Evangelium nach Matthäus und bei Paulus", BZ 14 (1970) 112-125. E. Schweizer, "Observance of the Law and Charismatic Activity in Matthew", NTS 16 (1969/70) 213-230, hier S.216ff. M. D. Goulder, Midrash and Lection, S.308. Gegen G. Barth: G. Strecker, Weg, S.137f, A.4, mit stärken Argumenten. R. Walker, Heilsgeschichte, S.135f. W. G. Thompson, Matthew's Advice to a Divided Community: Matthew 17:22-18:35, Rome 1970, S.262, A.26. J. E. Davison, Anomia, bes. S.617-619. 633-635. G. N. Stanton, "Origen and Purpose of Matthew's Gospel", ANRW II 25,3, S.1910: "But it is difficult to find traces of a group of christians either within or outside Matthew's Community about whose doctrinal views the evangelist is concerned."

[50] Vgl. E. Schweizer, Mt und seine Gemeinde, S.140ff.

sind hiermit Wandercharismatiker gemeint,[51] umherziehende Apostel, Prediger und Jünger. Obwohl sie im Namen des Herrn weissagen, böse Geister austreiben und Wunder tun (7,22), werden sie als ἀνομία-Täter bezeichnet, die dem Willen Gottes nicht gerecht werden (7,21b. 23). Das könnte damit zusammenhängen, daß sie sich als umherziehende Christen nicht an das Ethos gebunden fühlten, das sich in den Gemeinden je länger desto mehr fest ausbildete. Die in 7,15-23 kritisierten Charismatiker weichen also wohl von den in der mt Gemeinde geltenden Normen ab. Was genau an ihnen kritisiert wurde, läßt sich dem Text nicht entnehmen.

ἀνομία bedeutet aber wohl nicht eine liberale Haltung, die es mit der Gesetzesobservanz nicht so genau nahm, denn die Pharisäer und Schriftgelehrten werden ebenfalls der ἀνομία beschuldigt.[52] Sie waren jedoch in der äußeren Frömmigkeit, dem Halten der jüdischen Gebote und der Satzungen der Väter unangreifbar (erschienen als δίκαιοι, 23,28).

Die ἀνομία steht nicht unmittelbar im Gegensatz zu den Geboten, sondern allein zur Liebe: Wenn die ἀνομία überhand nehmen wird, wird die Liebe in vielen erkalten (24,12).

Zusammenfassend können wir festhalten, daß mit ἀνομία ein quasi heidnisches Verhalten bezeichnet wird, das im Gegensatz zur entscheidenden Norm, dem "Tun des Willens Gottes" (7,21), steht. Dieser Vorwurf wird ausdrücklich gegen Pseudopropheten, die sich nach Mt zu Unrecht als Christen fühlen, und gegen Pharisäer und Schriftgelehrten erhoben. Wer in Mt 13,41 und 24,12 angesprochen ist, geht aus den Texten nicht hervor. Jedoch gehören die Beschuldigten zur mt Gemeinde; denn sie werden erst am Ende von der Herrschaft des Menschensohnes (bzw. von der Gemeinde) getrennt (13,41)[53]. ἀνομία ist jedenfalls ein Vorwurf, der Juden- und Heidenchristen gleichermaßen treffen kann.[54]

---

[51] G. Theißen, Jesusbewegung, S.14ff. Vgl. auch E. Schweizer, Mt, S.143.

[52] G. Künzel, Gemeindeverständnis, S.131, A.27: "Stellen wie 7,23; 24,12 weisen aber darauf hin, daß die 'Gesetzlosigkeit' nicht nur außerhalb der Gemeinde (23,28), sondern eben auch in ihr selbst geschieht."

[53] R. Schnackenburg, Mt, S.109, "Jetzt sind die Übeltäter Angehörige der Heilsgemeinde, d.h. der Kirche, sie werden am Ende aus dem 'Reiche des Menschensohnes' ausgesondert...."

[54] J. E. Davison, Anomia, S.635, faßt zusammen: "When Matthew employs the term *anomia* of those who have not kept the law, there is no reason to link the passages as though they all referred to one group which Matthew is opposing. Instead, Matthew is concerned about various groups and individuals. All these persons and groups exhibit a lack of seriousness about their moral lives as Christians. ... Matthew warns against ne-

(c) σκάνδαλα

Das Substantiv σκάνδαλα[55] und das Verb σκανδαλίζω werden im MtEv in erster Linie auf Judenchristen angewendet. Nach dem Messiasbekenntnis wird
Petrus von Jesus ein σκάνδαλον genannt, weil er der Leidensankündigung wi-
dersprach (16,23). Die Wendung σκάνδαλον εἶ ἐμοῦ ist von Mt redaktionell
hinzugefügt worden (vgl. Mk 9,33).[56]

In Mt 18,7 wird ein Wehe über die σκάνδαλα und diejenigen ausgerufen,
durch die sie verschuldet werden. Es ist aber nicht klar, wer hier angegriffen
wird. Einen Hinweis kann man vielleicht in 18,6 finden: die "Kleinsten unter
den Gläubigen" werden zum Abfall verführt. Hier liegt die judenchristliche
Vorstellung von Rangstufen im Himmelreich vor, im näheren Kontext hatten
die Jünger nach dem Größten im Himmelreich gefragt (18,2).[57] In Mt 11,11
wird Johannes der Täufer der Kleinste im Himmelreich genannt; die Mutter
der Söhne des Zebedäus bittet für ihre Söhne um die besten Plätze in der
βασιλεία (20,21). Daher sind mit den Verursachern von σκάνδαλα in 18,7
wohl Judenchristen, die die anderen verführen oder umgekehrt verführt werden, gemeint.

Auch sonst im NT wird σκάνδαλον meist mit Bezug auf Juden (-christen) verwendet. So stoßen sich in Röm 9,33 und 1Petr 2,8 die Juden am Stein des Anstoßes in Zion. Auch Röm 11,9 ist ganz deutlich auf das verstockte Israel bezogen. Der gekreuzigte Christus als Skandalon für die Juden (1.Kor 1,23) ist
sprichwörtlich geworden. Das "Ärgernis des Kreuzes" besteht nach Gal 5,11
für die Juden u.a. darin, daß die Beschneidungsforderung für das Heil irrelevant geworden ist. Schließlich ist noch auf Apk 2,14 hinzuweisen, hier wird
der Gemeinde in Pergamon vorgeworfen, sie dulde unter sich Leute, die der
Lehre Bileams anhängen, der die Kinder Israels von Balak zu Götzenopfer
und Unzucht verführen ließ.[58]

---

glect of this essential aspect of the Gospel, and his warnings are directed against - and
are applicable to - a wide variety of persons and groups within the community".

[55] Es kommt 5mal vor: 13,41; 16,23; 18,7 (3x); Mk:0, Lk:1.

[56] J. Jeremias, Gleichnisse Jesu, S.82, A.15; J. D. Kingsbury, Parables, S.103.

[57] Möglicherweise kann man in der Streichung der markinischen Perikope Mk 9,38-41
durch Mt einen Hinweis darauf sehen, daß der Evangelist ein Interesse daran hatte, die
beiden Abschnitte 18,1-5 (der Größte im Himmelreich) und 18,6-9 (Warnung vor Ver-
führung) direkt nebeneinander zu stellen.

[58] Die sonstigen σκάνδαλα-Stellen im NT bezeichnen allgemein Christen (Lk 17,1;
Röm 14,13; 16,17; 1Joh 2,10).

Das Verb σκανδαλίζω[59] kennzeichnet im MtEv ebenfalls überwiegend Juden und Judenchristen. Zu Mt 18,6. 8f[60] gilt das oben Gesagte. Mt 5,29f ist eine Parallelüberlieferung dazu, hier wird allerdings der "Abfall" auf den Ehebruch bezogen[61] und richtet sich daher an alle Christen.

Die Seligpreisung derer, die nicht Anstoß nehmen, beschließt Jesu Antwort auf die Täuferanfrage (11,6), die Hörer sind Juden.

Ein Bild für Christen, die in Bedrängnis und Verfolgung "abfallen", ist der auf felsigen Boden gesäte Samen (13,20f); hier dürften Juden- wie Heidenchristen angesprochen sein.

In seiner Stadt Nazareth wird Jesus von den (jüdischen) Bewohnern abgelehnt (13,57). Die Pharisäer empören sich über seine Worte (15,12). Jesus selbst möchte Anstoß vermeiden und zahlt deswegen die Tempelsteuer (17,27), dies dürfte den Judenchristen zur Nachahmung geschrieben sein.

Vor der Passion kündigt Jesus seinen Jüngern an, daß sie alle an ihm Anstoß nehmen werden (26,31); Petrus weist diese Voraussage zurück (26,33).

Jesus kündigt in der Endzeitrede den Abfall vieler Gemeindeglieder an, die sich untereinander verraten und hassen werden (24,10). An dieser Stelle ist nicht sicher zu entscheiden, wer diese "Vielen" sind.[62]

Somit können wir festhalten, daß sich σκανδαλίζω und σκάνδαλον in der überwiegenden Zahl der Fälle auf Juden und Judenchristen beziehen. An einigen Stellen wird die Bedeutung auch auf Heidenchristen ausgeweitet (5,29f; 13,21; 24,10); aber nie scheint eines der Worte exklusiv Heidenchristen zu bezeichnen. Darum ist anzunehmen, daß der Vorwurf der σκάνδαλα in Mt 13,41 sich in erster Linie an Judenchristen richtet.

(2) Die Stellung des Evangeliums zum Konflikt: Mahnung zur Toleranz
Nach dem Gleichnis vom Unkraut unter dem Weizen und anderen Texten ist das Zusammenleben in der Gemeinde vom Nebeneinander von "Bösen und

---

[59] Das Verbum kommt 14mal im MtEv vor: 5,29f; 11,6; 13,21. 57; 15,12; 17,27; 18,6. 8f; 24,10; 26,31. 33 (2x).

[60] Daß Mt 18,6f und Lk 17,1f vermutlich aus einer gemeinsammen Quelle kommen, haben wir bereits im Abschnitt "Zöllner und Heiden" dargelegt. U. Luz, Mt I, Mt, S.261f vermutet es ebenfalls.

[61] Es ist möglich, daß 5,30 Ausweitung von Dtn 25,11f ist (vgl. Philo, SpecLeg 3,175).

[62] Im JohEv sind die Jünger Jesu (6,61 und 16,1) gemeint, das Verb σκανδαλίζω kommt nur zweimal im JohEv vor. In Mk 9,42-47 (Lk 17,2) sind Christen allgemein gemeint, anders die Überarbeitung des Mt (18,7-11).

Guten" bestimmt. Auch der Abschnitt Mt 24,9-14 in der Endzeitrede spiegelt diese Situation. Während die Vorlage Mk 13,5-13 als ganze die Gegenwart ihres Verfassers reflektiert, verschiebt Mt nach G. Theißen[63] die Verfolgungslogien (Mk 13,9-13) in die Aussendungsrede (10,17-22) und bietet stattdessen in 24,9-14 einen Text, der stärker auf die aktuellen Probleme seiner Gemeinde Bezug nimmt. Daß die Verse 24,9-14 von der Wendung πάντα τὰ ἔϑνη gerahmt werden, zeigt, daß die mt Gemeinde nun über Palästina hinaus in der ganzen Welt angesiedelt ist.[64] Wir erfahren über die Gemeinde, daß viele Christen abfallen und sich untereinander verraten (24,10), daß sie nicht nur von allen Völkern gehaßt werden, sondern sich auch untereinander hassen (24,9f).

Der Evangelist warnt in dieser Situation deutlich davor, einander zu verurteilen. Erst beim Jüngsten Gericht wird offenbar werden, wer zu den "Gerechten" und wer zu den ἀνομία-Tätern zählt (13,40-43). Das Gleichnis vom Fischnetz hat genau dasselbe Thema: am Ende der Welt scheiden die Engel die πονηροί von den δίκαια (13,47-50).

Vorher sind die beiden Gruppen offenbar schwer voneinander zu unterscheiden, wie z.B. das Bild von den Wölfen im Schafspelz (7,15) zeigt, oder auch die Aussage, daß die Pharisäer nach außen den Menschen als δίκαια erscheinen (23,8). Dasselbe besagt die Begründung des Herrn im Gleichnis, man dürfe das Unkraut nicht ausjäten, damit nicht zugleich Weizen mit ausgerissen würde (13,29).[65] Außerdem ist für den Evangelisten wichtig, daß ethisches Verhalten nicht determiniert ist, sich Menschen also ändern können,[66] der Weg zur Buße nicht versperrt werden darf.

(3) Die multikulturelle Gemeinde

Die Mahnung des Evangelisten zur Toleranz dürfte darin begründet sein, daß die mt Gemeinde multikulturell ist, aus Juden- und Heidenchristen besteht. Menschliche Unterscheidung von "gut" und "böse" ist in dieser Situation unzuverlässig, da verschiedene Lebensweise, Tradition und kultureller Hinter-

---

[63] G. Theißen, Lokalkolorit und Zeitgeschichte, S.287.

[64] Ibid., S.287, A.88.

[65] Nach H. H. Weder, Die Gleichnisse Jesu, S.128, "geht das Thomasevangelium (Logion 57) davon aus, daß vor der Ernte der Lolch gar nicht vom Weizen zu unterscheiden ist, da er erst am Tag des Erntens... offenbar werden wird."

[66] Die Notwendigkeit, sich ständig zwischen gut und böse entscheiden zu müssen, wird entfaltet in TestAsch 1,1-6,5 in "Testaments of the Twelve Patriarchs", in J. H. Charlesworth, The Old Testament Pseudepigrapha, Vol. 1, H.C. Kee transl., New York 1983, S.775-828, hier S.816-818.

grund zu unterschiedlichen Normsystemen führen. Die "Söhne der Herrschaft" und die "Söhne des Bösen" können darum aufgrund ihrer Werke schwer beurteilt werden, da es divergierende Bewertungsgrundlagen gibt. Dies ist die Ursache der Konflikte in der mt Gemeinde, die nur zu lösen wären, wenn eine Gruppe ihre kulturelle Identität verleugnen würde. Die "Strategie" des Evangelisten besteht in der "Verschiebung" der Konfliktlösung ins Eschaton und der Betonung von Vergebung und Toleranz in der Gegenwart.

Allerdings zeigt die Ausschlußregel, daß es auch eine Grenze gab, es konnten auch Mitglieder (Juden- wie Heidenchristen) ausgeschlossen werden (18,15-18). Allerdings war dazu nach Vorgesprächen unter vier Augen und mit 2-3 Zeugen eine Entscheidung der ganzen Gemeinde notwendig. War dies eine Bestimmung, die verhindern sollte, daß einzelne wegen eines Verhaltens ausgeschlossen wurde, das ein größerer Teil der Gemeinde (wenn auch eine Minorität) billigte?

Der Evangelist schärft weiter als neue Richtlinie das "Tun des Willens Gottes" ein. Um das Mißverständnis zu vermeiden, dies sei mit dem Halten der Gebote identisch, zitiert er zweimal Hos 6,6: "Barmherzigkeit will ich, nicht Opfer" (9,13; 12,7). Im Gericht werden alle Menschen nach einem universalistischen Kriterium beurteilt (vgl. Mt 25,31ff); Juden(-christen) haben keine heilsgeschichtliche Priorität mehr. Der Evangelist bemüht sich in seinem Evangelium darum, in einer multikulturellen Gemeinde angemessene Normen unabhängig vom partikularistischen kulturellen Hintergrund der einzelnen Gruppen zur Geltung zu bringen.

2. Toleranzgebot

Im letzten Kapitel wurde aufgewiesen, daß ein zentrales Anliegen des Gleichnisses vom Unkraut unter dem Weizen in der Mahnung zur Toleranz bzw. der Warnung vor vorzeitigem Richten besteht. Zwei weitere Texte betonen diesen Gedanken ebenfalls: die Bergpredigt und die Gemeinderede.

a) Normverschärfung und Toleranz bei Verstößen gegen die Normen

1. These

Die Bergpredigt verschärft die Normen der Gemeinde so stark, daß die Gefahr besteht, daß viele Mitglieder ihnen nicht mehr gerecht werden können und von der Ausgrenzung bedroht sind. Um dem entgegenzusteuern betont die Bergpredigt: daß (1) die Frömmigkeit des Einzelnen bewußt im Verborgenen geübt werden soll - damit wird sie der sozialen Kontrolle entzogen und (2) daß Christen bei Verstoß gegen die Gruppennormen einander nicht richten sollen (7,1-5), vielmehr angewiesen werden, einander zu vergeben (6,12) und das Urteil dem Herrn zu überlassen (7,21ff).

(1) Normverschärfung bei gleichzeitiger Verminderung der sozialen Kontrolle
In den sechs Antithesen (5,21-48)[1] erläutert Mt, wie die "bessere Gerechtigkeit" der Christen (5,20) im Gegensatz zu den Pharisäern und Schriftgelehrten aussehen soll. Christen sollen, wie 5,48 zusammenfassend festhält, vollkommen sein wie der Vater im Himmel. Diese ungemein verschärften Anforderungen können in einer Gruppe, die danach zu leben versucht, zu verstärkter gegenseitiger Kritik führen. Die den Antithesen folgenden Frömmigkeitsregeln (Almosen: 6,1-4; Beten: 6,5-15; Fasten: 6,16-18)[2] lassen sich als

---

[1] Ob Jesus hier gegen die jüdische Auslegung der Thora kämpft oder ob sein Wort die Thora überbieten soll, ist umstritten; siehe W. D. Davies/D. C. Allison, Mt I, S.506ff, U. Luz, Mt I, S.247-249.

[2] Der Text stammt wahrscheinlich nicht von Jesus, sondern aus dem Judentum. In Tob 12,8, 2Clem 16, ThEv 6 erscheinen auch diese drei Haltungen, aber in verschiedener Konsequenz. Vgl. U. Luz, Mt I, S.322, W. D. Davies/D. C. Allison, Mt I, S.575, R. H. Gundry, Mt, S.102-103. H. D. Betz, "Eine judenchristliche Kult-Didache in Mt 6,1-18" in, Jesus Christus in Historie und Theologie (FS H. Conzelmann), Tübingen 1975, S.445-457 (= H. D. Betz, Studien zur Bergpredigt, Tübingen 1985, 49-61), spricht von einer "Kult-Didache"; J. Gnilka, Mt I, S.201, W. D. Davies/D. C. Allison, Mt I, S.573.

ein Korrektiv verstehen, als Versuch, die soziale Kontrolle zu vermindern. Die drei Abschnitte bilden durch die Formulierung ὅταν... μὴ (οὐκ) in 6,2.5.16 und die einheitliche Struktur[3] (ausgenommen das eingefügte "Vater unser" in 6,7-15) eine kohärente Einheit,[4] die demonstrieren soll, wie das in 5,48 geforderte vollkommene Verhalten aussehen kann.

Almosen, Beten und Fasten sind Ausdrucksformen jüdischer Frömmigkeit, die sich wie die Seligpreisungen auf den himmlischen Lohn richten.[5] Sie können alle entweder öffentlich oder im Verborgenen ausgeübt werden. In der Bergpredigt werden die Jünger bzw. die Mitglieder der mt Gemeinde aufgefordert, ihre δικαιοσύνη nicht vor anderen Menschen sichtbar werden zu lassen (6,1), vielmehr unbemerkt zu handeln. Nur dann wird der Vater im Himmel, der das Verborgene sieht, es ihnen vergelten (6,4.6.18). Faktisch reduziert diese Aufforderung die Gelegenheiten, die religiöse Praxis der Gemeindemitglieder zu beobachten und zu kritisieren.[6] Dies scheint ein Hinweis darauf zu sein, daß die Formen des religiösen Verhaltens strittig waren, was in einer Gemeinde, deren Mitglieder aus unterschiedlichen religiösen und kulturellen Kontexten stammen, viel wahrscheinlicher ist als in einer Gruppe mit einheitlichem Traditionshintergrund.[7]

(2) Das Verbot des Richtens

Der dritte Hauptteil der Bergpredigt (6,19-7,11)[8] verbietet das Schätzesammeln (6,19ff) und das Richten (7,1ff); sprachlich sind für diesen Abschnitt μή-

---

[3] Eine negative These (6,2. 5. 16) ist jeweils einer positiven vorangestellt (6,3f. 6. 17f). Vgl. U. Luz, Mt I, S.318ff, W. D. Davies/D. C. Allison, Mt I, S.572, J. Gnilka, Mt I, S.201.

[4] Eine vormt Quelle ist wahrscheinlich, U. Luz, Mt I, S.321; vgl. W. D. Davies/D. C. Allison, Mt I, S.573.

[5] R. H. Gundry, Mt, S.101. Vgl. besonders 5,12.

[6] Wenn man Mt 6,1 mit 5,16 vergleicht ("So laßt euer Licht leuchten vor den Menschen..."), liegt der Schluß nahe, daß Mt ganz bewußt nur bestimmte religiöse Verhaltensformen der Öffentlichkeit entziehen möchte, und zwar solche, die eine Steigerung oder Minderung des Ansehens für die Menschen mit sich bringen. Gute Werke dagegen sollen in aller Öffentlichkeit getan werden, damit Gott durch sie gepriesen werde.

[7] Dies läßt sich am Beispiel der Beschneidung unmittelbar verdeutlichen: diese rituelle Praxis konnte solange unhinterfragt beibehalten werden, bis unbeschnittene Heidenchristen in größerer Zahl zu den Gemeinden stießen und als gleichwertige Mitglieder in ihre Gemeinschaft aufgenommen werden wollten (Apg 11,1ff; 15,1ff; Gal 2,1ff).

[8] Wir folgen hier U. Luz' Gliederung, Mt I, S.X, den ersten Hauptteil bilden die sechs Antithesen (5,21-48), den zweiten die sogenannten drei Frömmigkeitsregeln (6,1-18).

Wendungen charakteristisch (6,19.25.31.34; 7,1.6.9).[9] Nach W. D. Davies/D.
C. Allison zeigen die beiden Unterperikopen (6,19-34 und 7,1-11) perfekte
strukturelle Übereinstimmung: Ermahnung (6,19-21 par 7,1-2), erstes Gleichnis (6,22-23 par 7,3-5), zweites Gleichnis (6,24 par 7,6), Hinweis auf die Güte
Gottes, der für die Menschen sorgt (6,25-34 par 7,7-11).[10]

Das erste Verbot des Schätzesammelns (6,19-35) greift thematisch auf die in
6,1-18 geforderte Haltung zurück: die Christen sollen sich in ihrem Verhalten
nicht nach irdischen, sondern nach himmlischen Maßstäben richten. Dies ist
eine weitere konkrete Aufforderung zu dem in 5,48 postulierten vollkomme-
nen Leben.[11] Das Verbot, einander zu verurteilen, ist ähnlich wie die Aufforderung, das religiöse Leben im Verborgenen zu führen, als Schutz derer zu
begreifen, die den hohen Normen nicht gerecht werden. Aus eigener Initiative sollen Christen einander nicht be- und verurteilen, denn mit demselben
Maßstab, mit dem sie andere messen, werden sie selbst von Gott beurteilt
werden (7,2; auch 6,12.14-15). Das Gleichnis vom Splitter im Auge (7,3-5)
macht klar: es ist zwar der Anspruch der Christen, wie Gott vollkommen zu
sein (5,48), in Wirklichkeit aber wird niemand dieser Forderung gerecht, Gott
allein ist gut (5,48 vgl. auch 19,17), darum steht ihm allein das Urteil zu. Das
Verbot des Richtens ist ein Toleranzgebot in negativer Formulierung, das angesichts anspruchsvoller ethischer Gebote vor Überheblichkeit einiger weniger "Vollkommener" und Ausgrenzung der anderen schützen sollte. Dies gilt
um so mehr, wenn aufgrund unterschiedlichen kulturellen Hintergrundes die
Art und Weise der Erfüllung der Normen strittig war, was für eine multikulturelle Gemeinde vorauszusetzen ist.

Die Warnung vor den Pseudopropheten (7,15ff) hat u.a. auch die Funktion,
vor falscher Sicherheit zu warnen (ähnlich wie der Hinweis auf den eventuell
vorhandenen Balken im Auge des Lesers). Erst im letzten Gericht wird sich
entscheiden, ob ein Christ den Willen Gottes getan hat, oder ob er zu denen
gehörte, die sich vor den Menschen zwar gut verstellten, "Herr, Herr" sagten

---

[9] U. Luz, Mt I, S.354, spricht von dem viermaligen Verbot (6,19. 25; 7,1. 6); schwierig
erscheint ihm der Abschnitt 7,7-11 im Zusammenhang mit 7,6 zu erklären. Der Sprachgebrauch in den Antithesen, in den drei Frömmigkeitsregeln und in diesem dritten
Hauptteil ist eindeutig verschieden.

[10] W. D. Davies/D. C. Allison, Mt I, S.626.

[11] Daß Mt hier eine radikale Kritik am Besitz formulieren möchte, ist zwar nicht sicher,
aber vorstellbar, U. Luz, Mt I, S.357. Nach W. D. Davies/D. C. Allison, Mt I, S.630, ist
bei Mt Besitzlosigkeit nicht gefordert: i) 6,24 impliziert die Erlaubnis des Besitzes, ii)
sie berufen sich auf Clemens von Alexandria (Strom. 3,12) "some early Christians un-
derstood treasuring up treasure on earth to refer to procreation." S.629.

und sogar weissagen und böse Geister austreiben konnten sowie Wunder vollbrachten, trotzdem aber im Endgericht nicht bestehen werden (7,21-23).

b) Ausschlußregel und Versöhnungsbereitschaft

2. These

Wenn Christen gegen die Gemeindenormen verstoßen, soll man sich um sie wie um ein verlorenes Schaf bemühen, ehe man sie ausschließt (18,10ff). Wo Christen aneinander schuldig werden, sollen sie einander vergeben (18,21-35 und 6,12.14f).

(1) Die Ausschlußregel (18,15-17)

Mt überliefert in 18,15-17 die sogenannte Ausschlußregel, die das Verfahren festlegt, nach dem ein Gemeindeglied aus der Gemeinde wieder ausgeschlossen werden kann. Es soll zuerst von demjenigen, an dem es gesündigt hat, allein zurechtgewiesen werden (18,15). Wenn dies erfolglos bleibt, werden ein oder zwei weitere Gemeindeglieder hinzugezogen (18,16). Ist auch deren Mahnung vergeblich, wird der Fall vor der ganzen Gemeinde verhandelt (18,17). Das Ganze ist mithin ein recht langwieriges Verfahren, das auf jeden Fall verhindert, das jemand aufgrund des Urteils einiger weniger ausgeschlossen werden kann. Offenbar ist ein einstimmiges Urteil der Gemeinde Voraussetzung für einen Ausschluß.[12] Besteht, wie wir mehrfach vermutet haben, in der mt Gemeinde Uneinigkeit bezüglich der Geltung bestimmter Normen, dann wird mit der Ausschlußregel unterbunden, daß Einzelne oder Gruppen sich zu Richtern über Verhaltensweisen erheben, die ein anderer Teil der Gemeinde praktizierte.

Auch die Perikopen im Kontext der Ausschlußregel scheinen alle darauf zu zielen, das "Verlorengehen" eines Gemeindegliedes möglichst zu verhindern. So bietet Mt direkt vor ihr das Gleichnis vom verlorenen Schaf (18,10-14). Der redaktionelle Rahmen zeigt, worauf es dem Evangelisten ankommt: keiner von den Kleinen soll verachtet werden (18,10), der Vater im Himmel will, daß nicht eines von ihnen (ἓν τῶν μικρῶν τούτων) verlorengeht (18,14). In diesem Sinne fügt Codex D hinzu: "Der Menschensohn ist gekommen, um das Verlorene zu retten" (18,11; vgl. 9,12-13). Auf diesem Hintergrund gelesen besagt 18,15: wenn ein Bruder sündigt, ist dies kein Grund, ihn zu verachten,

---

[12] Vielleicht muß man auch den folgenden Abschnitt 18,18-20 im Kontext der Ausschlußregel so verstehen, daß das Gebet von zwei oder drei Gemeindegliedern den Ausschluß durch die Gemeinde verhindern kann.

vielmehr eine Aufforderung, ihn zurechtzuweisen in der Hoffnung, ihn zu gewinnen. Denn wenn ein Mitglied die Zurechtweisung, sei es unter vier Augen
oder nach Hinzuziehung von Zeugen,[13] annimmt, kann es in der Gemeinde
bleiben.

(2) Die uneingeschränkte Bereitschaft zur Versöhnung

Nach der Ausschlußregel folgt ein weiterer Text, der ihre Anwendung zumindest einschränken soll: Petrus fragt, wie oft er einem Bruder, der an ihm sündigt, vergeben müsse. Er erwartet eine klare, quantitativ bestimmbare Antwort, Jesus aber fordert eine unbegrenzte Bereitschaft zur Vergebung (18,21-
22).[14] Durch das Verb ἁμαρτάνω wird die Frage des Petrus auf die in 18,15
beschriebene Situation - daß ein Bruder am anderen sündigt - bezogen.[15] Das
bedeutet: die Gemeindeglieder sollen das Recht der Gemeinde, auf Erden zu
binden, möglichst nicht in Anspruch nehmen, sondern vielmehr den Schuldi-
gen vergeben.[16] Gegründet ist die menschliche Vergebung in der vorlaufen-
den Vergebung der Sünden der Menschen durch Gott, die das Gleichnis vom
unbarmherzigen Sklaven illustriert (18,23-35; vgl. auch 6,12.14-15). Die von
Gott erlassene Schuld und die Vergebung, die Menschen einander zu leisten
haben, stehen dabei in einem so ungleichen Verhältnis, daß eigentlich unbe-
greifbar ist, wenn Menschen ihren Mitmenschen nicht von ganzem Herzen
verzeihen (18,35).

Festzuhalten bleibt: der Evangelist schärft seiner Gemeinde ein, sich nicht
gegenseitig zu richten, einander vielmehr zu vergeben. Beides wird mit Gottes Willen begründet: er will nicht, daß jemand verlorengeht; er richtet die
Menschen nach dem Maß, mit dem sie ihre Mitchristen beurteilen. Die Toleranz ist notwendig, weil nicht alle Christen den strengen Normen der Bergpredigt gerecht werden können und weil Menschen auch nur begrenzt richtige Urteile fällen können. Mancher Splitter wird bemerkt, mancher Balken
dagegen bleibt verborgen. Dies gilt um so mehr, als in einer multikulturellen
Gemeinde eine generelle Unsicherheit über die geltenden Normen vorausgesetzt werden muß.

---

[13] J. Gnilka, Mt II, S.137-138; vgl. Dtn 19,15; Lv 19,17; 1QS 6,1.

[14] J. Gnilka, Mt II, S.145, die Zahl siebzigmal siebenmal entspricht der in Gen 4,24
(LXX).

[15] Das Verb kommt insgesamt nur dreimal im MtEv vor, an diesen beiden Stellen und
27,3, wo Judas bekennt: "Ich habe gesündigt, daß ich unschuldiges Blut verraten habe."

[16] Daß dies Gespräch über die Vergebung von Mt hinter die Ausschlußregel plaziert
wird, deutet vielleicht darauf hin, daß er von seiner Gemeinde verlangt, selbst den Mitgliedern, die aus der Gemeinde ausgeschlossen wurden, noch zu vergeben.

Zusammenfassend können wir feststellen: die scheinbar divergierenden Aussagen des MtEv zum Gericht lassen sich bei der Annahme einer aus Juden und Heiden zusammengesetzten Gemeinde plausibel erklären. Zunächst wird den jüdischen Zeitgenossen jede heilsgeschichtliche Priorität bestritten, Juden und Judenchristen werden im Endgericht nach denselben Kriterien beurteilt werden wie alle anderen Menschen. Die "Antijudaismen" in den Gerichtsansagen an Israel bleiben natürlich, besonders wegen ihrer fatalen Wirkungsgeschichte und ihrer schwer zu revidierenden Rezeption in der christlichen Dogmatik, ein Stein des Anstoßes, müssen aber im Rahmen des MtEv von der Intention des Evangelisten her verstanden werden. Er sah in der Tempelzerstörung das Gericht Gottes an Israel und besonders an seinen religiösen Führern vollzogen. Der Verlust des Sonderstatus der Juden ermöglicht ihm positiv die Annahme der Gleichwertigkeit aller Menschen vor Gott; von jetzt an entscheiden allein die Werke der Menschen über ihr eschatologisches Heil.

Die Gegenwart der Gemeinde scheint dadurch charakterisiert zu sein, daß nicht in allen Punkten Einigkeit über die geltenden Normen besteht. Dies ist durch den unterschiedlichen kulturellen Hintergrund der Gemeindemitglieder besonders im Blick auf Ethik und Lebensführung zu erklären. Der Evangelist warnt in dieser Situation davor, sich gegenseitig zu richten und zu verurteilen. Er schärft Versöhnungsbereitschaft und Toleranz ein, um das Zusammenleben der unterschiedlichen Gruppen zu erleichtern. Gleichzeitig sollen die unmißverständlichen Gerichtsdrohungen wohl verhindern, daß diese Toleranz als Freibrief dafür verstanden wird, Gottes Willen zu mißachten. Die endgültige Lösung aller Konflikte ist erst im Eschaton zu erwarten, der Herr selbst wird dann die Gerechten in das "Reich ihres Vaters" (13,43) führen.

V. ZUSAMMENFASSUNG

A. Forschungsgeschichte, Methodik und These

Im ersten Kapitel der Untersuchung wurde ein kurzer Überblick über die
Spannungen zwischen juden- und heidenchristlichen Tendenzen im MtEv gegeben, die sich bei den Themen Thora, Mission und Gericht finden lassen.
Dann wurde in einem forschungsgeschichtlichen Abriß gezeigt, wie diese Widersprüche bislang in der Forschung bewertet und gelöst wurden. Es zeigte
sich, daß jede Lösung der Spannung, die eine der Tendenzen auf Kosten der
anderen aufwertet, dem Text nicht gerecht wird, da man sowohl die eindeutig
partikularistisch-judenchristlichen Spuren im Evangelium als auch den universalistischen Standpunkt des Evangelisten gelten lassen muß. Die Forschungsgeschichte ergab weiter, daß häufig schon die Textauswahl einer Untersuchung das Ergebnis präjudiziert.

Unsere Arbeit führt einige Ansätze der Forschung weiter, die den Evangelisten des MtEv im "Spannungsfeld"[1] zwischen Juden- und Heidenchristen lokalisieren und besonderen Wert auf die Beziehung der mt Theologie zur
Gemeindesituation legen. Methodisch war dabei ein doppeltes Synchroniepostulat leitend: der Text wurde synchronisch als ein kohärentes Ganzes betrachtet (literarisches Synchroniepostulat) und es wurde aus dem Text zu-
rückgeschlossen auf die Gemeinde, deren soziale Realität sich in den Texten
widerspiegelt (sozialgeschichtliches Synchroniepostulat). Gleichzeitig wurde
die traditionelle (diachronisch vorgehende) Traditionsgeschichte benutzt, um
zu zeigen, daß der Mt-Evangelist selbst die kunstvolle Verbindung verschiedener Aussagen geschaffen hat. So gelangten wir zu der Hypothese einer
multikulturellen Gemeinde, deren Mitglieder Juden- und Heidenchristen
sind. Aus den kulturellen Differenzen zwischen den Gemeindegliedern erklären sich Spannungen in Lebensführung und Vorstellungswelt, die der Evangelist des MtEv durch eine interkulturelle Theologie vermitteln möchte. Die
sogenannten Spannungen im MtEv gehören somit zum Programm des Evangelisten. Die soziale Lebenswirklichkeit der mt Gemeinde und die theologische Konzeption des Evangeliums stehen in einem wechselseitigen Abhän-
gigkeitsverhältnis.

---

[1] So G. Bornkamm im Vorwort zur 5. Auflage von "Überlieferung und Auslegung im
Matthäusevangelium"; vgl. das in der Einleitung zu Bornkamm Gesagte.

B. Die interkulturelle Theologie

Wir konnten bei den drei untersuchten zentralen Themen Thora, Mission und Gericht jeweils nachweisen, daß der juden- bzw. heidenchristliche Standpunkt niemals "rein" auftrat, sondern immer mit dem gegensätzlichen Element vermischt war. Dies ist auf die sorgfältige Redaktionsarbeit des Evangelisten zurückzuführen, der so zwischen den Kulturen vermittelnde Positionen aufbaut. Dabei lassen sich mehrere "Strategien" erkennen, mit deren Hilfe der Evangelist seine interkulturelle Theologie entwirft.

1. Strategien zur Verbindung von juden- und heidenchristlichen Traditionen

a) Bewußte Mehrdeutigkeit

Die in der Exegese oft konstatierte Mehrdeutigkeit der Wendung "das Gesetz und die Propheten erfüllen" (5,17) ist u.E. vom Evangelisten bewußt gewählt worden: Sofern man die Erfüllung heilsgeschichtlich auf Geschick und Leben Jesu bezieht, ist auch aus der Perspektive von Heidenchristen das Gesetz erfüllt (mögen sie auch ansonsten nicht alle Vorschriften des Gesetzes einhalten). Sofern man diese Erfüllung auf die Lehre Jesu bezieht, wird man auch dem strengeren judenchristlichen Gesetzesverständnis gerecht.

b) Kombination allgemeiner Maximen

Die Goldene Regel (7,12), das Doppelgebot der Liebe (22,37ff) und das "Wichtigste im Gesetz" (23,33) formulieren auf einem relativ hohen Abstraktionsniveau, was für Juden- *und* Heidenchristen verbindlich ist, auch wenn sie sich in weniger wichtigen Fragen ihrer Lebensführung unterscheiden. Mt rahmt das Hauptcorpus der Bergpredigt bewußt durch zwei Logien, in denen auf "Gesetz und Propheten" Bezug genommen wird (5,17; 7,12): An den Anfang stellt er eine Formulierung für Judenchristen, die den kleinsten Buchstaben des Gesetzes erfüllt sehen wollen, ans Ende eine Formulierung für Heidenchristen: Die Goldene Regel ist im paganen Raum weit verbreitet. Die Kombination beider Formeln geschieht bewußt: da unter den Hörern der Bergpredigt nach mt Redaktion auch Heiden sind (Leute aus der Dekapolis 4,25, u.E. aus "ganz Syrien" vgl. 4,24), da ferner das Ethos der Christen Vorbild für die ganze Welt und die Menschen schlechthin sein soll (5,14-16),

denkt der Evangelist an Juden und Heiden als Adressaten der Bergpredigt.
Die Formulierung "das Gesetz und die Propheten" verbindet somit die israelorientierte Thoraauslegung (5,17-20) mit der universalistischen Auslegung von Gesetz und Propheten durch die Goldene Regel (7,12). In ähnlicher
Weise wie die Goldene Regel wird das Doppelgebot der Liebe als Summe
von Thora und Propheten bezeichnet und so an die jüdische Thora gebunden.

c) Generalisierung von Aussagen

Eine weitere "Strategie" des Evangelisten zur Verbindung scheinbar unver-
einbarer Positionen ist die allmähliche Generalisierung von ursprünglich sehr
spezifischen Aussagen. Dies läßt sich besonders deutlich an den beiden Perikopen über den Missionsauftrag zeigen. Der israelorientierte Missionsbefehl
(10,5f) wird im Rahmen der Aussendungsrede durch Material erweitert, in
dem die Heidenmission vorausgesetzt ist (10,17-20). Auch die Berichte von
Jesu Zuwendung zu Heiden und von seinem Wirken im Heidenland schließen
ein rigoristisches Verständnis von 10,5f aus, insbesondere gilt das von der Perikope von der kanaanäischen Frau, in der Jesus zunächst seine Sendung zu
den "verlorenen Schafen des Hauses Israel" betont (15,24, dieselbe Formulierung 10,6), um schließlich doch die Tochter der Heidin zu heilen. Die letzte
Ausweitung geschieht Ostern: nun wird der Missionsbefehl auf "alle Völker"
(πάντα τὰ ἔϑνη) ausgedehnt (28,18-20). Dieser Missionsbefehl ist im echten
Sinne universalistisch, denn er schließt auch die Juden ein. Geht man von der
Annahme eines kohärenten Textes aus, kann man an diesem Beispiel beobachten, wie der Evangelist durch die erzählerische Folge eine sukzessive Generalisierung der Aussagen zur Mission erreicht, die Juden- und Heidenchristen gleichermaßen gerecht wird.

d) Differenzierung von Aussagen

Auch die der Generalisierung entgegengesetzte Strategie der Differenzierung
stellt der Evangelist in den Dienst seiner interkulturellen Theologie: besonders im Zusammenhang der Gerichtsaussagen macht er subtile Unterschei-
dungen und entschärft auf diese Weise manche äußerst hart klingende Aussage. So ließ sich nachweisen, daß Mt in seiner Polemik gegen Juden nur deren Führer angreift, von diesen aber das mit Jesus sympathisierende Volk
(ὄχλος) unterscheidet. Wenn in 27,25 das "ganze Volk" eine bedingte Selbstverfluchung ausspricht, so wählt der Evangelist bewußt λαός und nicht den
Begriff ὄχλος, weil πᾶς ὁ λαός Hohepriester und Älteste einschließt (vgl. Mt
26,3; 26,47). Diese bedingte Selbstverfluchung ist nach Mt durch die Zerstö-

rung Jerusalems und des Tempels in Erfüllung gegangen. Die israelorientierten Gerichtsaussagen beziehen sich also auf ein innergeschichtliches (schon geschehenes) Gericht, das vor allem das Versagen der Führer bestraft und Israel seiner heilsgeschichtlichen Priorität beraubt. Nach diesem Gericht, und das bedeutet aus der Perspektive der mt Gemeinde: von jetzt an, wird jeder, gleichgültig ob Jude, Heide oder Christ, im universalen Gericht nach denselben Kriterien gerichtet.

e) Das Toleranzgebot

Schließlich sind die zahlreichen Mahnungen zur Toleranz ein integrierendes Element in der mt Theologie. Mt verlangt schon in 5,19 die Tolerierung abweichender (wohl heidenchristlicher) Lehrmeinungen: Auch ihre Vertreter erhalten einen Platz im Himmelreich, wenn auch den kleinsten. In dieselbe Richtung zielt das Verbot gegenseitigen Richtens (7,1-5), die Betonung des Vergebungsgebots (6,14f; 18,19ff) und die Einschränkung der Sozialkontrolle über religiöses Verhalten in 6,1ff. Zu diesen Toleranzgeboten scheint die Ausschlußregel in 18,15-18 zunächst in Spannung zu stehen, da sie ja erlaubt, Gemeindeglieder, die "sündigen", aus der Gemeinde zu verstoßen. Hierbei ist aber die mt Forderung zu beachten, daß nur die *ganze* Gemeinde den Ausschluß vollziehen dürfe. Dadurch wird u.E. in einer zusammengesetzten Gemeinde verhindert, daß jemand wegen eines Verhaltens ausgeschlossen wird, das ein größerer Teil der Gemeinde (wenn auch nur eine Minorität) billigte. Der Kontext zeigt auf jeden Fall, daß die Sorge um den "Verlorenen" für die Gemeinde wichtiger war als der Ausschluß. In dieselbe Richtung zielt das Gleichnis vom Unkraut unter dem Weizen.

Die Mahnungen zur Toleranz gehören zu den Texten, die recht deutlich auf die Situation der multikulturellen Gemeinde bezug nehmen, für die der Evangelist schreibt. Ihr wenden wir uns im nächsten Kapitel zu. Festzuhalten bleibt zunächst: mit der Charakterisierung der mt Theologie als primär heiden- oder judenchristlich wird man der Intention des Evangelisten nicht gerecht, vielmehr ist sie als *interkulturelle Theologie* angemessen beschrieben.

C. Die multikulturelle Gemeinde des Mt

Schon die kunstvolle Verbindung israelorientierter und universalistischer Aussagen legt die Vermutung nahe, daß der Evangelist für eine aus Juden- und Heidenchristen zusammengesetzte Gemeinde schreibt. In einem zweiten

Schritt wurde bewußt die textimmanente Analyse verlassen, um vom Text auf die hinter ihm stehende Gemeinde zurückzuschließen. Dieser Schritt ist methodisch umstrittener und seine Resultate sind schwerer zu verifizieren. Zunächst sollen die Ergebnisse der in der Untersuchung durchgeführten Rückschlüsse kurz zusammengefaßt werden, dann folgen noch einige weiterführende Überlegungen zur soziokulturellen Lebenswirklichkeit der Gemeinde.

1. Konstruktive Rückschlüsse auf die Gemeinde des MtEv

Einige Texte machen so deutliche Aussagen über die Gemeinde bzw. an die Adresse der Gemeinde, daß sich ein direkter Rückschluß auf die soziale Realität nahelegt.

Der direkteste Rückschluß auf die Zusammensetzung der mt Gemeinde ergab sich aus den beiden *Missionsbefehlen* (10,5.23 und 28,16-20). Diese gelten bis zur Parusie, d.h. die mt Gemeinde fühlt sich verpflichtet, auch in Zukunft Juden wie Heiden für die eigene Gemeinde zu gewinnen. Daraus aber läßt sich erschließen, daß sie auch damit rechnet, sowohl in der Gegenwart als auch in der Zukunft Mitglieder jüdischer wie heidnischer Herkunft zu haben.

Den Rückschlüssen aufgrund von Aussagen über die Aufnahme von Mitgliedern entsprechen die Rückschlüsse, die man aus der Regelung für den Ausschluß von Mitgliedern ziehen kann. In der *Ausschlußregel* (also einer direkt auf die Gemeinde zu beziehenden Vorschrift) begegnet die Formel "Zöllner oder Heide", die Mt (bzw. seine Gemeinde) aus der allgemeineren Formel "Zöllner oder Sünder" heraus entwickelt hat. Diese Doppelformel, die auch in Mt 5,43-48 vorkommt, weist auf eine doppelte negative Identität dieser Gemeinde, die sich nach zwei Seiten hin abgrenzt. Daraus läßt sich eine entsprechende doppelte positive Identität erschließen: eine Zusammensetzung der Gemeinde aus Juden- und Heidenchristen. Voraussetzung ist dabei, daß die Doppelformel nicht zwei Synonyme aneinanderreiht, sondern wie z.B. "Juden und Heiden", "Griechen und Barbaren" zwei zu unterscheidende Größen meint; ferner, daß "Zöllner" in der Kombination mit "Heiden" auf Juden (bzw. Judenchristen) weist. Beides ist natürlich nicht sicher, wenn auch wahrscheinlich. Dennoch muß man zugeben, daß der Rückschluß von der zitierten "Doppelformel" auf eine zusammengesetzte Gemeinde nur ein möglicher Schluß ist, der erst in Kombination mit anderen Hinweisen an Plausibilität gewinnt.

Neben den Aussagen über Rekrutierung von Gemeindegliedern und deren Ausschluß finden wir aber auch Texte, die sich direkt auf die gegenwärtige

Zusammensetzung der Gemeinde beziehen und diese als ein corpus mixtum beschreiben. Vor allem das *Gleichnis vom Unkraut unter dem Weizen* erlaubt gezielte Rückschlüsse auf die soziale Situation der mt Gemeinde. In der Gemeinde, die mit der "Herrschaft des Menschensohns" identifiziert werden konnte, gibt es Mitglieder, die von den anderen als "Söhne des Bösen" bezeichnet werden, also keine rechtmäßigen "Söhne der βασιλεία" sind. Abgrenzungen, die ursprünglich einmal nach außen gerichtet waren, begegnen hier als Grenzen innerhalb der Gemeinde neu. Der Hintergrund dieses corpus mixtum Gedankens, der sich auch in Mt 22,1ff klar findet, dürfte folgender sein: mit der Öffnung der Gemeinde für Heiden - sowohl Mt 13,24ff.36ff als auch Mt 22,1ff setzen die Weltmission voraus - wuchs aufgrund des unterschiedlichen kulturellen Hintergrundes die Unsicherheit über die in der Gemeinde geltenden Normen. In dieser Situation wirbt der Evangelist für Toleranz. Da der Richter im Endgericht ohnehin Gute und Böse scheiden wird, soll die Gemeinde in der Gegenwart darauf verzichten. Auch in der Bergpredigt und der Gemeinderegel schärft Mt die Mahnung zu Vergebung und Toleranz ein, hier hat der Evangelist ein theologisches Gegengewicht zu seinen düsteren Gerichtsdrohungen geschaffen, denn derjenige, der seinen Mitmenschen vergibt, darf auch auf Gottes Vergebung hoffen.

2. Analytische Rückschlüsse auf die mt Gemeinde

Analytische Rückschlüsse setzen an den narrativen Teilen des MtEv an. Sie setzen voraus, daß die Personen der Evangelienerzählung für Gruppen in der mt Gemeinde transparent sind.

Die Streitgespräche über die Sabbatobservanz (12,1ff) und die Reinheitsfragen (15,1ff) bemühen sich einerseits deutlich darum, die Gesetzeskritik Jesu für Judenchristen plausibel zu machen. Andererseits wird jeweils nach den Streitgesprächen die Attraktivität der Lehre Jesu auch für Heiden hervorgehoben: in 12,15-21 durch die Erwähnung einer heidnischen Menge, die Jesus nachfolgt und durch das Erfüllungszitat 12,18-21, demzufolge Jesus der Messias der "Heiden" ist. Nach dem Gespräch über die Reinheitsfragen hat die Perikope von der Syrophönikerin (15,21ff) dieselbe Funktion. Sie wird dadurch abgeschlossen, daß eine ebenfalls heidnische Menge den "Gott Israels" preist (15,31). Gerade die von Mt neu interpretierte Thora erweist sich so als auch für Heiden attraktiv.

Der Tatenzyklus Mt 8-9 ist in mehrfacher Hinsicht transparent für die Zusammensetzung der mt Gemeinde: Mt verbindet redaktionell die Heilung eines jüdischen Aussätzigen, der (gegen Mk) die mosaischen Gebote einhält

(8,1-4), mit der Heilung eines Heiden (8,5-13), der wegen seines vorbildlichen Glaubens gerühmt wird. Durch die in die Kap. 8-9 eingegliederten Nachfolgeperikopen werden die dort auftretenden Menschen zu Repräsentanten der Gemeinde, die Juden und Heiden umfaßt. Ebenfalls redaktionell verbunden hat Mt zwei Perikopen, die von der Ablehnung Jesu in einer heidnischen πόλις (8,28-35) und in seiner eigenen Stadt (ἰδία πόλις, 9,1-8) berichten. Juden und Heiden werden somit als Anhänger und Gegner Jesu geschildert, was der Lebenswirklichkeit einer multikulturellen Gemeinde entspricht. Im Zöllnergastmahl (9,9-13) werden wahrscheinlich die urchristlichen Probleme der Tischgemeinschaft von Juden- und Heidenchristen thematisiert.

3. Komparative Rückschlüsse auf die mt Gemeinde

a) "Goldene Regel" und analoges Gesetzesverständnis

An einigen Stellen wurden zeitgenössische Analogien ausgewertet. So zeigt sich, daß die Goldene Regel in jüdischen Schriften immer dort auftritt, wo wir eine Berührung zwischen Judentum und Heidentum annehmen können: Im Aristeasbrief (207) und bei Rabbi Hillel ist das evident, da es sich hier um Gespräche zwischen Juden und Heiden handelt. In Tob 4,15 ist die Diasporasituation in der Erzählung vorausgesetzt. Die griechische Übersetzung in Sir 31,15 findet in der Diaspora statt. Philo wendet sich in den Hypothetica an die hellenistische Umwelt. Auch im NT begegnet die Goldene Regel im Codex D (Apg 15,20.29) zur Regelung von Problemen zwischen Juden- und Heidenchristen. Der Rückschluß darauf, daß auch bei Mt die Goldene Regel in einen vergleichbaren Kontext gehört, ist nicht von der Hand zu weisen.

Er wird zudem unterstützt durch die Beobachtung, daß ein formal dem MtEv vergleichbares Gesetzesverständnis (d.h. ein faktisch freier Umgang mit der Thora bei gleichzeitiger Behauptung der Unverbrüchlichkeit des Gesetzes) sich bei Philo und Josephus findet, und zwar jeweils in apologetischen Passagen, in denen sie das jüdische Gesetz summieren: Philo Hyp 7,1-9 und Jos c.Ap 2,190-219.

b) Problembereiche im Zusammenleben einer multikulturellen Gemeinde

Die Rückschlüsse auf die hinter den Texten vorauszusetzende Gemeindesituation bestätigten somit durchweg die Vermutung, die sich aufgrund der Analyse der mt Theologie nahegelegt hatte: der Evangelist schreibt für eine multikulturelle Gemeinde. Darüber, wie deren Gemeindealltag aussah, kann man allerdings weithin nur Vermutungen anstellen.[2] Über Einzelheiten des Gemeindelebens ist aus dem MtEv wenig zu erfahren. Immerhin lassen die Perikopen vom Zöllnergastmahl (9,10-13) und über Reinheitsfragen (15,1-20) vermuten, daß Tischgemeinschaft zwischen Juden, die sich an die Thora hielten und anderen Christen, für die sie nicht verbindlich war, bestand. Mt 15,1-20 setzt zumindest die halachische Regel, vor dem Essen die Hände zu waschen, außer Kraft (15,20) und zeigt kritische Distanz gegenüber pharisäischen Reinheitsidealen. Für die Gemeinde bedeutet das wohl: entscheidendes Kriterium für eine Teilnahme am gemeinsamen Mahl ist nun für die Gemeindeglieder die innere Reinheit. Wie die Tischgemeinschaft im einzelnen praktiziert wurde, ob es eventuell Sonderbestimmungen gab, die das Essen mit Heidenchristen für Judenchristen erleichtern sollten, darüber gibt das MtEv keine Auskunft. Aufgrund von urchristlichen Analogien (s. unten) darf aber vermutet werden, daß dies der Fall war.

Eine weitere Frage in diesem Zusammenhang ist, ob man aus der Tatsache, daß einige (judenchristliche) Mitglieder offenbar den Sabbat noch hielten,[3] schließen muß, daß eine gottesdienstlich gespaltene Gemeinde vorliegt. Das Nebeneinander von traditionell gefeiertem Sabbat und Herrenmahlfeier am Tag darauf war für die ersten christlichen Gemeinden charakteristisch. Wie sich diese Tradition entwickelte, als zunehmend Heidenchristen zu den Gemeinden stießen, ist kaum bekannt und auch dem MtEv ist darüber nichts zu entnehmen. Denkbar wäre, daß man nur den Gottesdienst am Sonntag mit der Herrenmahlsfeier gemeinsam beging oder daß die Heidenchristen am Synagogengottesdienst (wenn er überhaupt in der Gemeinde noch gefeiert wurde) teilnahmen. Als Analogie dafür bieten sich die sog. "Gottesfürchtigen" an, Heiden, die - ohne beschnitten zu sein - am Rande der Synagogengemeinde lebten und einen intensiveren oder loseren Kontakt zur jüdischen Gemeinde pflegten. Auf jeden Fall kann man wohl annehmen, daß die Gemeinde ihr gottesdienstliches Leben so geregelt hat, daß kein Bewußtsein einer Spaltung aufkam. Für die Einzelheiten kommt man über Vermutungen nicht hinaus.

Da das MtEv selbst wenig direkte Angaben zum Gemeindeleben macht, sind wir hier fast ausschließlich auf zeitgenössische Analogien angewiesen, die deutlicher erkennen lassen, wie gemischte Gemeinden ihr gemeindliches Le-

---

[2] Hier müssen aufgrund der Quellenlage viele Fragen offen bleiben. Mein Dank, auf mehrere dieser offenen Fragen sehr deutlich hingewiesen zu haben, gilt Prof. C. Burchard.

[3] Das läßt sich aus der Zufügung "am Sabbat" in 24,20 erschließen; ein weiteres Indiz ist die Streichung von Mk 2,27.

ben organisierten. Für das MtEv, das wahrscheinlich im Osten oder Nord-
osten Palästinas entstanden ist, und zwar eher in einer syrischen Kleinstadt
als in der Metropole Antiochien,[4] sind besonders die folgenden vier
Analogien interessant.

c) Weitere Analogien für das Zusammenleben in multikulturellen Gemeinden

(1) Die antiochenische Gemeinde vor dem Apostelkonzil

Paulus berichtet in Gal 2,11-14 von seinem Streit mit Petrus in Antiochien
(Gal 2,11-14), in dem es um die Tischgemeinschaft des Petrus mit den dorti-
gen Heidenchristen ging. Als die Leute von Jakobus kamen, kündigte Petrus
die zuvor mit den Heiden gehaltene Tischgemeinschaft auf und zog sich zurück, "weil er die aus der Beschneidung fürchtete" (Gal 2,12). Ihm folgten die
übrigen Judenchristen und sogar der enge Mitarbeiter des Paulus: Barnabas.
Paulus selber verurteilte dieses Verhalten als Nötigung der Heiden zum
ἰουδαΐζειν. Der Vorfall zeigt deutlich, daß die Tischgemeinschaft von Juden-
und Heidenchristen in den 40er Jahren in Antiochien bereits bestand, allerdings nicht unbestritten blieb und zu Auseinandersetzungen führte.[5]

Auch die Korinthische Gemeinde bestand aus Juden- und Heidenchristen
(vgl. z.B. 1Kor 1,24) und aus Korinth sind ebenfalls Streitigkeiten wegen unterschiedlicher Eßgewohnheiten überliefert. Hier wurde allerdings ein heidnisches Verhalten, das Essen von Götzenopferfleisch, zum Auslöser (1Kor 8-
10). Im Römerbrief setzt sich Paulus wiederum mit unterschiedlichen Auffas-
sungen darüber auseinander, was man Gott zur Ehre essen bzw. nicht essen
solle (Röm 14,1-15,13). Diese Beispiele zeigen, wenn man alle Unterschiede
im Einzelfall beiseite läßt, daß die Tischgemeinschaft zwischen Juden- und
Heidenchristen in gemischten Gemeinden ein gewichtiges Problem war, weil
hier unterschiedlich geprägte rituelle Vorschriften und Handlungen aufein-
anderstießen. Aber die Differenzen konnten die Tischgemeinschaft nicht verhindern; die Lösungen, die man fand, waren offenbar zunächst vielgestaltig.

(2) Das Aposteldekret

Eine Lösung des Problems der Tischgemeinschaft in gemischten Gemeinden,
das in größere Nähe zum MtEv führt als die Praxis in den paulinischen Ge-

---

[4] Vgl. die Argumente bei G. Theißen, Lokalkolorit und Zeitgeschichte, S. 261-264.

[5] Man muß nach der Quellenlage wohl von einer einzigen antiochenischen Gemeinde
ausgehen: vgl. Apg 11,19-26; 13,1; 14,26; 15,22ff; 18,22 und Gal 2,11-14.

meinden, bietet das von Lk zitierte Aposteldekret. Ob es ein Ergebnis des Apostelkonzils (Apg 15,23-29) und damit eine Konsequenz aus dem antiochenischen Zwischenfall ist, wie der Autor glauben machen möchte, mag offenbleiben; Paulus erwähnt es bekanntlich in Gal 2 nicht. Auf jeden Fall formuliert es einige Verbote, die ein harmonisches Leben von Heidenchristen unter Judenchristen ermöglichen. Adressiert ist es an die Gemeinden in Antiochien, Syrien und Zilizien, also einer Gegend, in der vermutlich auch das MtEv zu lokalisieren ist. Wahrscheinlich darf man annehmen, daß die Bestimmungen des Aposteldekrets (Apg 15,19f.28f) zur Zeit des Lk in diesem Gebiet in Geltung waren und einen Kompromiß darstellen, der das Zusammenleben von Juden- und Heidenchristen ermöglichen soll.

(3) Ignatius von Antiochien

Ignatius, der etwa eine Generation nach Mt lebte, nimmt einen ganz klar heidenchristlichen Standpunkt ein. Aber auch er weiß noch, daß der eine Leib der Kirche aus Juden und Heiden zusammengefügt ist (IgnSm 1,2). Er setzt sich (IgnMag 8-11; IgnPhld 6-8) mit einer Gruppe auseinander, der er vorwirft, zu "judaisieren", im "Judaismos" verhaftet zu sein (IgnMag 8,1; 10,3). Diese Christen schätzen das AT und feiern wahrscheinlich den Sabbat (IgnMag 9,1; zusätzlich oder statt des Sonntags?). Es ist nicht deutlich, ob es sich bei diesen Gegnern des Ignatius um rechtgläubige Judenchristen oder um doketische Gnostiker judenchristlicher Herkunft handelt. Auf jeden Fall hat noch Ignatius mit theologischen Streitigkeiten zu kämpfen, die aus dem Festhalten an judenchristlichen Traditionen in nunmehr mehrheitlich heidenchristlichen Gemeinden entspringen.

(4) "Judaisierer" und "Gottesfürchtige"

Zum Schluß ist noch einmal auf die oben schon erwähnte Gruppe der "Gottesfürchtigen"[6] zurückzukommen, die als Heiden mit der Synagoge sympathisierten und sich in gewissen Grenzen auch am Gemeindeleben beteiligten.[7] Auch wenn wir über diese Gruppe verhältnismäßig wenig wissen, ist

---

[6] Die Gottesfürchtigen werden von Lk als Zuhörer der Predigt des Paulus in jüdischen Synagogen erwähnt (Apg 13,16.26, vgl. auch Apg 10,2.22.35). Es ist durchaus möglich, daß die urchristliche Missionspredigt besonders bei ihnen Erfolg hatte, wie Lk mit seinen Schilderungen nahelegen möchte.

[7] Vgl. J. Reynolds/R. Tannenbaum, Jews and Godfearers at Aphrodisias. Greek Inscriptions with Commentary (Cambridge Philological Society, Suppl. Vol.12), Cambridge 1987, S.49-67, für verschiedene Formen der Gottesfürchtigen, wie sie durch eine

doch deutlich, daß schon die Synagogen in hellenistischen Städten Modelle des Zusammenlebens von Juden und "judaisierenden" Heiden gefunden hatten, an denen sich die urchristlichen Gemeinden orientieren konnten.

Es ist sicher kein Zufall, daß sowohl Heiden, die mit dem jüdischen Glauben sympathisierten, als auch Christen, die ihr jüdisches Erbe bewahren wollten, als ἰουδαΐζοντες bezeichnet werden konnten.[8] Christen (jüdischer und heidnischer Herkunft) und dem Judentum nahestehende Heiden bildeten eine Gruppe zwischen Juden und Heiden, die im Konfliktfall leicht zwischen alle Fronten geraten konnte. Ein interessanter Beleg dafür ist Josephus bell 2,261-264. Hier wird die Lage in Syrien bei Beginn des jüdischen Krieges geschildert: zuerst hob ein schreckliches Morden unter der jüdischen Bevölkerung an, danach gerieten auch die "Judaisierenden" in Verdacht, mit den Juden gemeinsame Sache zu machen. Gemeint sind in erster Linie wohl gottesfürchtige Heiden, es ist aber nicht auszuschließen, daß auch Christen von den Heiden "Judaisierer" genannt wurden, denn von außen betrachtet stellte sich das Urchristentum im 1.Jh. als eine jüdische Sekte dar.[9]

4. Folgerungen

Nimmt man die Rückschlüsse aus dem MtEv selbst und die beschriebenen Analogien zusammen, erscheint die Annahme von gemischten Gemeinden aus Juden- und Heidenchristen im syrischen Raum gegen Ende des 1.Jh., die sich darum bemühen, eine gemeinsame theologische Basis zu finden, durchaus plausibel. Schon das hellenistische Judentum hat sich um Möglichkeiten des Zusammenlebens mit monotheistisch ausgerichteten Heiden bemüht. In der antiochenischen Gemeinde scheint es erstmals Tischgemeinschaft zwischen Juden- und Heidenchristen gegeben zu haben. Im syrisch-zilizischen Raum gab gegen Ende des 1.Jh. das Aposteldekret eine Basis zum Zusammenleben zwischen Juden und Heiden ab.

Auf diesem zeitgeschichtlichen Hintergrund kann jetzt noch einmal die Frage erörtert werden, ob Mt wirklich gemischte Einzelgemeinden im Auge hat, in denen Juden- und Heidenchristen zusammenleben, d.h. Tischgemeinschaft haben, gemeinsam Gottesdienst feiern usw. Man könnte als Alternative erwägen, Mt schreibe für eine Kirche, die aus relativ autonomen juden- und

---

Inschrift von Aphrodisias in der westlichen Türkei etwa im 3.Jh. belegbar sind. Sie waren Spender an die jüdische Synagoge, hier S.23.

[8] Vgl. die oben genannten Belege bei Paulus und Ignatius (Gal 2,14; IgnMag 8,1; 10,3) und Josephus bell 2,261-264, ferner G. Theißen, Lokalkolorit und Zeitgeschichte, S.282.

[9] Ebd.

heidenchristlichen Gemeinden besteht, die aber ein Gefühl der Zusammengehörigkeit haben. Für diese wolle er ein Evangelium schreiben, das allen Parteien dient. Natürlich ist der Anspruch des Matthäusevangelisten, die Lehre Jesu der ganzen Welt zu verkünden, besonders durch den Schluß des Evangeliums unüberhörbar ausgesprochen. Er hat sicher eine größere Region, prinzipiell sogar die Welt, im Blick. Es erscheint uns aber eher unwahrscheinlich, daß er für diese weltumspannende Kirche aus Juden und Heiden sein Evangelium konzipiert hätte, losgelöst von konkreten Erfahrungen mit bzw. in einer Gemeinde, in der Spannungen zwischen juden- und heidenchristlichen theologischen Konzeptionen ausagiert werden mußten. Viele Züge im MtEv deuten auf scharfe theologische Gegensätze hin, die bis an die Grenze gegenseitiger Verwerfung zu führen drohen und angesichts derer Mt zu Toleranz und Vergebungsbereitschaft mahnt. Eine über weite Strecken so deutlich auf Konfliktentschärfung ausgerichtete Theologie entwirft man kaum ohne Konflikterfahrungen.

Vielmehr läßt sich hinter dem MtEv eine multikulturelle Gemeinde, die durch ein Neben- und Gegeneinander von juden- und heidenchristlichen Positionen gekennzeichnet ist, erschließen. Die Theologie des Mt ist durch die Erfahrungen im Zusammenleben dieser Gemeinde angeregt und prägend bestimmt worden. Der Evangelist bemüht sich durch die Entwicklung einer interkulturellen Theologie, der geschichtlichen Situation des Zusammenwachsens von Juden- und Heidenchristen zu einer christlichen Gemeinde theologisch gerecht zu werden.

D. Schlusswort

Die Deutung des MtEv als interkulturelle Theologie auf dem Hintergrund einer multikulturellen Gemeinde gibt ihm eine große ökumenische Bedeutung. Als Ausgangspunkt der mt Theologie konnten wir Konflikte vermuten, die aus den unterschiedlichen kulturellen Hintergründen seiner Gemeindeglieder resultierten. Wie Mt diese Konflikte theologisch fruchtbar zu machen verstand, kann uns auch heute noch als Vorbild dienen. Der Evangelist stand vor der Aufgabe, eine Theologie zu entwerfen, die die Integration von Heidenchristen in eine Gemeinde judenchristlicher Prägung ermöglichte, wobei durchaus damit zu rechnen war, daß die Heidenchristen in absehbarer Zeit zur zahlenmäßig größeren Gruppe werden würden. Wie wir in der vorliegenden Studie zu zeigen versuchten, gelang es Mt, die jüdischen (und judenchristlichen) Wurzeln des christlichen Glaubens zu bewahren und gleichzeitig Raum für die Aufnahme neuer Traditionen zu schaffen. Er machte den

Glauben plausibel für Juden- wie Heidenchristen, indem er eine israelorien-
tierte und eine universalistische Theologie über Thora, Mission und Gericht
koexistieren ließ. In den unausweichlichen Konflikten forderte er Toleranz
und verbot das Richten. Entscheidendes Kriterium für die Echtheit des
Glaubens und damit das Bestehen im Endgericht sind nicht bestimmte
Glaubensüberzeugungen, vielmehr allein die menschlichen Werke, deren
Basis sehr allgemein formulierbar ist (Goldene Regel, Doppelgebot der
Liebe).

Man wünschte sich, die Kirche hätte sich in ihrer oft so fatalen Geschichte öfter auf ihr matthäisches Erbe besonnen und sich abweichenden Gruppierun-
gen gegenüber toleranter verhalten. Spätestens heute, da der christliche
Glaube der Begegnung mit anderen (konfessionellen, anderen religiösen und
säkularen) Traditionen schlechterdings nicht mehr ausweichen kann, sollten
wir uns an die matthäische Alternative erinnern. Anstatt auf dem Absolut-
heitsanspruch der eigenen Tradition zu beharren, ist Verständnis und Toleranz gegenüber anderen Überzeugungen gefordert. Dogmatische Streitigkeiten sollten nicht in den Rang von "letzten Dingen" erhoben werden. Mt 25 ist
auch den Christen des 20.Jh. zur Mahnung geschrieben: wir wissen nicht, wo
die wahren "Täter des Willens Gottes" sich befinden. Eine Garantie dafür,
daß man sie innerhalb der Mauern der (jeweils eigenen) Kirche antrifft, gibt
es nicht.

VI. LITERATURVERZEICHNIS

a) Texte (Quellen und Übersetzungen)

Biblia Hebraica Stuttgartensia, R. Kittel u.a. (Hg.), Stuttgart 1977.

Die ältesten Apologeten. Text mit kurzen Einleitungen, E. J. Goodspeed (Hg.), Göttingen 1914.

Die Essenischen Schriften von Toten Meer, A. Dupont-Sommer übers., W. W. Müller Deutsch übers., Tübingen 1960 (Paris 1959)

Die Pseudepigraphen des Alten Testaments, E. Kautzsch (Hg.), I und II, Tübingen 1900.

Eusebius, Die Kirchengeschichte Bd.1, in E. Schwartz (Hg.), Eusebius Werke 2,1 (Die Griechischen christlichen Schriftsteller der ersten drei Jahrhunderte), Leipzig 1903.

Eusebius, Die Praeparatio Evangelica, in K. Mras (Hg.), Eusebius Werke 8,1 (Die Griechischen christlichen Schriftsteller der ersten Jahrhunderte), Berlin 1954.

Flavii Iosephi Opera, Vol.1-7, B. Niese (Hg.), Berlin 1887ff.

Fragmenta Q, A. Polag (Hg.), Neukirchen-Vluyn 1979.

Josephus, The Loeb Classical Library Vol.1-9, T. E. Page (ed.), London/Cambridge, MA 1957.

Josephus, the Works of, New update edition. Complete and Unabridged in One Volume, W. Whiston transl., Peabody, MA 1987.

Novum Testamentum Graece et Latine, E. Nestle-K. Aland (Hg.), Stuttgart 1984.

Novum Testamentum Graece, E. Nestle-K. Aland u.a. (Hg.), Stuttgart [26]1979 (=[26]NTG).

Philo von Alexandria, L. Cohn, I. Heinemann, M. Adler und W. Theiler (Hg.), Berlin [2]1962.

Philo, The Loeb Classical Library, Vol.1-10, F. H. Colson (ed.), London 1935, 1959.

Septuaginta, J. W. Wevers (ed.), Vol.1, Genesis, Göttingen 1974.

Synopse der drei ersten Evangelien, A. Huck, (H. Greeven bearb.), Tübingen [13]1981.

Synopsis Quattuor Evangeliorum, K. Aland, Stuttgart [4]1967.

The Dead Sea Scriptures, T. H. Gaster intr. & notes, New York [3]1976.

The Greek New Testament, K. Aland, M. Black, C. M. Martini, B. M. Metzger and A. Wikgren (ed.), New York/London/Edinburgh/Amsterdam/Stuttgart [3]1975.

The New Brown-Briggs-Gesenius Hebrew and English Lexicon, F. Brown a.o. (ed.), Peabody, MA 1979.

The Old Testament Pseudepigrapha I & II, J. H. Charlesworth (ed.), New York 1983.

The Septuagint with Apocrypha Greek and English, L. C. L. Brenton (ed.), Peabody, MA 1986 (London 1851).

b) Hilfsmittel

Aland, K., Vollständige Konkordanz zum Griechischen Neuen Testament unter Zugrundelegung aller modernen kritischen Textausgaben und des Textus receptus, Bd. I & II, Berlin/New York 1975ff.

Bauer, W., A Greek-English Lexicon of the New Testament and other early Christian literature, W. F. Arndt and F. W. Gingrich (transl. and augmented), Chicago/London 1979.

Bauer, W., Griechisch-deutsches Wörterbuch zu den Schriften des Neuen Testaments und der frühchristlichen Literartur, K. und B. Aland (Hg.), Berlin/New York [6]1988 (=Bauer/Aland, Wörterbuch). ([5]1958= W. Bauer, Wörterbuch).

Blass, F., A. Debrunner und F. Rehkopf, Grammatik des neutestamentlichen Griechisch, Göttingen [14]1975.

Buttrick, G. A. a.o. (ed.), The Interpreter's Dictionary of the Bible. An Illustrated Encyclopedia, Vol.1-5, New York 1962ff.

Eerdmans, W. B., Eerdmans' Atlas of the Bible, Grand Rapids, Michigan 1987.

Hoffmann, G. und H. v. Siebental, Griechische Grammatik zum Neuen Testament, Riehen 1985.

Kittel, G. u.a. (Hg.), Theologisches Wörterbuch zum Neuen Testament Vol.1-10, Stuttgart 1933ff.

Computer-Konkordanz zum Novum Testamentum Graece von Nestle-Aland, 26.Auflage, und zum Greek New Testament, 3rd edition. Hg. vom Inst. für Neutestamentliche Textforschung und vom Rechenzentrum der Universität Münster. Unter bes. Mitwirkung von H. Bachmann und W.A. Slaby, Berlin/New York [3]1987.

Rengstorf, K. H. (ed.), A Complete Concordance to Flavius Josephus I-IV, Leiden 1975.

Schenk, W., Die Sprache des Matthäus. Die Text-Konstituenten in ihren makro- und mikrostrukturellen Relationen, Göttingen 1987.

c) Kommentare zum Matthäusevangelium

Albright, W. F./C. S. Mann, Matthew. A New Translation with Introduction and Commentary (AncB 26), New York 1971.

Allen, W. C., A Critical and Exegetical Commentary on the Gospel According to Saint Matthew (ICC), Edinburgh [3]1912.

Davies, W. D./D. C. Allison, A Critical and Exegetical Commentary on the Gospel according to Saint Matthew I (ICC), Edinburgh 1988.

Fenton, J. C., The Gospel of Saint Matthew (PNTC), London 1971.

Filson, F. V., The Gospel according to Saint Matthew (BNTC), London [2]1977 (1960).

Gnilka, J., Das Evangelium nach Matthäus I und II (HThK 1,1 und 1,2), Freiburg 1986, 1988.

Grundmann, W., Matthäus (ThHK 1), Berlin [6]1968.

Gundry, R. H., Matthew, A Commentry on his Literary & Theological Art, Michigan 1982.

Hill, D., The Gospel of Matthew (NCeB), London 1972.

Klostermann, E., Das Matthäusevangelium (HNT 4) Tübingen [2]1927, [4]1971.

Lohmeyer, E., Das Evangelium des Matthäus (KEK Sonderband), Göttingen [2]1958.

Luz, U., Das Evangelium nach Matthäus I,1 (1-7) und I,2 (8-17), (EKK 1,1.2), Zürich/Einsiedeln/Köln/Neukirchen-Vluyn 1985, 1990.

Sand, A., Das Evangelium nach Matthäus (RNT), Regensburg 1985.

Schlatter, A., Der Evangelist Matthäus. Seine Sprache, sein Ziel, seine Selbständigkeit, Stuttgart [3]1948.

Schmid, J., Das Evangelium nach Matthäus (RNT 1), Regensburg [5]1965.

Schnackenburg, R., Matthäusevangelium (Die neue Echter Bibel I/1), Würzburg 1985.

Schniewind, J., Das Evangelium nach Matthäus (NTD I,1), Göttingen [12]1968.

Schweizer, E., Das Evangelium des Matthäus (NTD 2), Göttingen 1973.

Stendahl, K., Matthew, in Peak's Commentary on the Bible, Edinburgh 1962.

Strack, H. L. und P. Billerbeck, Kommentar zum Neuen Testament aus Talmud und Midrasch I-IV, München [2]1956-63.

Weiss, B., Das Matthäusevangelium (KEK I/1), Göttingen [9]1898.

Zahn, T., Das Evangelium nach Matthäus (KNT 1), Leipzig [4]1922.

d) Sonstige Literatur

Abel, E. L., "Who wrote Matthew?", NTS 17 (1970/71) 138-152.

Aichinger, H., "Ährenraufen am Sabbat", in A. Fuchs, (Hg.), Jesus in der Verkündigung der Kirche (Studien zum Neuen Testament und seiner Umwelt A1), Freistadt 1976, S.110-153.

Aland, K. und B., Der Text des Neuen Testaments, Stuttgart 1981.

Annen, F., Heil für die Heiden. Zur Bedeutung und Geschichte der Tradition vom besessenen Gerasener, Mk 5,1-15 parr (FTS 20), Frankfurt 1976.

Bacon, B. W., "Die 'fünf Bücher' des Matthäus gegen die Juden", H. Wißmann übers., in J. Lange (Hg.), Das Matthäus-Evangelium (WdF 525), Darmstadt 1980, S.41-51 (= "The 'five Books' of Matthew against the Jews", Exp 8. Ser. 15 (1918) 56-66.)

Bacon, B. W., Studies in Matthew, New York 1930.

Banks, R., "Matthew's Understanding of the law: Authenticity and Interpretation in Mt 5: 17-20", JBL 93 (1974) 226-242.

Barth, G., "Das Gesetzesverständnis des Evangelisten Matthäus", in G. Bornkamm-G. Barth-H. J. Held, Überlieferung und Auslegung im Matthäusevangelium (WMANT 1), Neukirchen 1960, S.54-154.

Baumbach, G., Das Verständnis des Bösen in den synoptischen Evangelien (ThA 19), Berlin 1963.

Baur, F. C., Kritische Untersuchungen über die kanonischen Evangelien, ihr Verhältnis zueinander, ihren Charakter und Ursprung, Tübingen 1847.

Baur, F. C., Vorlesung über neutestamentliche Theologie, W. G. Kümmel neudr. mit Einf., Darmstadt 1973. (Leipzig 1864).

Beare, F. W., "The Mission of the Disciples and the Mission Charge: Matthew 10 and Parallels", JBL 89 (1970) 1-13.

Berger, K., Die Gesetzesauslegung Jesu (WMANT 40), Neukirchen 1972.

Berger, K., "Materialen zu Form- und Überlieferungsgeschichte neutestamentlicher Gleichnisse", NT 15 (1973) 1-37.

Bertram, G./K. L. Schmidt: "ἔθνος-ἐθνικός", ThWNT II, S.362-370.

Betz, H. D., "Eine judenchristliche Kult-Didache in Mt 6,1-18", in G. Strecker (Hg.), Jesus Christus in Historie und Theologie (FS H. Conzelmann), Tübingen 1975, S.445-457 (= H. D. Betz, Studien zur Bergpredigt, Tübingen 1985, 49-61).

Betz, H. D., Studien zur Bergpredigt, Tübingen 1985.

Black, D. A., "Jesus on Anger: The Text of Mt 5:22a Revisited", NT 30 (1988) 1-8.

Black, M., An Aramaic Approch to the Gospels and Acts, Oxford [3]1967.

Blair, E. P., Jesus in the Gospel of Matthew, New York 1960.

Bornkamm, G., "Das Doppelgebot der Liebe", in W. Eltester (Hg.), Neutestamentliche Studien für Rudolf Bultmann zu seinem 70. Geburtstag (BZNW 21), Berlin 1957, S.85-93 (=ders., Geschichte und Glaube I. Gesammelte Aufsätze Bd.3 (BEvTh 48), München 1968, S.37-45.)

Bornkamm, G., "Der Auferstandene und der Irdische", in G. Bornkamm-G. Barth-H. J. Held, Überlieferung und Auslegung im Matthäusevangelium (WMANT 1), Neukirchen 1960, S.289-310.

Bornkamm, G., "Die Binde- und Lösegewalt in der Kirche des Matthäus", in ders., Geschichte und Glaube II, München 1971, S.37-50.

Bornkamm, G., "Die Sturmstillung im Matthäusevangelium", in G. Bornkamm-G. Barth-H. J. Held, Überlieferung und Auslegung im Matthäusevangelium (WMANT 1), Neukirchen 1960 , S.48-53. (=J. Lange (Hg.), Das Matthäus-Evangelium (WdF 525), Darmstadt 1980, S.112-118.)

Bornkamm, G., "Enderwartung und Kirche im Matthäusevangelium", in G. Bornkamm-G. Barth-H. J. Held, Überlieferung und Auslegung im Matthäusevangelium (WMANT 1), Neukirchen 1960, S.13-47 (=J. Lange (Hg.), Das Matthäus-Evangelium (WdF 525) Darmstadt 1980, S.223-264). Die Vorarbeit zum Thema erschien: "Matthäus als Interpret der Herrenworte". Referat auf dem Deutschen Theologentag 1954, ThLZ 79 (1954) 341-346.

Bousset, W./H. Gressmann, Die Religion des Judentums im späthellenistischen Zeitalter (HNT 21), Tübingen [4]1966.

Brandenburger, E., Das Recht des Weltenrichters. Untersuchung zu Mt 25,31-46 (SBS 99), Stuttgart 1980.

Broer, I., "Das Ringen der Gemeinde um Israel. Exegetischer Versuch über Mt 19,28", in R. Pesch und R. Schnackenburg (Hg.), Jesus und der Menschensohn (FS A. Vögtle), Freiburg/Basel/Wien 1975, S.148-165.

Brooke, A. E., The Johannine Epistles (ICC), Edinburgh [2]1957.

Brooks, O. S., "Matthew xxviii 16-20 and the Design of the First Gospel", JSNT 10 (1981) 2-18.

Brooks, S. H., Matthew's Community. The Evidence of his Special Sayings Material (JSNT Suppl. Ser. 16), Sheffield 1987.

Brown, R., The Birth of the Messiah. A Commentary on the Infancy Narratives in Matthew and Luke, New York 1977.

Brown, S., "The Matthean Community and the Gentile Mission", NT 22 (1980) 193-221.

Brown, S., "The Mission to Israel in Matthew's Central Section (Matthew 9,35-11,1)", ZNW 69 (1978) 73-90.

Brown, S., "The Two-fold Representation of the Mission in Matthew's Gospel", StTh 31 (1977) 21-32.

Bucer, M., Enarrationes perpetuae in Sacra quatuor Evangelia, Argentorati, 1530.

Bultmann, R., "Die Erforschung der synoptischen Evangelien", in Glauben und Verstehen (Gesammelte Aufsätze von R. Bultmann), Tübingen 1975, S.1-41.

Bultmann, R., "Neues Testament und Mythologie", in H.W. Bartsch (Hg.), Kerygma und Mythos, Hamburg 1954, S.15-48.

Bultmann, R., Die Geschichte der synoptischen Tradition (FLRANT 29, NF 12), Göttingen [3]1957, [5]1961.

Bultmann, R., Theologie des Neuen Testaments (UTB 630), Tübingen [9]1984.

Burchard, C., "Das doppelte Liebesgebot in der frühen christlichen Überlieferung", in E. Lohse u.a. (Hg.), Der Ruf Jesu und die Antwort der Gemeinde (FS J. Jeremias), Göttingen 1970, S.39-62.

Burchard, C., "Senfkorn, Sauerteig, Schatz und Perle in Matthäus 13", SNTU 13 (1988) 5-35.

Burchard, C., "Versuch, das Thema der Bergpredigt zu finden", in G. Strecker, (Hg.), Jesus Christus in Historie und Theologie (FS H. Conzelmann), Tübingen 1975, S.409-432.

Burger, C., "Jesu Taten nach Mt 8 und 9", ZThK 70 (1973) 272-287.

Bußmann, W., Synoptische Studien I: Zur Geschichtsquelle, Halle 1925.

Büchsel, D. F., Die Johannesbriefe (ThHK 17), Leipzig 1933.

Campenhausen, H. v., Die Entstehung der christlichen Bibel (BHTh 39), Tübingen 1968.

Cargal, T. B., "'His Blood be upon us and upon our Children': A Matthean Double Entendre?", NTS 37 (1991) 101-112.

Carlston, C. E., "The Things that Defile (Mark VII.14) and the Law in Matthew and Mark", NTS 15 (1968/69) 75-96.

Christian, P., Jesus und seine geringsten Brüder (EThSt 12), Erfurt 1975

Clark, K. W., "Die heidenchristliche Tendenz im Matthäusevangelium", H. J. Dirksen übers., in J. Lange (Hg.), Das Matthäus-Evangelium (WdF 525), Darmstadt 1980, S.103-111 (="The Gentile Bias in Matthew", JBL 66 (1947) 165-172.)

Cohn, L., Einleitung und Chronologie der Schriften Philos, Leipzig 1899.

Conzelmann, H., Heiden - Juden - Christen. Auseinandersetzungen in der Literatur der hellenistisch-römischen Zeit (BHTh 62), Tübingen 1981.

Cope, L., "Matthew XXV: 31-46 'The Sheep and the Goats' Reinterpreted", NT 11 (1969) 32-44.

Crossan, J. D., "The Parable of the Wicked Husbandmen", JBL 90 (1971) 451-465.

Davis, C. T., Traditions and Redaction in Mt 1:11-2:23", JBL 90 (1971) 404-421.

Davies, W. D., The Setting of the Sermon on the Mount, Cambridge 1964.

Davison, J. E. "Anomia and the Question on an Antinomian Polemic in Matthew", JBL 104 (1985) 617-635.

Derrett, J. D. M., "Further Light on the Narratives of the Nativity", NT 17 (1975) 81-108.

Dihle, A., Die Goldene Regel. Eine Einführung in die Geschichte der antiken und frühchristlichen Vulgärethik (SAW 7), Göttingen 1962.

Dobschütz, E. v., "Matthäus als Rabbi und Katechet", in J. Lange (Hg.), Das Matthäus-Evangelium (WdF 525), Darmstadt 1980, S. 52-64 (=ZNW 27 (1928) 338-348.)

Donahue, J. R., "Tax Collectors and Sinners - an Attempt at Identification", CBQ 33 (1971) 39-61.

Donfried, K. P., "Mary in the Genealogy (1:1-17)", in R. E. Brown u.a. ed.: Mary in the New Testament, Philadelphia 1978, S.77-82.

Donfried, K.P., "The Allegory of the Ten Virgins (Mt 25, 1-13) as a Summery of Matthean Theology", JBL 93 (1974) 415-428.

Edwards, J. R., "The Use of προσέρχεσθαι in the Gospel of Matthew", JBL 106 (1987) 65-74.

Egger, W., Methodenlehre zum Neuen Testament. Einführung in linguistische und historisch-kritische Methoden, Freiburg/Basel/Wien [2]1990, 1987.

Eissfeldt, O., "πληρῶσαι πᾶσιν δικαιοσύνη in Matthäus 3,15", ZNW 61 (1970) 209-213.

Fiedler, M. J., Der Begriff δικαιοσύνη im Matthäus-Evangelium (Diss. masch.), Halle 1957.

Fitzmyer, J. A., The Gospel according to Luke I & II (AncB 28), New York [4]1982, 1986.

Flusser, D., "Ulrich Wilckens und die Juden", EvTh 34 (1974) 236-243.

France, R. T., "The Formula Quotations of Mt 2 & the Problem of Communication", NTS 27 (1980/81) 233-251.

Frankemölle, H., Biblische Handlungsanweisungen. Beispiele pragmatischer Exegese, Mainz 1983.

Frankemölle, H., "Evangelist und Gemeinde. Eine methodenkritische Besinnung (mit Beispielen aus dem Matthäusevangelium)", Bib. 60 (1979) 153-190.

Frankemölle, H., Jahwebund und Kirche Christi. Studien zur Form- und Traditionsge-schichte des "Evangeliums" nach Matthäus (NTA NF 10), Münster 1974.

Freed, E. D., "The Women in Matthew's Genealogy", JSNT 29 (1987) 3-19.

Friedrich, G., "Die formale Struktur von Mt 28,18-20", ZThK 80 (1983) 137-183.

Friedrich, J., Gott im Bruder. Eine methodenkritische Untersuchung von Redaktion, Überlieferung und Tradition in Mt 25,31-46 (CThM A7), Stuttgart 1977.

Fuller, R. H., "Das Doppelgebot der Liebe", in G. Strecker (Hg.), Jesus Christus in Hi-storie und Theologie (FS H. Conzelmann), Tübingen 1975, S.317-329.

Fuller, R. H., Interpreting the Miracles, London 1977.

Geist, H., Menschensohn und Gemeinde. Eine redaktionskritische Untersuchung zur Menschensohnprädikation im Matthäusevangelium (FzB 57), Würzburg 1986.

Gerhardsson, B., The Mighty Acts of Jesus According to Matthew (SMHVL 1978-1979:5), Lund 1979.

Gewalt, D., "Matthäus 25,31-46 im Erwartungshorizont heutiger Exegese", LB 3 25/26 (1973) 9-21.

Gnilka, J., Das Evangelium nach Markus I & II (EKK II/1-2), Neukirchen-Vluyn 1978, 1979.

Goppelt, L., Christentum und Judentum im ersten und zweiten Jahrhundert (BFChTh 55), Gütersloh 1954.

Goppelt, L., Theologie des Neuen Testaments, Göttingen 1975,

Goulder, M. D., Midrash and Lection in Matthew, London 1974.

Grayston, K., "The Translation of Matthew 28.17", JNST 21 (1984) 105-109.

Greeven, H., "Die Heilung des Gelähmten nach Matthäus", in J. Lange (Hg.), Das Matthäus-Evangelium (WdF 525), Darmstadt 1980, S.205-222. (=WuD 8 (1955) 65-78.)

Grundmann, W., Das Evangelium nach Markus (ThHK 2), Berlin [9]1984.

Guelich, R., "The Antitheses of Matthew V,21-48: traditional and/or redactional?", NTS 22 (1975) 444-457.

Gundry, R. H., The Use of the Old Testament in Saint Matthew's Gospel, Leiden 1967.

Haacker, K., "'Sein Blut über uns'. Erwägungen zu Mt 27,25", Kirche und Israel 1 (1986) 47-50.

Haenchen, E., Der Weg Jesu. Eine Erklärung des Markus-Evangeliums und der kano-nischen Parallelen, Berlin [2]1968.

Haenchen, E., "Matthäus 23", in ders., Gott und Mensch. Gesammelte Aufsätze, Tübin-gen 1965, S.29-54. (=ZThK 48 (1951) 38-63.)

Hahn, F., "Anmerkungen zum Erfüllungsgedanken bei Matthäus", in U. Luz und H. Weder (Hg.), Die Mitte des Neuen Testaments (FS E. Schweizer), Göttingen 1983, S.42-54.

Hahn, F., Das Verständnis der Mission im Neuen Testament (WMANT 13), Neukirchen-Vluyn 1963.

Hahn, F., "Der Sendungsauftrag des Auferstandenen. Matthäus 28,16-20", in H. W. Gensichen (Hg.): Fides pro mundi vita, Gütersloh 1980, S.28-43.

Hampel, V., "Ihr werdet mit den Städten Israels nicht zu Ende kommen. Eine exegetische Studie über Mt 10,23", ThZ 45 (1989) 1-13.

Hanson, A. T., "Rahab the Harlot in Early Christian Tradition", JSNT 1 (1978) 53-60.

Hare, D. R. A., The Theme of Persecution of Christians in the Gospel according to St. Matthew (MSSNTS 60), Cambridge 1967.

Hare, D. R. A./D. J. Harrington, "Make Disciples of all the Gentiles (Matthew 28:19)", CBQ 37 (1975) 359-369.

Haufe, G., "Soviel ihr getan habt einem dieser meiner geringsten Brüder ... ", in Ruf und Antwort (FS E. Fuchs), Leipzig 1964, S.484-493.

Held, H. J., "Matthäus als Interpret der Wundergeschichten", in G. Bornkamm-G. Barth-H. J. Held., Überlieferung und Auslegung im Matthäusevangelium (WMANT 1), Neukirchen 1960, S.155-287.

Hendrickx, H., Resurrection Narratives of the Synoptic Gospels. Studies of the Synoptic Gospels, London [2]1984.

Hendrickx, H., The Sermon on the Mount, London 1984.

Hengel, M. /H. Merkel, "Die Magier aus dem Osten und die Flucht nach Ägypten (Mt 2) im Rahmen der antiken Religionsgeschichte und der Theologie des Matthäus", in P. Hoffmann (Hg.): Orientierung an Jesus, Freiburg/Basel/Wien 1973, S.139-169.

Hengel, M., "Zur matthäischen Bergpredigt", ThR 52 (1987) 327-400.

Herrenbrück F., Jesus und die Zöllner. Historische und neutestamentlich-exegetische Untersuchungen (WUNT 2,41), Tübingen 1990.

Herrenbrück F., "Wer waren die 'Zöllner'?" ZNW 72 (1981) 178-194.

Heubült, C., "Mt 5,17-20. Ein Beitrag zur Theologie des Evangelisten Matthäus", ZNW 71 (1980) 143-149.

Hill, D., "On the Use and the Meaning of Hosea VI.6 in Matthew's Gospel", NTS 24 (1978) 107-119.

Hoffmann, P., "Der Q-Text der Sprüche vom Sorgen. Mt 6,25-33/Lk 12,22-31. Ein Rekonstruktionsversuch", in L. Schenke (Hg.), Studien zum Matthäusevangelium (SBS Sonderband, FS W. Pesch), Stuttgart 1988, S.127-155.

Holtzmann, H. J., Die Synoptiker (HC 1,1), Tübingen [3]1901.

Holtzmann, H. J., Die synoptischen Evangelien. Ihr Ursprung und geschichtlicher Charakter, Leipzig 1863.

Holtzmann, H. J., Lehrbuch der historisch-kritischen Einleitung in das Neue Testament, Freiburg [3]1892.

Holtzmann, H. J., Lehrbuch der neutestamentlichen Theologie, Bd.1, Tübingen [2]1911.

Hood, R. T., "The Genealogies of Jesus", in A. Wikgren: Early Christian Origins. Studies in Honor of Harold R. Willoughby, Chicago 1961, S.1-15.

Howe, E. M., "But some Doubted (Mt 28.17)". JETS 18 (1975) 173-180.

HreKio, S., "Understanding and Translating 'Nation' in Mt 28,19", Bible Translator 41 (1990) 230-238.

Hummel, R., Die Auseinandersetzung zwischen Kirche und Judentum im Matthäusevangelium (BEvTh 33), München 1963.

Hutter, M., "Ein altorientalischer Bittgestus in Mt 9,20-22", ZNW 75 (1984) 133-135.

Jeremias, J., Die Gleichnisse Jesu, Zürich [6]1962.

Jeremias, J., Jerusalem zur Zeit Jesu. Kulturgeschichtliche Untersuchung zur neutestamentlichen Zeitgeschichte, Göttingen [3]1969.

Jeremias, J., Jesu Verheißung für die Völker, Stuttgart 1956.

Jeremias, J., "Zöllner und Sünder", ZNW 30 (1931) 293-300.

Johnston, R. M., "The Least of the Commandments: Deuteronomy 22:6-7 in Rabbinic Judaism & Early Christianity", AUSS 20/3 (1982) 205-215.

Jülicher, A., Die Gleichnisreden Jesu II, Tübingen [2]1910.

Jülicher, A., Einleitung in das Neue Testament, Tübingen [7]1931.

Kampling, R., Das Blut Christi und die Juden. Mt 27,25 bei den lateinischsprachigen christlichen Autoren bis zu Leo dem Großen (NTA 16), Münster 1984.

Kilpatrick, G. D., The Origins of the Gospel according to Saint Matthew, Oxford 1950.

Kingsbury, J. D., Matthew: Structure, Christology, Kingdom, Philadelphia 1975.

Kingsbury, J. D., "Observations on the 'Miracle Chapter' of Matthew 8-9", CBQ 40 (1978) 559-573.

Kingsbury, J. D., "Reflection on 'The Reader' of Matthew's Gospel", NTS 34 (1988) 442-460.

Kingsbury, J. D., "The Composition and Christology of Matthew 28:16-20", JBL 93 (1974) 573-584.

Kingsbury, J. D., The Parables of Jesus in Matthew 13, Virginia 1969.

Klemm, H. G., "Das Wort von der Selbstbestattung der Toten", NTS 16 (1969/70) 60-75.

Kretzer, E. A., Die Herrschaft der Himmel und die Söhne des Reiches. Eine redaktionsgeschichtliche Untersuchung zum Basileiabegriff und Basileiaverständnis im Matthäusevangelium (SBM 10), Stuttgart 1971.

Krüger, P., Philo und Josephus als Apologeten des Judentums, Leipzig 1906.

Küchler, M., Frühjüdische Weisheitstraditionen. Zum Fortgang weisheitlichen Denkens im Bereich des frühjüdischen Jahweglaubens (OBO 26), Freiburg (Schweiz) 1979.

Kümmel, W. G., "Äußere und innere Reinheit des Menschen bei Jesus", in H. Balz und S. Schulz (Hg.), Das Wort und die Wörter (FS G. Friedrich), Stuttgart/Berlin/Köln/Mainz 1973, S.35-47.

Kümmel, W. G., Das Neue Testament. Geschichte der Erforschung seiner Probleme (OA III/3), München 1970.

Kümmel, W. G., Das Neue Testament im 20. Jahrhundert. Ein Forschungsbericht (SBS 50), Stuttgart 1970.

Kümmel, W. G., "Die älteste Form des Aposteldekrets", in ders., Heilsgeschehen und Geschichte. Gesammelte Aufsätze 1933-1964 (MThSt 3) Marburg 1965, S.278-288.

Kümmel, W. G., Einleitung in das Neue Testament, Heidelberg [17]1973.

Kümmel, W. G., "Noch einmal: Das Gleichnis von der selbstwachsenden Saat. Bemerkungen zur neuesten Diskussion um die Auslegung der Gleichnis Jesu", in P. Hoffmann (Hg.), Orientierung an Jesus, Freiburg/Basel/Wien 1973, S.220-237.

Kümmel, W. G., Verheißung und Erfüllung. Untersuchungen zur eschatologischen Verkündigung Jesu (AThANT 6), Zürich [3]1956.

Künzel, G., Studien zum Gemeindeverständnis des Matthäusevangeliums (CThM A10), Stuttgart 1978.

Kürzinger, J., "Das Papiaszeugnis und die Erstgestalt des Matthäusevangeliums", in ders., Papias von Hierapolis und die Evangelien des Neuen Testaments (Eichstätter Materialien Band 4), Regensburg 1983, S.9-26 (= BZ NF 4, (1960) 19-38.)

Lange, J., Das Erscheinen des Auferstandenen im Evangelium nach Matthäus. Eine traditions- und redaktionsgeschichtliche Untersuchung zu Mt 28,16-20 (FzB 11), Würzburg 1973.

Lange J. (Hg.), Das Matthäus-Evangelium (WdF 525), Darmstadt, 1980.

LaVerdiera, E. A./W. G. Thompson, "New Testament Communities in Transition: A Study of Matthew and Luke", ThS 37 (1976) 567-597.

Leipoldt, J., "Von Übersetzungen und Übersetzern", in S. Morenz, (Hg.), Aus Antike und Orient (FS W. Schubart), Leipzig 1950, S.54-63.

Linnemann, E., "Überlegungen zur Parabel vom großen Abendmahl Lk 14,15-24/Mt 22,1-14", ZNW 51 (1960) 246-255.

Ljungman, H., Das Gesetz erfüllen. Matth. 5,17ff und 3,15 untersucht (Lunds Univ. Arsskriff; Bd.50 Nr.6), Lund 1954.

Lohfink, G., "Wem gilt die Bergpredigt? Eine redaktionskritische Untersuchung von Mt 4,23-5,2 und 7,28f", ThQ 163 (1983) 264-284.

Lohmeyer, E., "Mir ist gegeben". Eine Exegese zu Mt 28,16-20, in W. Schmauch (Hg.), In Memoriam E. Lohmeyer, Stuttgart 1951, S.22-49.

Lohse, E., Grundriß der neutestamentlichen Theologie, Stuttgart/Berlin/Köln [4]1989.

Lohse, E., "Jesu Worte über den Sabbat", in W. Eltester (Hg.), Judentum, Urchristentum, Kirche (BZNW 26, FS J. Jeremias), Berlin 1960, S.79-89.

Lowe, M., "From the Parable of the Vineyard to a Pre-Synoptic Source", NTS 28 (1982) 257-263.

Luz, U., "Die Jünger im Matthäusevangelium (1971)", in J. Lange (Hg.): Das MtEv, S.377-414.

Maisch, I., Die Heilung des Gelähmten (SBS 52), Stuttgart 1971.

Malina, B. J., "The Literary Structure and Form of Matthew XXVIII 16-20", NTS 17 (1970) 87-103.

Manek, J., "Mit wem identifiziert sich Jesus? Eine Exegetische Rekonstruktion ad Matt. 25:31-46", in B. Lindars & S. S. Smalley (ed.), Christ and Spirit in the New Testament (FS C.F.D. Moule), Cambridge 1973, S.15-25.

Marguerat, D., Le Jugement dans l'Evangile de Matthieu, Genève 1981.

Marshall, I. H., Commentary on Luke, London 1978.

Martin, J. P., "The Church in Matthew", Interpretation 29 (1975) 41-56.

Martin, R., "Saint Matthew's Gospel in Recent Study", ET 80 (1969) 132-136.

McDermott, J. M., "Mt 10,23 in Context", BZ 28 (1984) 230-240.

McKay, K. L., "The Use of hoi de in Matthew 28.17 - A Response to K. Grayston", JSNT 24 (1985) 71-72.

Meier, J. P., Law and History in Matthew's Gospel. A Redactional Study of Mt.5:17-48 (AnBib 71), Rom 1976.

Meier, J. P., "Nations or Gentiles in Mt 28,19?", CBQ 39 (1977) 94-102.

Meier, J. P., The Vision of Matthew - Christ, Church & Morality in the First Gospel, New York/Ramsey/Toronto 1979.

Meier, J. P., "Two Disputed Questions in Mt 28:16-20", JBL 96 (1977) 408-424.

Metzger, B. M., "The Text of Matthew 1,16", in: Studies in NT and Early Christian Literature, 1972, S.105-113.

Michaelis, W., Das Evangelium nach Matthäus 1-2, Zürich 1948/49.

Michaels, J.R., "Apostolic Hardships and Righteous Gentiles. A Study of Matthew 25: 31-46", JBL 84 (1965) 27-37.

Michel, O., "τελώνης", ThWNT 8, S.88-106.

Michel, O., "Der Abschluß des Matthäusevangeliums. Ein Beitrag zur Geschichte der Osterbotschaft", in J. Lange (Hg.), Das Matthäus-Evangelium (WdF 525), Darmstadt 1980, S.119-133. (=EvTh 10 (1950) 16-26.)

Moiser, J., "The Structure of Mt 8-9: A Suggestion", ZNW 76 (1985) 117-118.

Montefiore, C. G., The Synoptic Gospels. Edited with an Introduction and a Commentary I, London [2]1927 ([1]1909)

Morosco, R. E., "Matthew's Formation of a Commissioning Type-Scene out of the story of Jesus' Commissioning of the Twelve", JBL 103 (1984) 539-556.

Munck, J., The Acts of the Apostle (AncB 31), New York 1967.

Mußner, F., "Gab es eine 'galiläische Krise'?", in P. Hoffmann (Hg.), Orientierung an Jesus, Freiburg/Basel/Wien 1973, S.238-252.

Nepper-Christensen, P., Das Matthäusevangelium. Ein judenchristliches Evangelium? (AThD 1), Aarhus 1958.

Newell, J. E. & R. R. Newell, "The Parable of the wicked Tenants", NT 14 (1972) 226-237.

Niebuhr, K.-W., Gesetz und Paränese. Katechismusartige Weisungsreihen in der frühjüdischen Literatur (WUNT 2.28), Tübingen 1987.

Nissen, A., Gott und der Nächste im antiken Judentum. Untersuchungen zum Doppelgebot der Liebe (WUNT 15), Tübingen 1974.

O'Donnell, P. J., A Literary Analysis of Matthew 8: Jesus' First Gentile Mission, The Iliff School of These, Iliff 1979.

Overmann, J. A., Matthew's Gospel and Formative Judaism. The Social World of the Matthean Community, Minneapolis 1990.

Pantle-Schieber, K., "Anmerkungen zur Auseinandersetzung von ἐκκλησία und Judentum im Matthäusevangelium", ZNW 80 (1989) 145-162.

Pelikan, J., "The Christian Tradition. A History of the Development of Doctrine vol.1. The Emergence of the Catholic Tradition (100-600), Chicago/London 1971.

Perrin, N., Was lehrte Jesus wirklich? P. G. Nohl übers., Göttingen 1972. (=Rediscovering the Teaching of Jesus, London 1967.)

Pesch, R., Der Besessene von Gerasa. Mt 8,28-34 (SBS 56), Stuttgart 1972.

Pesch, R., Die Apostelgeschichte II (13-28), (EKK 5), Benzig/Basel/Wien 1982.

Pesch, R., "Levi-Matthäus", ZNW 59 (1968) 40-56.

Pesch, W., Matthäus der Seelsorger (SBS 2), Stuttgart 1966.

Philippidis, L. J., Die "Goldene Regel" religionsgeschichtlich untersucht, Leipzig 1929.

Plummer, A., The Gospel According to Saint Luke (ICC), Edinburgh [5]1953.

Rendtorff, R., "Die neutestamentliche Wissenschaft und die Juden. Zur Diskussion zwischen David Flusser und Ulrich Wilckens", EvTh 36 (1976) 191-200.

Rengstorf, K. H., "Die Stadt der Mörder (Mt 22,7)", in W. Eltester, (Hg.), Judentum, Urchristentum, Kirche (BZNW 26, FS J. Jeremias), Berlin [2]1964, S.106-129.

Robinson, J. A. T., "The 'Parable' of the Sheep and Goats", NTS 2 (1955/56) 225-237.

Robinson, J. A. T., "The Parable of the Wicked Husbandmen: A Test of Synoptic Relationship", NTS 21 (1974/75) 443-461.

Rost, L., Einleitung in die alttestamentlichen Apokryphen und Pseuepigraphen einschließlich der großen Qumran-Handschriften, Heidelberg 1971.

Sand, A., Das Gesetz und die Propheten. Untersuchungen zur Theologie des Evangeliums nach Matthäus (BU 11), Regensburg 1974.

Sand, A., "Die Polemik gegen 'Gesetzlosigkeit' im Evangelium nach Matthäus und bei Paulus", BZ 14 (1970), S.112-125.

Schaller, B., "Jesus und die Tora. Erörterungen zu den Antithesen der Bergpredigt", in H. Thyen (Hg.), K. Berger (Mitarb.), Festgabe für Christoph Burchard. Zum 50. Geburtstag am 19. Mai 1981 von Kollegen, Freunden u. Schülern, Heidelberg 1981, S.133-160.

Schelkle, K.H., "Die 'Selbstverfluchung' Israels nach Mt 27,23-25", in W.P. Eckert u.a. (Hg.), Antijudaismus im Neuen Testament? (ACJD 2), München 1967.

Schenk, W., "Den Menschen Mt 9,8", ZNW 54 (1963) 272-275.

Schlatter, A., Die Kirche des Matthäus, Gütersloh 1930.

Schlier, H., "Die Entscheidung für die Heidenmission in der Urchristenheit", in ders., Die Zeit der Kirche. Exegetische Aufsätze und Vorträge, Freiburg, [2]1959, S.90-107.

Schmid, J., Matthäus und Lukas. Eine Untersuchung des Verhältnisses ihrer Evangelien (BStF) 23), Freiburg 1930.

Schmithals, W., Einleitung in die drei ersten Evangelien, Berlin/New York 1985.

Schnackenburg, R., Die Johannesbriefe (HThK 13,3), Freiburg [2]1963.

Schnackenburg, R., Gottes Herrschaft und Reich, Freiburg [4]1965.

Schneider, G., Die Apostelgeschichte II (HThK 5), Freiburg 1982.

Schöllig, H., "Die Zählung der Generationen im matthäischen Stammbaum", ZNW 59 (1968) 261-268.

Schulze, W. A., "Zur Geschichte der Auslegung von Mt 2,1-12", ThZ 31 (1975) 150-160.

Schultz, S., Die Stunde der Botschaft. Einführung in die Theologie der vier Evangelisten, Hamburg 1967.

Schürer, E., Geschichte des Jüdischen Volkes im Zeitalter Jesu Christi I, Leipzig [2]1890.

Schürer, E., The History of the Jewish People in the Age of Jesus Christ, G. Vermes & F. Millar (transl.), Edinburgh 1973.

Schwarz, G., "ἄφες τοὺς νεκροὺς θάψαι τοὺς ἑαυτῶν νεκρούς", ZNW 72 (1981) 272-276.

Schwarz, G., "Γαλιλαια των εθνων", BN 13 (1980) 55.

Schwarz, G., "ἰῶτα ἕν ἢ μία κεραία (Matthäus 5,18)", ZNW 66 (1975) 268f.

Schweizer, E., "1Kor 15,20-28 als Zeugnis paulinischer Eschatologie und ihrer Verwandtschaft mit der Verkündigung Jesu", in E. E. Ellis und E. Gräßer (Hg.), Jesus und Paulus (FS W. G. Kümmel), Göttingen 1975, S.301-314.

Schweizer, E., Gemeinde und Gemeindeordnung in Neuen Testament, Zürich 1959.

Schweizer, E., "Gesetz und Enthusiasmus" (=Gesetz), in J. Lange (Hg.), Das Matthäus-Evangelium (WdF 525), Darmstadt 1980, S.350-376.

Schweizer, E., "Matth. 5,17-20. Anmerkungen zum Gesetzesverständnis des Matthäus", in J. Lange (Hg.), Das Matthäus-Evangelium (WdF 525) Darmstadt 1980, S.164-173. (=Neotestamentica. Deutsche und englische Aufsätze 1951-1963, Zürich 1963, S.399-406. =ThLZ 77 (1952) 479-484.)

Schweizer, E., "Matthäus 21-25", in P. Hoffmann (Hg.), Orientierung an Jesus. Zur Theologie der Synoptiker (FS J. Schmild), Freiburg/Basel/Wien 1973, S.364-371.

Schweizer, E., Matthäus und seine Gemeinde (SBS 71), Stuttgart 1974.

Schweizer, E., "Noch einmal Mt 5,17-20", in ders., Matthäus und seine Gemeinde (SBS 51), Stuttgart 1974, S.78-85.

Schweizer, E., "Observance of the Law and Charismatic Activity in Matthew", NTS 16 (1969/70), 213-230.

Schweizer, E., "Zur Struktur der hinter dem Matthäusevangelium stehenden Gemeinde", ZNW 65 (1974) 139.

Scroggs, R., "The Sociological Interpretation of the New Testament -The Present State of Research", NTS 26 (1979) 164-179.

Sheppard, J. B., A Study of the Parables Common to the Synoptic Gospels and the Coptic Gospel of Thomas (Emory University Dissertation, 1965), University Microfilms International, Michigan/London 1965.

Shutt, F. J. H., "Letter of Aristeas. Intro. and Transl.", in J. H. Charlesworth (ed.), The Old Testament Pseudepigrapha, Vol.2, New York 1985.

Smith, C. W. F., "The Mixed State of the Church in Matthew's Gospel", JBL 82 (1963) 149-168.

Snodgrass, K., The Parable of the Wicked Tenants. An Inquiry into Parable Interpretation, (WUNT 27), Tübingen 1983.

Soden, H. v., Urchristliche Literaturgeschichte. Die Schriften des Neuen Testaments, Berlin 1905.

Stanton, G. N., "5 Ezra and Matthean Christianity in the Second Century", JThS 28 (1977) 67-83.

Stanton, G. N., "Pray that your flight may not be in Winter or on a Sabbath", JSNT 37 (1989, special Edition in Honour of David Hill) 17-30.

Stanton, G. N., "The Gospel of Matthew and Judaism" BJRL 66 (1984) 264-284.

Stanton, G. N., "The Origin and Purpose of Matthew's Gospel. Matthean Scholarship from 1945 to 1980", in H. Temporini und W. Haase (Hg.), Aufstieg und Niedergang der Römischen Welt. Geschichte und Kultur Roms im Spiegel der Neueren Forschung II 25,3, Berlin/New York 1985, S.1889-1951.

Stegemann, H., "Die des Uria. Zur Bedeutung der Frauennamen in der Genealogie von Mt 1,1-17", in: G.Jeremias/H.-W. Kuhn, G. Stegemann, Tradition und Glaube. Das frühe Christentum in seiner Umwelt (FS G. K. Kuhn), Göttingen 1971, S. 246-276.

Stendahl, K., "Quis et Unde? Eine Analyse von Mt 1-2", G. Junker übers., in J. Lang (Hg.), Das Matthäus-Evangelium (WdF 525) Darmstadt 1980, S.296-311. (= "Quis et Unde? An Analysis of Mt 1-2", in W. Eltester (Hg.), Judentum, Urchristentum, Kirche (BZNW 26, FS J. Jeremias), Berlin [2]1964, S.94-105.)

Stendahl, K., The School of Saint Matthew and Its Use of the Old Testament (ASNU 20), Uppsala 1954. (Rev. ed., Philadelphia 1968).

Strecker, G., "Das Geschichtsverständnis des Matthäus", in J. Lange (Hg.), Das Matthäus-Evangelium (WdF 525), Darmstadt 1980, S.326-349 (= EvTh 26, (1966) 57-74.)

Strecker, G., Der Weg der Gerechtigkeit. Untersuchung zur Theologie des Matthäus (FRLANT 82), Göttingen [2]1966.

Strecker, G., "Die Antithesen der Bergpredigt (Mt 5, 21-48 par)", ZNW 69 (1978) 36-72.

Strecker, G., Die Bergpredigt. Ein exegetischer Kommentar, Göttingen 1984.

Streeter, B. H., The four Gospels, London [2]1930.

Suhl, A., "Der Davidssohn im Matthäusevangelium", ZNW 59 (1968) 57-81.

Tagawa, K., "People and Community in the Gospel of Matthew", NTS 16 (1969/70) 149-162.

Theisohn, J., Der auserwählte Richter. Untersuchungen zum traditionsgeschichtlichen Ort der Menschensohngestalt der Bilderreden des Äthiopischen Henoch (StUNT 12), Göttingen 1975.

Theißen, G., Lokalkolorit und Zeitgeschichte in den Evangelien (Novum Testamentum et Orbis Antiquus 8), Freiburg (Schweiz)/Göttingen 1989.

Theißen, G., Soziologie der Jesusbewegung. Ein Beitrag zur Entstehungsgeschichte des Urchristentums (TEH 194), München [2]1978.

Theißen, G., Studien zur Soziologie des Urchristentums (WUNT 19), Tübingen 1983.

Theißen, G., "'Wir haben alles verlassen' (MC. X 28). Nachfolge und soziale Entwurzelung in der jüdisch-palästinischen Gesellschaft des 1. Jahrhunderts n. Chr.", NT 19 (1977) 161-196.

Thompson, W. G., Matthew's Advice to a Divided Community. Mt 17,22-18,35 (AnBib 44), Rom 1970.

Thompson, W. G., "Reflections on the Composition of Mt 8:1-9:34", CBQ 33 (1971) 365-388.

Thompson, W. G., "An Historical Perspective in the Gospel of Matthew", JBL 93 (1974) 243-262.

Tödt, H. E., Der Menschensohn in der synoptischen Überlieferung, Gütersloh, [2]1963.

Trilling, W., Das wahre Israel. Studien zur Theologie des Matthäusevangeliums (EThSt 7), Leipzig [3]1964 (1959).

Trilling, W., "Matthäus, das kirchliche Evangelium - Überlieferungsgeschichte und Theologie", in J. Schreiner (Hg.), Gestalt und Anspruch des Neuen Testaments, Würzburg 1969, S.186-199.

Van der Horst, P. W., "Once More: The Translation of οἱ δὲ in Matthew 28,17", JSNT 27 (1986) 27-30.

Vielhauer, P., Geschichte der urchristlichen Literatur. Einleitung in das Neue Testament, die Apokryphen und die Apostolischen Väter, Berlin/New York 1985.

Vielhauer, P., "Gottesreich und Menschensohn in der Verkündigung Jesu", in ders., Aufsätze zum Neuen Testament (TB 31), München 1965, S.55-91. (=W. Schneemelcher (Hg.), Festschrift für Günther Dehn, Neukirchen 1957, S.51-79.)

Vögtle, A., "Das christologische und ekklesiologische Anliegen von Mt 28,18-20", in ders, Das Evangelium und die Evangelien. Beiträge zur Evangelienforschung (KBANT), Düsseldorf 1971, S.253-272.

Vögtle, A., Messias und Gottessohn. Herkunft und Sinn der matthäischen Geburts- und Kindheitsgeschichte, Düsseldorf 1971.

Vögtle, A., "Zum Problem der Herkunft von Mt 16,17-19", in P. Hoffmann (Hg.), Orientierung an Jesus. Zur Theologie der Synoptiker (FS J. Schmid), Freiburg/Basel/Wien 1973, S.372-393.

Völker, M., "Freund der Zöllner und Sünder", ZNW 69 (1978) 1-10.

Von Otto, M., "Der Abschluß des MtEv. Ein Beitrag zur Geschichte der Osterbotschaft (1950)", in J. Lange (Hg.): Das MtEv, S.119-133.

Waetjen, H., "The Genealogy as the Key to the Gospel according to Matthew", JBL 95 (1976) 205-230.

Walker, R., Die Heilsgeschichte im ersten Evangelium (FRLANT 91), Göttingen, 1967.

Walker, W. O., "Jesus and the Tax Collectors", JBL 97 (1978) 221-238.

Weder, H., Die Gleichnisse Jesu als Metaphern. Traditions- und redaktionsgeschichtliche Analysen und Interpretationen (FRLANT 120), Göttingen 1984.

Weder, H., Die "Rede der Reden". Eine Auslegung der Bergpredigt heute, Zürich 1985.

Wegenast, K., "Das Ährenausraufen am Sabbat", in H. Stock u.a. (Hg.), Streitgespräche (Handbücherei für den Religionsunterricht 5), Gütersloh 1968, S. 27-51.

Wegenast, K., "Rein und Unrein", in H. Stock u.a. (Hg.), Streitgespräche (Handbücherei für den Religionsunterricht 5), Gütersloh 1968, S.52-83.

Wegner, U., Der Hauptmann von Kafarnaum (Mt 7,28a; 8,5-10.13 par Lk 7,1-10). Ein Beitrag zur Q-Forschung (WUNT 2,14), Tübingen 1985.

Weiß, J., Das Urchristentum, Göttingen 1917.

Wilckens, U., "Das Neue Testament und die Juden. Antwort an David Flusser", EvTh 34 (1974), 602-611.

Wilckens, U., "Gottes geringste Brüder - zu Mt 25,31-46", in E. Ellis und E. Grässer (Hg.), Jesus und Paulus (FS W.G. Kümmel), Göttingen 1975, S.363-383.

Winter, E. K., "Das Evangelium der jerusalemischen Mutterkirche", Jud. 9 (1953) 1-33.

Yee, G. A., "A Form Critical Study of Isaiah 5,1-7 as a Song and a Juridical Parable", CBQ 43 (1981) 30-40.

Zakowitch, Y., "Rahab als Mutter des Boas in der Jesus-Genealogie (Mt 1,5)", NT 17 (1975) 1-5.

Zeller, D., "Das Logion Mt 8,11f/Lk 13,28f und das Motiv der 'Völkerwallfahrt'", BZ 15 (1971) 222-237.

Zeller, D., Kommentar zur Logienquelle (Stuttgarter kleiner Kommentar NT NF 21), Stuttgart 1984.

Zumstein, J., La Condition du croyant dans l'evangile selon Matthieu (OBO 16), Fribourg/Göttingen 1977.

REGISTER

Bibelstellen

Altes Testament

Gen 4,24 182
Gen 12,2 98
Gen 12,3 32, 104, 105
Gen 18,18 (LXX) 98
Gen 18,18 99, 105
Gen 28,14 104, 105

Ex 23,27 99
Ex 31,14 77

Lev 19,17 182
Lev 19,18 47, 53
Lev 20,24.26 99
Lev 26,31 134

Num 28,9f 79

Dtn 2,25 99
Dtn 6,4 52
Dtn 6,5 52
Dtn 6,5 53
Dtn 7,1 99
Dtn 15,9 152
Dtn 19,15 182
Dtn 21,8 133
Dtn 22,6-7 38
Dtn 25,11f 175
Dtn 28,10 99

Jos 3,23f 99
Jos 4,24 99

1Sam 8,20 99
1Sam 21,1-7 78
1Sam 21,3 78

1Kön 10,1-10 141
1Kön 19,19f 116

2Kön 23,27 134

1Chr 14,17 99
1Chr 18,11 99

2Chr 16,6 101
2Chr 24,20f 134
2Chr 32,23 99
2Chr 33,9 99
2Chr 36,22-33 97
2Chr 36,23 97

Tobit 1,10 47
Tobit 1,10f 47
Tobit 4,15 47, 190
Tobit 12,8 178
Tobit 14,3-7 47

1Makk 5,38 99

Ps 1,3 140
Ps 9,18 99
Ps 35,16 138
Ps 37,12 138
Ps 58 (59).6.9 99
Ps 67,4.6 86
Ps 92,13ff 140
Ps 112,10 138
Ps 117,1 86

Spr 1,31 140

Pred 5,1 72

Sir 7,14 72
Sir 31 (34),15 47
Sir 31,15 190
Sir 34,9-13 47
Sir 39,4 47

Jes 1,7.9 134
Jes 1,16 83

Jes 2,2 99
Jes 2,3 86
Jes 3,10 140
Jes 5,1-7 129
Jes 6,7 83
Jes 10,33 139
Jes 19,2 101
Jes 29,7f 99
Jes 29,13 84
Jes 35,5f 85
Jes 40,17 99
Jes 42,1-3 81
Jes 42,1-4 86
Jes 52,10 99
Jes 53,4 112
Jes 61,10 139
Jes 61,11 99
Jes 66,18.20 99

Jer 2,23 83
Jer 3,17 99
Jer 11,19 140
Jer 17,7-10 140
Jer 43 (36),2 99
Jer 50 (LXX
Jer 51,33 167

Ez 17,5ff 140
Ez 36,33 83
Ez 39, 21.23 99

Dan 3,7 99
Dan 7,9.13.22 61
Dan 7,13-14 97

Hos 6,6 7, 54, 78, 79, 120, 177
Hos 6,6 78
Hos 6,11 167

Joel 4,2.11f 99
Joel 4,13 167

Hag 2,7 99

Sach 1,1 134
Sach 7,14 99

Zum vorliegenden Buch

Das Nebeneinander juden- und heidenchristlicher Überlieferungen im Matthäus-
evangelium wurde in der Forschung meist diachronisch als Verhältnis von Tradition
und Redaktion gedeutet und als Hinweis auf eine entsprechende Geschichte der mt
Gemeinde verstanden. Diese Untersuchung geht dagegen von einem doppelten Synchroniepostulat aus: Was im jetzt vorliegenden Text des Matthäusevangeliums sinnvoll verbunden ist, ist Ausdruck der theologischen Intention des Evangelisten, ein
Evangelium zu schreiben, das Juden- und Heidenchristen ein dauerhaftes Zusammenleben ermöglichen soll. Dies literarische verbindet sich mit einem sozialgeschichtlichen Synchroniepostulat: Ebenso wie im Text des Matthäusevangeliums
Überlieferungen beider Richtungen durch redaktionelle Arbeit verwoben sind, so
existieren in der oder in den mt Gemeinde(n) Juden- und Heidenchristen nebeneinander, was im syrischen Urchristentum des 1. Jhdt.s nachweislich möglich war.
Daher finden wir in den zentralen Themenbereichen des Matthäusevangeliums,
beim Gesetzes-, Missions- und Gerichtsverständnis, immer eine israelorientierte
und eine universalistische Tendenz nebeneinander. Das Matthäusevangelium wird
verständlicher, wenn man es als Entwurf einer interkulturellen Theologie für eine
aus Juden- und Heidenchristen zusammengesetzte multikulturelle Gemeinde deutet.

ISBN 3-7278-0821-7 (Universitätsverlag)
ISBN 3-525-53923-1 (Vandenhoeck & Ruprecht)

Bd. 15   CATHERINE HEZSER, *Lohnmetaphorik und Arbeitswelt in Mt 20, 1–16*. Das Gleichnis von den Arbeitern im Weinberg im Rahmen rabbinischer Lohngleichnisse. 346 Seiten. 1990.

Bd. 16   IRENE TAATZ, *Frühjüdische Briefe*. Die paulinischen Briefe im Rahmen der offiziellen religiösen Briefe des Frühjudentums. 132 Seiten. 1991.

Bd. 17   EUGEN RUCKSTUHL/PETER DSCHULNIGG, *Stilkritik und Verfasserfrage im Johannesevangelium*. Die johanneischen Sprachmerkmale auf dem Hintergrund des Neuen Testaments und des zeitgenössischen hellenistischen Schrifttums. 284 Seiten. 1991.

Bd. 18   PETRA VON GEMÜNDEN, Vegetationsmetaphorik im Neuen Testament und in seiner Umwelt. Eine Bildfelduntersuchung. ca. 440 Seiten. [noch nicht erschienen]

Bd. 19   MICHAEL LATTKE, *Hymnus*. Materialien zu einer Geschichte der antiken Hymnologie. 524 Seiten. 1991.

Bd. 20   MAJELLA FRANZMANN, *The Odes of Solomon*. An Analysis of the Poetical Structure and Form. 460 Seiten. 1991.

Bd. 21   LARRY P. HOGAN: *Healing in the Second Temple Period*. 356 Seiten. 1992.

Bd. 22   KUN-CHUN WONG: *Interkulturelle Theologie und multikulturelle Gemeinde im Matthäusevangelium*. Zum Verhältnis von Juden- und Heidenchristen im ersten Evangelium. 236 Seiten. 1992.